内蒙古卫生职业院校课程改革规划教材

供中等卫生职业教育各专业使用

生理学基础

主　编　张海峰

副主编　杭　琦　段正秀

编　者　（以姓氏汉语拼音为序）

蔡秀荣（赤峰市松山区职业技术教育培训中心）

段正秀（锡林郭勒职业学院医学院）

龚海珍（呼和浩特卫生学校）

杭　琦（内蒙古自治区人民医院附属卫生学校）

侯树慧（包头医学院职业技术学院）

江　慧（鄂尔多斯市卫生学校）

刘仲夏（呼和浩特卫生学校）

南凤莲（内蒙古巴彦淖尔市五原县高级职业中学）

庞艳军（扎鲁特旗职业教育中心）

王　瑨（内蒙古清水河县第一高级职业中学）

张　瑜（鄂尔多斯市卫生学校）

张海峰（内蒙古医科大学）

张立新（赤峰市松山区职业技术教育培训中心）

张艳杰（包头医学院职业技术学院）

赵　波（内蒙古清水河县第一高级职业中学）

科学出版社

北　京

内 容 简 介

本书是内蒙古卫生职业院校课程改革规划教材之一，根据现代医学各专业的培养目标，从医学实际出发，强调对学生医学思维的培养，提高学生发现问题、分析问题和解决问题的能力。全书共12章，每章设有案例、链接、考点提示，有利于学生抓住教材重点，增加趣味性，同时书后附有目标检测和小结，方便学生复习。本书可供中等卫生职业教育各专业学生使用。

图书在版编目（CIP）数据

生理学基础 / 张海峰主编．—北京：科学出版社，2016.8
内蒙古卫生职业院校课程改革规划教材
ISBN 978-7-03-048084-2

Ⅰ．生…　Ⅱ．张…　Ⅲ．人体生理学－中等职业教育－教材
Ⅳ．R33

中国版本图书馆CIP数据核字（2016）第085579号

策划编辑：张　茵　邱　波 / 责任编辑：高　磊 / 责任校对：蒋　萍
责任印制：李　彤 / 封面设计：铭轩堂

科学出版社 出版
北京东黄城根北街16号
邮政编码：100717
http://www.sciencep.com

北京虎彩文化传播有限公司 印刷
科学出版社发行　各地新华书店经销

*

2016年8月第　一　版　开本：787×1092　1/16
2023年7月第十一次印刷　印张：13
字数：308 000

定价：42.80元

（如有印装质量问题，我社负责调换）

总 前 言

党的二十大报告指出："人民健康是民族昌盛和国家强盛的重要标志。把保障人民健康放在优先发展的战略位置，完善人民健康促进政策。"贯彻落实党的二十大决策部署，积极推动健康事业发展，离不开人才队伍建设。党的二十大报告指出："培养造就大批德才兼备的高素质人才，是国家和民族长远发展大计。"教材是教学内容的重要载体，是教学的重要依据、培养人才的重要保障。本次教材修订旨在贯彻党的二十大报告精神和党的教育方针，落实立德树人根本任务，坚持为党育人、为国育才。

为促进"适应需求、有效衔接、多元立交"的职业教育体系建设，按照《中等职业学校护理专业教学标准（试行）》要求，内蒙古自治区教育厅开始新一轮的课程改革工作。

在教育厅相关处室的指导下，在科学出版社的严密组织下，由全区医学职业院校专家学者、各类中等职业学校护理专业骨干教师、临床一线护理人员组成编写队伍，通过多次调研，在充分了解医学院校需求的基础上，对原有教材进行调整和改进，力求实用、新颖，更加贴近中等职业教育护理专业教学需求。

一、编 写 原 则

1．按照专业教学标准安排课程结构　本套系列教材是为适应内蒙古自治区卫生职业院校学生就业、升学需求的教学目标编写的，严格按照专业教学标准的要求设计科目、安排课程。根据内蒙古自治区地方特点，在课程结构和教学时数上略作调整。全套系列教材分基础课、专业课、学习指导三类，共计36种。

2．紧扣最新护考大纲调整内容　本套系列教材还参考了《国家护士执业资格考试大纲》的相关标准，围绕考试内容调整学习范围，突出考点与难点，方便学生在校日常学习与护考接轨，适应护理职业岗位需求。

3．特色鲜明，贴近自治区教学实际

（1）解决了内蒙古自治区职业教育护理专业在培养目标、课程体系建设、教学内容、技能训练、质量评价等方面与学生就业岗位，特别是中职学生接受高一级职业教育过程中存在的脱节、断层或重复的问题，有利于形成衔接贯通、分工协作、优势互补的现代职业教育格局。

（2）综合参考多所院校教学实际，在教学安排、课程设置、实训指导等方面，顺应教学改革需要，满足学校需求。

（3）内容设计方面，以案例分析、链接、考点模块为特色，确保实用、够用。

（4）符合内蒙古自治区高等职业院校中等职业学校毕业生对口升学教学用书的要求。

二、教 材 种 类

本套系列教材计划出版36种，详见封底。

本套系列教材的编写，邀请自治区二十余所中高职院校、十余家医院参与，参编人员涉及的学校多、部门广、学科种类繁，力求实现教材与教学接轨，满足内蒙古自治区教学的地方特色需求。

编　者

2023年3月

前　言

本书为全国中等卫生职业教育规划教材，其编写是以全新的教改理念、独创的编写形式为基础，以促进中等卫生职业教育教学改革，促进职业教育教材的建设与发展为目标，紧跟国际、国内教学发展新动向，积极探索，借鉴国外案例教学模式，结合国内中等卫生职业教育教学实际，力求体现中等卫生职业教育教材特色。

本书共分12章，在每一章节中根据中等卫生职业教育教学大纲对内容的规定和生理学学科发展特点，将内容划分为主、次及拓展内容，分别用大、小字体及链接表示，每一章节还配有目标检测，有利于学生及时、有效地进行课后练习，以巩固所学知识，充分体现本教材编写的思想性、科学性、先进性、启发性和适用性，力求使教师和学生牢牢把握中等卫生职业教育以培养应用型、技能型人才为目标，突出“三基”（基本理论、基本知识和基本技能）的原则，以必需和够用为度，尽可能使生理学基础理论与临床实际联系起来，为后续医学课程的学习奠定基础。

在本教材编写过程中，得到许多生理学专家的指导及科学出版社的大力支持，在此表示衷心感谢。

编　者

2016年6月

目　录

第1章 绪论

第一节 人体生理学的研究对象和任务

一、生理学的研究对象

生理学是生物科学的一个分支，是研究生物体生命活动规律的科学。生理学根据其研究范畴的不同可分为微生物生理学、植物生理学、动物生理学和人体生理学等。本书主要讨论人体生理学的内容。通常把人体生理学简称为生理学。人体生理学的研究对象是人体及其细胞、组织、器官、系统所表现出来的各种生命现象的活动规律，其主要任务是研究人体各个细胞、器官、系统的正常活动过程、功能表现及其机制，还要研究正常人体内不同细胞、器官、系统之间的相互联系和相互作用，从而掌握各种生理变化的规律。

二、生理学与医学的关系

生理学的产生和发展与医学的发展有密切联系。在医疗实践和对人体的一般观察中积累了关于人体生理功能的许多知识，通过对于人体和动物的实验分析研究，进一步深入探索这些生理功能的内在机制和相互联系，逐渐形成关于人体和动物功能的系统性理论科学。人体生理学是研究正常人体生命活动规律的科学，人们只有在了解了正常人体各种生命活动及其机制的基础上，才能识别异常的生命活动，进而认识、探索疾病的发生、发展及防治规律，从而指导临床实践。同时，通过医学实践又可以检验生理学理论是否正确，并不断以新的内容和新的问题丰富生理学理论和推动生理学的研究。因此，生理学是一门重要的医学基础课程。

三、生理学研究的不同水平

生理学是一门实验生物科学。生理学真正成为一门实验性科学是从17世纪开始的。在此之前，我国和其他国家都有一些经典医学著作对人体器官的生理功能进行了描述，但这些描述只是通过尸体解剖和动物的活体解剖对各种器官的功能进行的推测或猜测。直至1628年英国医生哈维所著的《心与血的运动》一书的出版，历史上第一次出现有明确实验证据的生理学著作，标志着近代生理学的开始。

链 接

近代生理学的奠基人——英国科学家哈维

威廉. 哈维（William Harvey，1578—1657），出生于英国一个富裕农民的家里。他19岁毕业于英国剑桥大学，之后到意大利留学，5年后他成为医学博士。哈维在不同的动物解剖中，得出了这样一个结论：血液由心脏这个“泵”压出来，从动脉血管流出来，流向身体各处，然后再从静脉血管中流回去，回到心脏。他把这一发现写成了《关于动物心脏与血液运动的解剖研究》（中文名称《心与血的运动》）一书，发表于1628年。这个划时代著作的发表标志着近代生理学的诞生。哈维因为出色的心血管系统的研究以及他的动物生殖的研究，使得他成为与哥白尼、伽利略、牛顿等齐名的科学革命巨匠。

人体的基本结构单位是细胞，许多不同的细胞构成不同的器官，许多功能相关的器官构成系统。各器官、系统相互联系，密切配合，共同构成了一个完整统一的整体。因此，生理学研究就是在细胞、器官和系统、整体这样三个水平上进行的。

（一）细胞和分子水平的研究

人体最基本的结构和功能单位是细胞，各器官的功能都与组成该器官的细胞的生理特性是分不开的。而细胞的生理特性又取决于构成细胞的各个物质的物理化学特性，尤其是生物大分子的物理化学特性。该水平以细胞及其所含的物质分子为研究对象，如对心脏功能的研究需要在肌细胞和生物大分子的水平上研究。

（二）器官和系统水平的研究

以器官系统为研究对象，这方面的研究着重于阐明器官和系统的功能以及它们的活动规律和机制。例如，对于心脏各部分如何协调活动，心脏如何射血，心血管活动如何进行调节等的研究就属于器官系统水平的研究。对于临床的医务工作者来说，对各种疾病的认识，也是以器官系统的生理功能知识为基础的。

（三）整体水平的研究

以完整机体为研究对象，着重于阐明各器官系统之间的相互联系和相互影响以及机体与环境之间的相互联系和相互影响。例如，研究运动状态下人体发生的变化以及各种生理功能的协调及其规律。

生理功能虽然以细胞和分子特性为基础，并服从于物理化学的规律，但生理学毕竟不同于物理学和化学，它既有细胞和分子水平的研究和科学规律，还有器官系统和整体水平的研究和科学规律。因此，要全面理解某一生理功能的机制，必须从细胞分子、器官系统和整体三个水平进行研究。

第二节　生命的基本特征

生命物质和非生命物质的本质区别是什么呢？怎样才能判断一个物体是否具有生命呢？科学家通过广泛深入的研究，发现生物体具有三个基本特征，分别是新陈代谢、兴奋性、生殖。

◎ 考点提示：生命的三个基本特征

一、新 陈 代 谢

机体与环境之间的物质交换和能量转换，以实现自我更新过程称为新陈代谢。它包括同化作用（合成代谢）和异化作用（分解代谢）。同化作用是指机体不断从外界环境中摄取营养物质来合成自身成分，并储存能量的过程；异化作用是指机体不断分解自身成分，释放能量供生命活动的需要，并把分解产物排出体外的过程。物质的合成和分解，称为物质代谢；伴随物质代谢而产生能量的释放、转移、储存和利用，称为能量代谢。新陈代谢过程中，物质代谢和能量代谢是同时进行、密不可分的（表 1-1）。

表 1-1　新陈代谢

新陈代谢	同化作用	异化作用
物质代谢	物质合成	物质分解
能量代谢	储存能量	释放能量

新陈代谢是生命的基本特征，机体在新陈代谢的基础

上进行一切功能活动，新陈代谢一旦停止，生命活动也随之停止。

二、兴　奋　性

兴奋性是指机体或组织接受刺激后发生反应的能力或特性。它是在新陈代谢的基础上产生的，也是生命的一个基本特征。在机体的各种组织中，神经、肌肉、腺体的兴奋性最高，在生理学中，这些组织被称为“可兴奋组织”。由于它们反应迅速，易于观察，常被用于生理实验中。

（一）刺激和反应

1. 刺激　作用于机体的内、外环境条件变化，称为刺激。刺激的种类很多，按其性质可分为：①物理性刺激，如声、光、电流、射线、机械、温度等；②化学性刺激，如酸、碱、离子、药物等；③生物性刺激，如细菌、病毒等；④社会心理性刺激，如社会的变革、战争、下岗等。生理学实验中常用电刺激，这是因为电刺激使用方便，容易定量控制，不易损伤组织，可重复使用。

2. 反应　机体接受刺激后，所出现的各种生理功能的改变，称为反应。例如，食物入口引起唾液分泌，唾液分泌就是机体接受食物刺激后出现的反应。

3. 刺激引起反应的条件　刺激虽然有很多种，并非所有的刺激都能引起机体发生反应。实验证明，刺激要引起机体产生反应，必须具备三个条件。①刺激强度：刺激必须达到一定强度，才能引起组织产生反应。②刺激作用时间：刺激必须持续一定时间，才能引起组织产生反应。③刺激强度变率：单位时间内刺激强度增减的量称为强度变率。强度变率愈大，刺激作用愈强，反之，则刺激作用就弱。

案例 1-1　在临床治疗的过程中，护士给患者进行肌内注射或皮下注射时，为了尽量减轻患者的疼痛，要遵循“进针快、出针快、推液慢”的“两快一慢”原则。

问题：1. 在进行肌内注射或皮下注射时，“两快一慢”的操作技巧为什么会减轻患者的疼痛？

2. 注射时，为减轻患者的疼痛，还可以采取哪些措施？

（二）兴奋和抑制

虽然反应的表现形式多种多样，但从本质上来看，反应只有两种基本形式，即兴奋和抑制。兴奋是指机体接受刺激后，由相对静止状态变为活动状态，或由弱活动变为强活动。例如，肾上腺素作用于心脏，使心跳加强加快；乙酰胆碱作用于消化道，使消化道运动增强等。抑制是指机体接受刺激后，由活动状态变为相对静止状态，或由强活动变为弱活动。例如，阿托品作用于消化道，使消化道运动减弱；普萘洛尔作用于心脏，使心跳减慢等。

兴奋和抑制互为前提，对立统一，可随条件改变而互相转化。例如，人体吸入适量的二氧化碳可使呼吸加深加快，可一旦吸入过多的二氧化碳却可使呼吸运动减弱甚至暂停。虽然人体的正常功能十分复杂，但都是兴奋和抑制两种基本过程相互消长的结果。例如，刺激心交感神经，心跳就会加快；刺激心迷走神经，心跳就会减慢。

（三）兴奋性和阈值

刺激必须达到一定的强度，才能引起机体组织反应。通常把能引起组织发生反应的最小刺激强度称为阈强度，简称阈值。对于刺激而言，强度等于阈值的刺激，称为阈刺激；强度大于阈值的刺激，称为阈上刺激；强度小于阈值的刺激，称为阈下刺激。阈刺激和阈上刺激可以引起机体组织发生反应，所以是有效刺激，而单个的阈下刺激不能引起机体组织发生反应。

组织兴奋性的高低与阈值的大小呈反变关系，即阈值越小，组织兴奋性越高，对刺激的反应越灵敏；阈值越大，组织兴奋性越低，对刺激的反应越迟钝。因此，阈值可以作为衡量组织兴奋性高低的客观指标。

生物体接受外界有效刺激后，可以发生反应，具有兴奋性；非生物体接受外界有效刺激后，不会发生反应，不具有兴奋性。可见，兴奋性是生命的基本特征。

◎ 考点提示：阈值的概念及阈值与兴奋性的关系

三、生　　殖

生物体生长发育到一定阶段后，能产生与自己相似的子代个体，这种功能称之为生殖。生物体的寿命是有限的，只有通过生殖过程产生新的个体才能使种族得以延续。非生命物体不存在生殖现象，因此生殖也是生命的一个基本特征（表 1-2）。

表 1-2　生命的基本特征

基本特征	概念	意义
新陈代谢	机体与环境之间的物质交换和能量转换，以实现自我更新过程	生命活动的基础
兴奋性	机体或组织接受刺激后发生反应的能力或特性	反应的基础
生殖	生物体生长发育到一定阶段后，能产生与自己相似的子代个体的功能	种族延续

人体的一切生命活动都是在一定的环境中进行的。人体所依赖的环境有内环境和外环境之分。

第三节　人体与环境

一、外　环　境

对于人类来说，外环境包括自然环境和社会环境。它们对人体的各种功能活动都具有重要意义。例如，气温、气压、光照等许多理化因素不断地变化，从而引起人体产生相应的适应性反应。但是，人体对自然环境变化的适应能力是有限的。森林的过度砍伐、大气的污染、臭氧层的空洞、生态平衡的失调等将严重威胁着人类的健康和生存。社会环境也是影响人体功能的另一个重要因素。社会环境包括社会因素和心理因素，故常称为社会心理因素。严重威胁人类健康的一些疾病，如心血管疾病、恶性肿瘤、消化道溃疡、内分泌疾病等都与社会心理因素有关。因此，人们研究影响人类健康问题时，已不再局限于生物、物理、化学因素，现代医学已经突破了生物医学模式，向着生物－心理－社会医学模式转变。

二、内环境和稳态

人体基本的结构和功能单位是细胞，其中绝大部分细胞不与外界自然环境直接接触而是生活在细胞外液中。细胞外液是体液的一部分。体液是体内液体的总称，在成人约占体重的 60%。体液可分为两大部分：存在于细胞内的称为细胞内液，约占 2/3；存在于细胞外的称为细胞外液，约占 1/3，包括组织液、血浆、淋巴液和脑脊液等。在细胞外液中，约 1/4 是血浆，其余 3/4 是组织液和少量的其他液体。在细胞内液和细胞外液之间隔有细胞膜；在组织液与血浆或淋巴液之间隔有毛细血管壁或毛细淋巴管壁。由于细胞膜、毛细血管壁和毛细淋巴管壁均有一定的通透性，因而各部分体液既彼此隔开，又相互沟通。人体摄入的营养物质必须通过细胞外液才能进入细胞；细胞的代谢产物也要通过细胞外液才能排出体外。因此，细胞外液是细胞直接生存的体内环境，称为内环境。

正常机体中，内环境的理化特性（温度、渗透压、酸碱度、离子浓度等）保持相对稳定的状态，称为稳态。当然，稳态并不是指机体内环境的理化特性固定不变，而是保持相对稳定，是一种动态平衡。机体新陈代谢的各个过程都是酶促反应，酶促反应要求理化条件必须保持在一定的条件下才能顺利进行，而细胞的新陈代谢以及外环境的变化又经常引起内环境理化性质发生波动。在正常机体内，通过神经和体液因素的调节可以维持内环境的稳态。稳态的维持是非常重要的，它是人体生命活动正常进行的必要条件，如果内环境稳态遭到破坏，就会使机体的新陈代谢紊乱，并导致疾病。

◎ 考点提示：内环境及稳态的概念

链　接

内环境及稳态的巧妙理解记忆

内环境是细胞外液，可用“养鱼池”概念理解。人体可比喻一个养鱼池，池边的树和空气等是外环境，池里的每条鱼都是细胞；而鱼周围的水即鱼池的水是细胞外液，也就是内环境。鱼体内的水分则是细胞内液。进入池里的新鲜水是营养物质，流出池的水是废物，整个养鱼池的水是恒定的，但动态的平衡（即稳态）。如果鱼池不保持进出水的动态平衡，池里的鱼就会死亡（即人体细胞不能进行正常的生命活动）。因此，细胞外液（内环境）一定要保持稳态。

三、人体对环境的适应

人体能随外部情况的改变来调整内部生理功能的生理特性，称为人体对环境的适应。例如，人体可以随着气候的变化来改变衣着的颜色、厚薄；人从光亮的地方突然进入暗室，起初眼前一片漆黑，但一段时间后，人对光的敏感性会明显提高，这样就能适应暗室工作。当然，人体的适应能力要远远高于其他动物。例如，热带动物无法在寒带生存，而人却可以从赤道迁居南极。

第四节　人体生理功能的调节

人体能够随着内外环境的改变，不断调整自身的功能状态，以取得与环境的协调统一。人体之所以能取得与环境的协调统一，主要是通过机体的功能调节来实现的。

一、人体生理功能的调节方式

（一）神经调节

通过神经系统的活动对机体功能进行的调节称为神经调节。神经调节的基本方式是反射。反射是指在中枢神经系统的参与下，人体对刺激所产生的规律性反应，如瞳孔对光反射、膝跳反射等。反射的结构基础是反射弧，反射弧由感受器、传入神经、神经中枢、传出神经、效应器五个环节组成（图 1-1）。每种反射，都有一定的反射弧，反射活动的完成，有赖于反

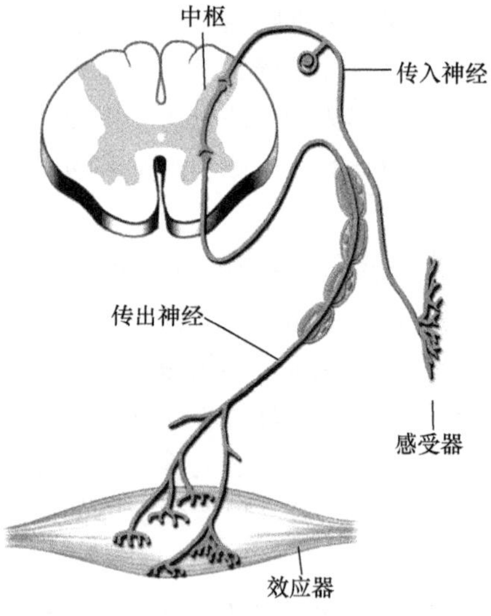

图 1-1 反射弧组成

射弧的完整性，反射弧中任一个环节损伤，反射活动都会消失。

反射活动的种类很多，根据反射形成过程及其条件的不同，可分为非条件反射和条件反射两大类。非条件反射是与生俱来的先天遗传的反射，如吸吮反射，食物入口所引起的唾液分泌反射等。这类反射的共同点是数量有限，有固定的反射弧，是人体的基本反射。条件反射是在非条件反射的基础上，经过多次训练才建立的反射，如人们在看到或谈论酸梅时引起的唾液分泌反射就是条件反射。条件反射的特点是数量无限，反射弧不稳定，长期不用就消失，使机体更具有预见性、主动性（表 1-3）。

神经调节的特点是反应迅速，作用精确，持续时间短暂，是人体功能调节中最重要的调节方式。

表 1-3 反射的分类和意义

反射	非条件反射	条件反射
形成	先天（种群性）	后天（个体性）
反射弧	固定	不固定
数量	有限	无限
中枢	大脑皮质下	大脑皮质
意义	维持生存和种族延续	灵活适应环境

（二）体液调节

体液中的某些化学物质通过体液途径对人体生理功能进行的调节称为体液调节。参与体液调节的化学物质主要是激素和局部代谢产物。其中，激素主要通过血液循环运送至远隔器官，影响多种器官的活动，称为全身性体液调节；局部代谢产物如二氧化碳、乳酸、腺苷等，借助细胞外液扩散至邻近组织，调节其功能活动，称为局部性体液调节。

体液调节的特点是反应缓慢，作用广泛而持久，对调节人体的新陈代谢、生长、发育、生殖等生理过程具有重要意义。

在完整的机体内，大多数内分泌腺或内分泌细胞受神经系统的支配，所以神经调节和体液调节并不是截然分开的。如图 1-2 所示，体液调节实际上是神经调节的一个环节，是反射传出通路的延伸。这种以神经调节为主导，有体液调节参加的复合调节方式称为神经 - 体液调节。

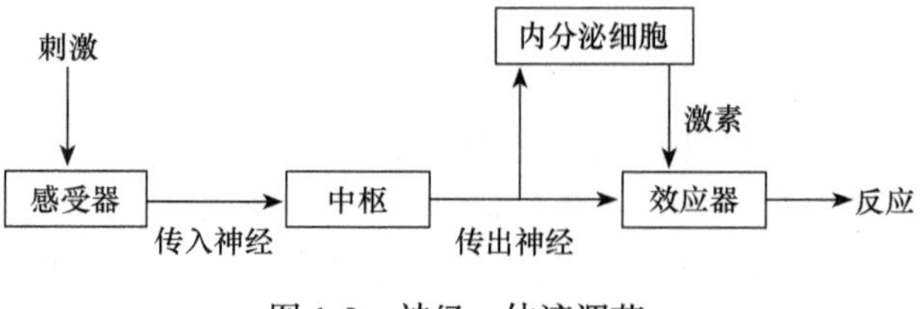

图 1-2 神经 - 体液调节

（三）自身调节

自身调节是指组织、细胞在不依赖神经和体液调节的情况下，自身对刺激所作出的适应性反应。例如，当动脉血压在一定范围内波动时，肾血管通过自身的舒缩来改变血流阻力，使肾血流保持相对稳定。自身调节的特点是调节幅度小，是一种简单、局限的调节方式，但对于生理功能的调节仍有一定的意义（表 1-4）。

◎ 考点提示：人体生理功能的调节方式、概念及其特点

表 1-4　机体功能的调节方式

方式	概念	意义	特点
神经调节	通过神经系统的活动对机体功能进行的调节	是人体功能调节中最重要的调节方式	反应迅速，作用精确，持续时间短暂
体液调节	体液中的某些化学物质通过体液途径对人体生理功能进行的调节	调节人体的新陈代谢、生长、发育、生殖等功能	反应缓慢，作用广泛而持久
自身调节	指组织、细胞在不依赖神经和体液调节的情况下，自身对刺激所作出的适应性反应	在一定范围内，维持器官、组织细胞的稳态	调节幅度小，是一种简单、局限的调节方式

二、人体功能调节的反馈作用

人体生理功能的调节类似于工程技术中的自动控制过程，因此解释生理功能的调节习惯使用工程技术中的控制论术语。控制系统主要由控制部分和受控制部分两个环节组成。在人体内，控制部分相当于反射中枢或内分泌腺，受控部分相当于效应器或靶器官、靶细胞。在人体的生理功能中，控制部分发出指令管理受控部分的同时，受控部分又反过来影响控制部分的活动。这种受控部分反过来调节控制部分的过程，称为反馈。

反馈又分为负反馈和正反馈两种类型（表 1-5，图 1-3）。负反馈是指受控部分使控制部分

表 1-5　正反馈与负反馈的比较

	正反馈	负反馈
概念	反馈信息与控制信息的作用性质相同	反馈信息与控制信息的作用性质相反
作用	加强控制信息的作用	纠正、减弱控制信息的作用
数量	少数情况下	大多数情况下
举例	血液凝固、排尿、排便和分娩	血压、激素水平、体温、呼吸、稳态调节
意义	促使某种生理功能一旦发动起来就迅速加强加快直至全部完成，是不可逆的过程	维持机体生理功能保持相对稳定，是维持稳态的重要途径

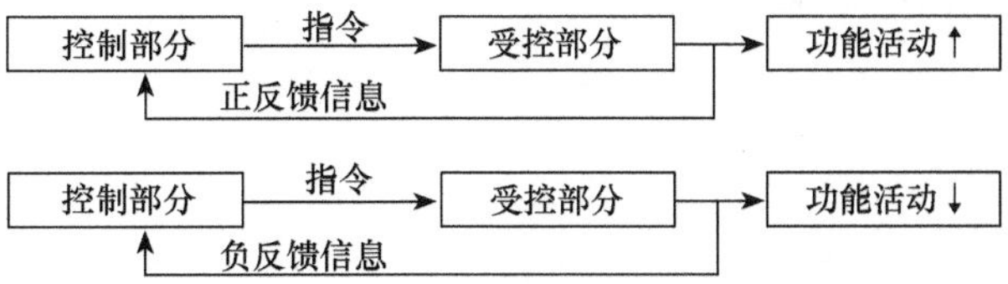

图 1-3　正反馈和负反馈

作用减弱的反馈，在机体功能调节中最为常见，其意义是维持机体生理功能保持相对稳定，是维持稳态的重要途径。例如，人体进行剧烈运动时，体温随之升高，体温调节中枢接受信息后调整产热和散热，使产热减少，散热增加，从而使升高的体温回降，恢复到正常水平。正反馈是指受控部分使控制部分作用增强的反馈，如血液凝固、排尿反射和分娩等。在人体内正反馈是比较少见的，其意义是促使某种生理功能一旦发动起来就迅速加强加快直至全部完成，是不可逆的过程。

反馈作用反映了人体功能活动调节的自动化。通过反馈作用使机体对刺激的反应能足量、及时、适度的达到某种生理需要的状态，从而能更完美的适应内、外环境的变化。

◎ 考点提示：反馈的分类、概念及其意义

目标检测

一、名词解释

1. 兴奋性　2. 阈值　3. 内环境
4. 稳态　5. 新陈代谢　6. 反射

二、填空题

1. 生命的基本特征是________、________和________。
2. 人体生理功能的调节方式有________、________、________三种，其中最为重要的是________。
3. 衡量组织兴奋性高低的指标是________。它与兴奋性呈________变关系。
4. 反应的基本形式有________和________。
5. 反馈调节有________和________两种类型。

三、判断题

1. 反射是反应，反应是反射。
2. 绝大多数的生理过程是正反馈。
3. 生理学是一门实验科学。
4. 体液调节是机体的主要调节方式。
5. 组织兴奋性越高，阈值就越小，兴奋性越低，阈值就越大。

四、选择题

1. 神经调节的基本方式是（　　）
   A. 反应　B. 反馈
   C. 反射　D. 负反馈
   E. 正反馈
2. 下列属于负反馈的是（　　）
   A. 体温调节　B. 分娩
   C. 血液凝固　D. 排尿反射
   E. 以上都是
3. 维持稳态最重要的途径是（　　）
   A. 正反馈　B. 自身调节
   C. 体液调节　D. 负反馈
   E. 神经调节
4. 体液调节的特点是（　　）
   A. 准确　B. 迅速
   C. 广泛　D. 短暂
   E. 以上都是
5. 机体的内环境是（　　）
   A. 组织液　B. 血浆
   C. 淋巴液　D. 细胞内液
   E. 细胞外液

五、简答题

1. 说出正、负反馈的概念和生理意义各是什么？
2. 说出条件反射和非条件反射的区别。

（庞艳军）

第 2 章 细胞的基本功能

第一节　细胞膜的物质转运功能

细胞膜是细胞的屏障，它把细胞内容物和细胞的周围环境分隔开来，使细胞成为一个相对独立的单位。细胞膜是生物半透膜，细胞内外的物质交换都要通过细胞膜。另外，细胞内外的信号转导也要通过细胞膜。

细胞膜的基本结构受到较多实验的支持并被大多数人所接受的是 1972 年 Singer 和 Nicolson 提出的液态镶嵌模型。如图 2-1 所示，该模型的基本内容：膜的共同结构特点是以流动的液态脂质双分子层为基架，其中镶嵌着生理功能不同的蛋白质；流动的脂质分子构成细胞膜的连续主体，蛋白质分子无规则地分散在脂质分子中。近年来，大量的研究发现使人们对传统膜学说有了更深刻的认识。2005 年，Engelman 在 Nature 杂志上对“液态镶嵌模型”做了进一步的补充，提出：膜蛋白在细胞膜上分布的密度远比过去人们所认识的高，其占据了绝大部分细胞膜的面积。各种类型的膜蛋白为行使其功能常形成稳定的复合体，并与其周围的脂质紧密结合，使膜脂质排列紊乱、薄厚不均。因而使膜蛋白，甚至脂质在膜内的流动性受到一定的限制，只能在一定的范围内做定向或者无规则的运动。

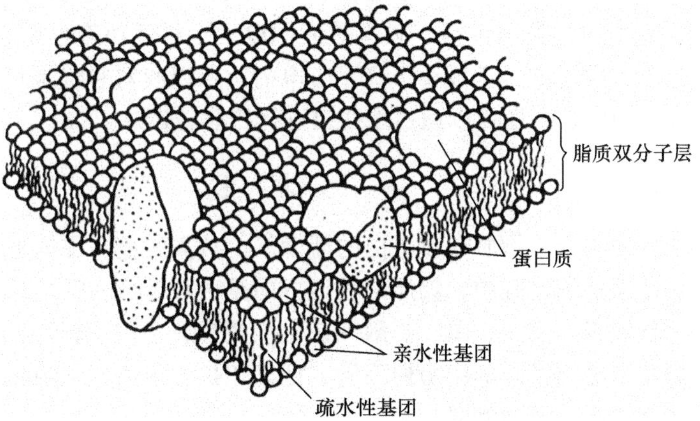

图 2-1　细胞膜的液态镶嵌模型

既然细胞膜主要是由脂质双分子构成的，那么理论上只有能溶于脂质即脂溶性的物质才可以通过细胞膜。事实上，在一定的环境因素影响下进行着新陈代谢的细胞，不断有各种各样的物质进出细胞，这些物质不仅种类繁多，理化性质各异，而且大多数是不溶于脂质的。因此，除极少数脂溶性物质能够直接通过脂质层进出细胞外，大多数物质分子或离子的跨膜转运，都与镶嵌在膜上的某些特殊的蛋白质分子有关。至于一些团块性固态或液态物质进出细胞，则与膜的更复杂的生物学过程有关。

现将几种常见的跨膜物质转运形式分别叙述如下。

一、单纯扩散

“单纯”一词的含义在于说明这是一种简单的物理过程，以区别于体内其他的物质转运机制。“扩散”一般指的是两种不同浓度同种溶质的溶液相邻地放在一起，则高浓度区域内的溶质分子将向低浓度区域发生净移动。因此，单纯扩散是指脂溶性的小分子物质从膜的高浓度一侧通过脂质分子间隙向低浓度一侧移动的过程。这是一种物理现象，没有生物学机制的参与，无需代谢耗能，也称简单扩散。如图 2-2 所示，经单纯扩散转运的物质是脂溶性（非极性）物质或少数不带电荷的极性小分子，如 O_2、CO_2、N_2、类固醇激素、乙醇、尿素、甘油等。根据相似相溶原理，高脂溶性物质容易穿越脂质双层，因此 O_2、CO_2、N_2 等高脂溶性小分子的跨膜扩散速度很快。

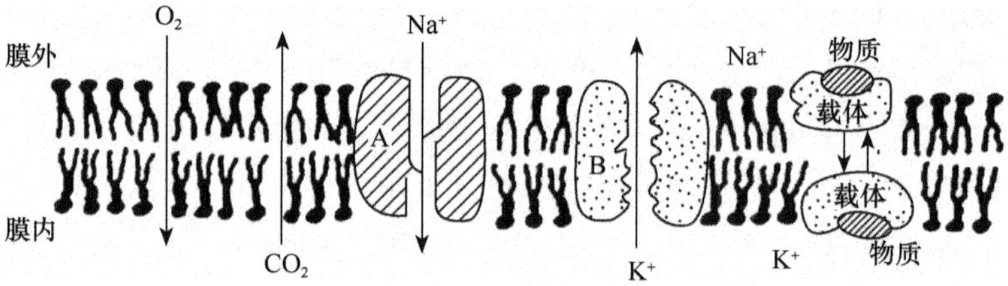

图 2-2 被动转运方式

影响单纯扩散的因素：被转运物在膜两侧的浓度差和膜对该物质的通透性。膜两侧的浓度差越大、通透性越高，则单位时间内物质扩散的量就越多，如果涉及的溶液是含有多种溶质的混合溶液，那么每一种物质的移动方向和扩散量，都只取决于该物质的浓度差，与其他的物质无关。另外，物质所在溶液的温度愈高、膜有效面积愈大，转运速率也愈高。值得指出的是，水分子虽然是极性分子，但它的分子极小、又不带电荷，所以膜对它仍是高度通透的。水分子除了以单纯扩散透过细胞膜外，还可以通过水通道进行跨膜转运。

二、易化扩散

水溶性或脂溶性小的小分子物质在膜蛋白的帮助下，从高浓度一侧向低浓度一侧移动的过程，称为易化扩散。易化扩散过程中，物质的转运方向是由高浓度一侧向低浓度一侧，是顺浓度差转运，所以不消耗能量，因此，单纯扩散和易化扩散都属于被动转运，但易化扩散必须借助膜蛋白帮助。根据参与易化扩散的膜蛋白不同，把易化扩散分为经通道蛋白介导的易化扩散和经载体蛋白介导的易化扩散两种类型。

（一）经通道易化扩散

各种带电离子在通道蛋白的介导下，顺浓度梯度和（或）电位梯度的跨膜转运，称为经通道易化扩散。由于经通道转运的溶质几乎都是离子，因而这类通道也称离子通道，图 2-2 所示，允许 Na^+、K^+、Cl^- 等带电离子在浓度梯度或电位梯度的推动下跨膜扩散。

离子通道具有以下三个重要的基本特征。

1. 离子选择性 离子选择性是指每种通道只对一种或几种离子有较高的通透能力，而对其他离子的通透性很小或不通透。例如，钾通道对 K^+ 的通透性要比 Na^+ 大 1000 倍；乙酰胆碱受体阳离子通道对小的阳离子如 Na^+、K^+ 高度通透，而对 Cl^- 则不能通透。根据通道对离子的选择性，可将通道分为钠通道、钙通道、钾通道、氯通道和非选择性阳离子通道等。通道对离子的选择性取决于孔道的口径、内壁的化学结构和带电状况等因素，如阳离子通道的内壁带负电荷，故有助于阳离子通过而阻碍阴离子通过。

2. 门控特性　大部分通道蛋白分子内部有一些可移动的结构或化学基团，在通道内起“闸门”作用。许多因素可引起闸门运动，导致通道的开放或关闭，这一过程称为门控。根据闸门对不同刺激的敏感性，即门控特性，可将离子通道分为：①电压门控通道，这类通道受膜电位调控（图 2-3A）。当膜两侧电位差发生改变，通常是在膜发生去极化时，通道蛋白分子内的一些带电化学基团（也称电位感受区）发生移动，进而引起分子构象改变和闸门开放，如神经细胞轴突膜中的电压门控钠通道。②化学门控通道，这类通道受膜外或膜内某些化学物质调控（图 2-3B）。这是一类兼有通道和受体功能的蛋白分子，也称配体门控通道，如骨骼肌终板膜中的 N_2 型乙酰胆碱受体，也称 N_2 型乙酰胆碱受体阳离子通道，其膜外侧有两个乙酰胆碱结合位点，结合位点与乙酰胆碱结合后可使通道的构象发生改变，引起闸门开放。③机械门控通道，这类通道受机械刺激影响，通常是质膜感受牵张刺激后引起其中的通道开放或关闭（图 2-3C），如耳蜗毛细胞膜中的机械门控钾通道、动脉血管平滑肌细胞膜中的钙通道等。

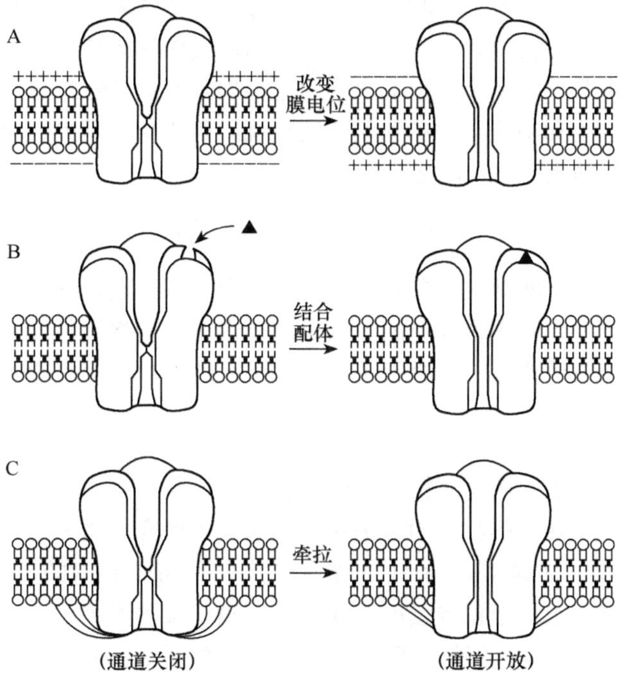

图 2-3　离子通道的门控特性

3. 转运速度快　每秒可达 10^8 个离子，远大于载体的转运速率。离子扩散速率的大小，除取决于膜两侧的浓度差外，还受膜两侧电位差的影响。

（二）经载体易化扩散

水溶性小分子物质经载体蛋白的介导，顺浓度梯度的跨膜转运称为经载体介导的易化扩散。葡萄糖和氨基酸是组织细胞所需要的物质，它进入细胞的过程就是典型的经载体蛋白介导的易化扩散。介导葡萄糖和氨基酸转运的载体，分别称为葡萄糖载体和氨基酸载体。

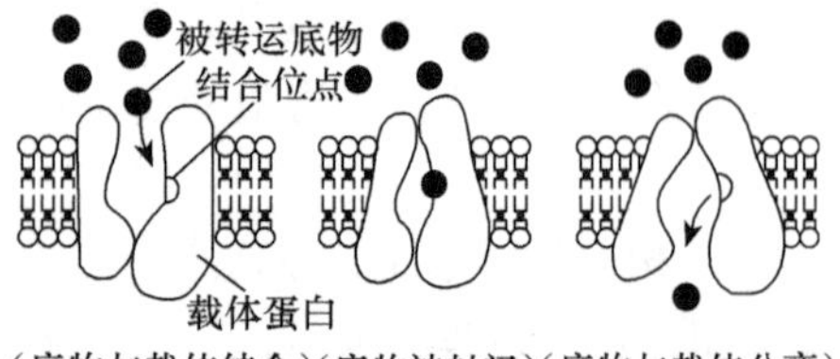

图 2-4　经载体易化扩散及饱和现象

载体蛋白上有底物特异性结合的位点，其在高浓度一侧与被转运物质结合，结合后可迅速引起载体蛋白构象发生变化，使被转运的物质朝向低浓度一侧，并且与被转运物质分离，由此完成跨膜转运（图 2-4）。

经载体易化扩散具有以下特点。

1. 高度特异性　各种载体仅能识别和结合具有特定化学结构的底物，如在同样浓度差情况下，右旋葡萄糖（人体内可利用的糖类都是右旋的）的转运量远大于左旋葡萄糖。

2. 饱和现象　由于细胞膜中载体的数量和转运速率有限，当被转运的底物浓度增加到一定程度时，底物的扩散速度便达到最大值，不再随底物浓度的增加而增大，这种现象称为载体转运的饱和现象。

3. 竞争性抑制　如果有两种结构相似的物质都能与同一载体结合，两底物之间将发生竞争性抑制。

综上所述，无论是以通道为中介的易化扩散，还是以载体为中介的易化扩散，它们在物质转运上有其共同的特点：①物质分子或离子只能由高浓度侧移向低浓度侧；②一种蛋白质分子只能帮助一种（或少数几种）物质分子或离子通过，即具有选择性；③可变性：由于镶嵌在膜脂质中的蛋白质，其结构和功能经常受到膜两侧环境因素改变的调控，因而与它有关的物质的扩散通量或其通透性就随之而发生改变。

三、主动转运

某些物质在膜蛋白的帮助下，进行的逆浓度梯度和（或）电位梯度跨膜转运，称为主动转运，并且这一过程是需要细胞提供能量的。根据膜蛋白是否直接消耗能量，主动转运可分为原发性主动转运和继发性主动转运。一般所说的主动转运是指原发性主动转运。

（一）原发性主动转运

细胞直接利用代谢产生的能量将物质逆浓度梯度和（或）电位梯度转运的过程，称为原发性主动转运。原发性主动转运的物质通常为带电离子，因此介导这一过程的膜蛋白或载体称为离子泵。离子泵的化学本质是 Na^+-K^+依赖式ATP 酶，可将细胞内的 ATP 水解为 ADP，从而完成离子逆浓度梯度和（或）电位梯度的跨膜转运。离子泵种类很多，常以它们转运的离子种类命名，如同时转运 Na^+和 K^+的钠 - 钾泵、转运 Ca^{2+}的钙泵、转运 H^+的质子泵等。

钠 - 钾泵是哺乳动物细胞膜中普遍存在的离子泵，简称钠泵。由于钠泵的发现，生物化学家 Jens C. Skou 与他人共享 1997 年的诺贝尔化学奖。如图 2-5 所示，钠泵是由 α 和 β 两个亚单位组成的二聚体蛋白质。其中，α 亚单位是催化亚单位，需在膜内的 Na^+和膜外的 K^+共同参与下才具有 ATP 酶活性，故钠泵也称钠 - 钾依赖式 ATP 酶（Na^+、K^+-ATPase）。α 亚单位与 ATP 结合时，构象为 E1，离子结合位点朝向细胞内侧，此时 α 亚单位对 K^+亲和力较低而对 Na^+亲和力较高，使已结合的 2 个 K^+释放到细胞内，并与细胞内 3 个 Na^+结合；结合 Na^+后，α 亚单位的 ATP 酶活性被激活，ATP 分解，α 亚单位被磷酸化，构象由 E1 转变为 E2，离子结合位点朝向细胞外侧，这时 α 亚单位对 Na^+亲和力降低而对 K^+亲和力增高，使已结合的 3 个

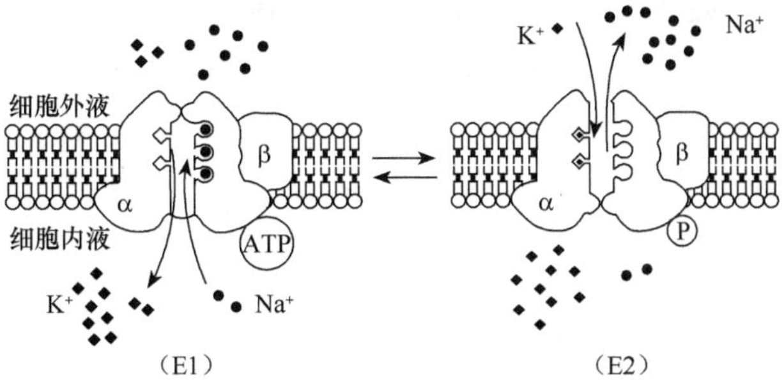

图 2-5 钠泵主动转运

Na^+释放到细胞外，并与胞外的 2 个 K^+结合；结合 K^+后，α 亚单位发生去磷酸反应，再次与另一分子的 ATP 结合并触发构象由 E2 回到 E1，从而完成了钠泵的一个转运周期。因此，钠泵每分解一分子 ATP 可逆浓度差将 3 个 Na^+移出胞外，将 2 个 K^+移入胞内，其直接效应是维持细胞膜两侧 Na^+和 K^+的浓度差，使细胞外液中的 Na^+浓度达到胞质内的 10 倍左右，细胞内的 K^+浓度达到细胞外液的 30 倍左右。同时，钠泵每次活动都会使 3 个 Na^+移出胞外、2 个 K^+移入胞内，产生一个正电荷的净外移，故钠泵具有生电效应。

在哺乳动物中，细胞膜钠泵活动消耗的能量通常占细胞代谢产能的 20%～30%，有的细胞甚至可达到 70%，如在某些功能活动活跃的神经细胞。这提示钠泵活动对维持细胞的正常功能十分重要。一般认为，钠泵活动的生理意义主要有：①钠泵活动造成的细胞内高 K^+为胞质内许多代谢反应所必需，如核糖体合成蛋白质就需要高 K^+环境。②维持胞内渗透压和细胞容积。在静息状态下，膜对 Na^+、K^+都有一定的通透性（漏通道）。虽然 K^+的通透性相对较高，但由于膜内有机负离子（带负电的蛋白质、核苷酸等）的吸引，外漏的 K^+较少，而 Na^+受浓度差和电位差的驱动，漏入到胞内的数量则相对较多。钠泵的活动可将漏入胞内的 Na^+不断转运出去，保持细胞正常的渗透压和容积，以防细胞水肿。③钠泵活动形成的细胞外高 Na^+和细胞内高 K^+是细胞发生电活动的基础。④钠泵活动的生电效应可直接使膜内电位的负值增大。⑤钠泵活动建立的 Na^+跨膜浓度梯度可为继发性主动转运提供势能储备。

（二）继发性主动转运

有些物质主动转运所需的驱动力并不直接来自 ATP 的分解，而是利用原发性主动转运所形成的某些离子的浓度梯度，在这些离子顺浓度梯度扩散的同时使其他物质逆浓度梯度和（或）电位梯度跨膜转运，这种间接利用 ATP 能量的主动转运过程称为继发性主动转运。继发性主动转运可分为同向协同转运和逆向协同转运两种形式。

1. 同向协同转运　被转运的分子或离子都向同一方向运动的联合转运，称为同向转运，其载体称为同向转运体。例如，葡萄糖在小肠黏膜上皮的吸收是通过 Na^+– 葡萄糖同向转运体来实现的。

2. 逆向协同转运　被转运的分子或离子向相反方向运动的联合转运，称为逆向转运或交换，其载体称为反向转运体或交换体。例如，Na^+–H^+交换体，主要位于肾近端小管上皮细胞上，可将胞外即管腔内的 1 个 Na^+转入胞内，同时将胞内的 1 个 H^+排出到小管液中，这对维持体内酸碱平衡具有重要意义。

综上所述，单纯扩散和易化扩散的共同点是细胞本身不消耗能量，物质顺电 – 化学梯度转运，因此属于被动转运。被动转运的最终平衡点是膜两侧该物质浓度差与电位差平衡（电－化学平衡）。主动转运是逆电－化学梯度转运，细胞本身耗能，可形成维持膜两侧的浓度梯度或电化学势差。

四、出胞和入胞

大分子物质或物质团块进出细胞的过程是通过入胞和出胞作用（图 2-6）来实现的，这些过程的进行需要消耗能量。

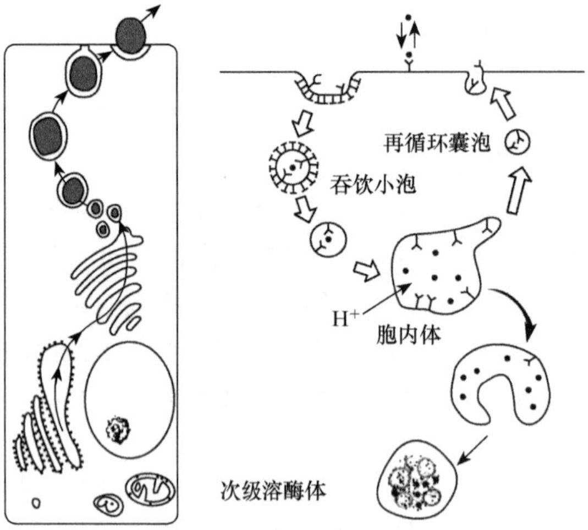

图 2-6　入胞和出胞

（一）入胞

大分子物质或团块物质进入细胞的过程，称为入胞。入胞过程首先是胞外物质与膜接触，引起接触部分膜凹陷并逐渐被膜包裹，然后与膜离断将物质移入细胞内。如果是固体物质进入细胞内，称为吞噬；如果是液体物质进入细胞内，称为吞饮。

（二）出胞

大分子物质或团块物质排出细胞的过程，称为出胞作用，主要见于细胞的分泌活动。例如，内分泌细胞分泌激素、神经末梢释放递质等。出胞过程是大分子物质在细胞内形成后，被膜性结构包裹形成囊泡，囊泡向细胞膜移动，与细胞膜融合，进而在融合处破裂，囊泡内的物质被排出细胞的过程。

◎ 考点提示：细胞膜的物质转运形式及特点

第二节　细胞的信号转导

人体是由大量细胞组成的有机整体，它既要实现自身复杂的功能，又要适应环境的各种变化，细胞之间必须有完善的信息联系，即具有信号转导功能。能在细胞间传递信号的物质称为信号分子，如神经递质、激素等。许多研究表明，外界的信号分子并没有进入细胞内，但却能引起细胞内发生一系列生理生化反应。其原因就是信号分子与细胞膜上的受体结合而发挥作用。

受体是能与某些化学物质特异性结合而产生一定生理效应的蛋白质。受体根据其存在部位分为膜受体和细胞内受体，而细胞内受体又可分为胞质受体和核受体两种。但一般说的受体是指膜受体。受体有两个基本功能：①能识别和结合体液中的特殊化学物质，从而保持细胞对特殊化学物质的高度敏感性和不受其他化学物质的干扰，使信息传递精确、可靠。②能转发化学信息，激活细胞内许多酶系统产生生理效应。

链　接

受　体　病

“受体病”是由于受体的数量和质量发生异常改变而引起的一些疾病的总称。受体作为一种蛋白质，具有抗原性。在某种情况下通过自身免疫机制，可以产生抗受体的抗体。如在极度耐胰岛素的 2 型糖尿病中，有抗胰岛素受体的抗体。这种患者对外源性胰岛素不敏感，用注射胰岛素的方法治疗，很难奏效。在重症肌无力的患者体内有抗乙酰胆碱受体的抗体，它们竞争性地抑制了激素或递质与其受体结合，干扰了其正常作用的发挥。

根据受体的分子结构和功能特征大体可以分为三类：即离子通道受体、G 蛋白偶联受体和酶偶联受体。

一、离子通道型受体介导的信号转导

按门控特性区分的离子通道中，化学门控通道是一类兼有通道和受体的膜蛋白，其开放和关闭受某种化学物质的调控。这类离子通道实际上是由配体结合部位和离子通道两部分所组成，故称为离子通道型受体，而调控这类通道的化学物质则是一些信号分子。

离子通道型受体因其本身就是离子通道，当配体（如神经递质）与受体结合时，受体蛋白的构象发生改变，这种构象变化直接导致了离子通道开放，细胞膜对特定离子的通透选择性增加，从而引起细胞膜电位改变。神经 - 肌肉接头处的信息传递就是典型的例子。当神经末梢释放的乙酰胆碱与骨骼肌细胞终板膜上的胆碱能受体结合后，受体构象发生改变，通道开放，最终引起终板电位的产生。

二、G 蛋白偶联受体介导的信号传递

G- 蛋白偶联受体是存在于细胞膜上的一种蛋白质，它与信号分子结合后可激活细胞膜上的 G- 蛋白（如鸟苷酸调节蛋白），激活的 G- 蛋白进而激活 G- 蛋白效应器酶（如腺苷酸环化酶），G- 蛋白效应器酶再催化某些物质（如 ATP）产生第二信使（如 cAMP），第二信使通过蛋白激酶或离子通道发挥信号转导的作用。由于这类酶受体要通过 G- 蛋白才能发挥作用，故称为 G- 蛋白偶联受体。

三、酶偶联型受体介导的信号转导

酶偶联型受体是指细胞膜上的一些蛋白质分子，既有受体作用又有酶的作用。酶偶联型受体的类型有酪氨酸激酶受体、鸟苷酸环化酶受体、丝氨酸 / 苏氨酸激酶受体，涉及神经营养因子受体、生长因子受体和细胞因子受体等。酪氨酸激酶受体介导的信号转导一般过程是：各种生长因子，包括表皮生长因子、血小板源生长因子、肝细胞生长因子和胰岛素等与酪氨酸激酶受体细胞外部分结合后，继而激活其胞内部分的酪氨酸激酶，磷酸化下游的酪氨酸残基，进而改变细胞功能。

第三节　细胞的电活动

自然界中广泛存在着电现象，生物体也不例外，生物体所产生的电称为生物电。人体的许多生理活动都与生物电有密切关系，对生物电的研究有助于我们认识生命活动的本质。生物电发生在细胞膜的两侧，故又称为跨膜电位，简称为膜电位，它包括细胞处在安静时的静息电位、细胞受有效刺激后出现的动作电位以及接受阈下刺激后出现的局部电位。

链 接

生物电的发现

首先发现生物电的是一位意大利的生物学家伽伐尼（L. A. Galvani，1737—1798）。1780 年 11 月的某天，

他偶然发现，当金属刀的刀尖碰到被解剖的青蛙腿外露的神经时，蛙腿会发生抽搐现象。这是什么原因呢？经过一系列研究，他证实了生物电的存在。1792 年，他发表了著名论文《论肌肉运动中的电力》，引起世人瞩目。实验已揭示，不仅动物，所有生物都有生物电活动，生物电现象是自然界普遍存在的一种电现象。

一、静 息 电 位

（一）静息电位的概念

细胞处于安静状态时，存在于细胞膜两侧的电位差称为静息电位。如图 2-7a 所示，将示波器的两个电极置于安静状态下细胞膜的外表面的任意两点时，示波器屏幕上的光点在零电位线上横向扫描，表示细胞膜外表面任意两点之间电压相等，不存在电位差。如图 2-7b 所示，将示波器的两个电极置于安静状态下细胞膜内任意两点时，示波器屏幕上的光点仍在零电位线上横向扫描，表示细胞膜内任意两点之间电压相等，不存在电位差。如图 2-7c 所示，将示波器的一个电极置于细胞膜外表面任意一点，另一个电极置于细胞膜内任意一点时，示波器屏幕上的光点迅速从零电位线下降到一定水平继续做横向扫描。以上实验表明在细胞膜内外两侧存在着电位差，如果规定膜外电位为零，那么膜内电位就是负电位。

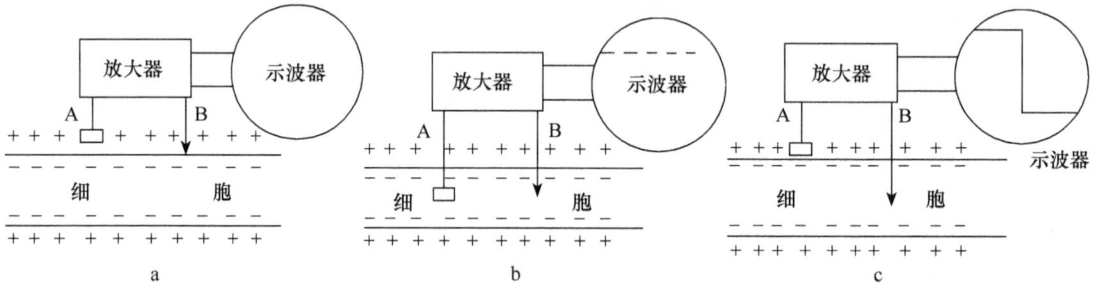

图 2-7　静息电位测量

a. A、B 两电极均放置于细胞外；b. A、B 两电极均放置于细胞内；c. 电极 A 在细胞外，电极 B 在细胞内

大多数细胞的静息电位都在 −100mV～−50mV，同类细胞的静息电位较恒定。其中哺乳动物神经细胞和肌细胞的静息电位是 −90mV～−70mV；平滑肌细胞的静息电位是 −60mV～−50mV。习惯上，把细胞安静状态下所保持的膜外带正电、膜内带负电的状态，称为极化。极化和静息电位都是细胞处于静息状态的标志。如果静息电位朝向数值减小的方向变化，如从 −90mV 变为 −60mV，称为去极化；如果静息电位值朝向数值增大的方向变化，如从 −90mV 变为 −110mV，称为超极化；膜电位高于零电位的部分称为超射；细胞膜先去极化然后向静息电位方向恢复的过程则称为复极化。

（二）静息电位的产生原理

离子跨膜移动决定于两个因素：①细胞膜内外离子浓度分布不均，存在浓度差；②安静时细胞膜对各种离子的通透性不同。如表 2-1 所示，安静时，虽然细胞内外 Na^+、Cl^-、A^-（有机负离子）存在浓度差，但细胞膜对它们通透性小，有的甚至没有通透性，所以这些离子的扩散很少；而 K^+则不同，细胞内 K^+是细胞外 K^+30 倍，而且细胞膜对 K^+通透性大。因此细胞在静息时，K^+顺浓度差外流，由于膜内的 A^- 不能通过细胞膜而留在细胞内，便形成了膜内为负、膜外为正的跨膜电位差。随着 K^+的外流，膜内外 K^+的浓度差逐渐减小，即促使 K^+外流的化学驱动力减小；同时膜内外内负外正的电位差逐渐增大，即阻止 K^+外流的电场力增大。当促

进 K^+外流的化学驱动力和阻止 K^+外流的电场力达到平衡时，K^+的净移动为零。此时，膜内外形成一个稳定的电位差，这就是静息电位。

表 2-1　静息状态下，细胞膜内外主要离子分布及膜对离子通透性

	膜内浓度（mmol/L）	膜外浓度（mmol/L）	浓度比	通透性
K^+	155	4.5	30 : 1	大
Na^+	12	145	1 : 12	小
Cl^-	3.8	120	1 : 31	次之
A^-	60	15	4 : 1	无

另外，钠－钾泵的活动本身具有生电作用，每次活动将 3 个 Na^+转运到细胞外，只将 2 个 K^+转运到细胞内，造成细胞内负电位，因此钠－钾泵的活动在一定程度上也参与了静息电位的形成。

综上所述，静息电位的产生主要是由 K^+外流所形成的，也有少量的 Na^+内流和钠－钾泵的生电作用参与。因此，影响这三方面的因素都可以影响细胞的静息电位。例如，细胞外的 K^+浓度增高时（如高血钾），可使细胞内外 K^+浓度差减小，K^+外流减少，结果使静息电位减小。

◎ 考点提示：静息电位的概念及产生原理

二、动 作 电 位

（一）动作电位的概念

细胞受到有效刺激后，在静息电位的基础上产生的迅速、可逆、可远距离扩布的电位变化称为动作电位，如图 2-8 所示。细胞在静息电位的基础上，接受一个有效刺激（阈刺激或阈上刺激）后，膜内电位发生了一个快速的变化，即产生了一个动作电位。动作电位分为上升支和下降支两部分。上升支膜内电位值在静息电位的基础上迅速减小，是一个去极化过程，膜内电位超过 0mV 以上的部分，称之为超射；下降支膜内电位在去极化的基础上向极化方向恢复，是一个复极化的过程。复极化初期速度较快，但后期速度明显减慢，故称为后电位。动作电位上升支和下降支形成尖峰样波形，故称为锋电位。

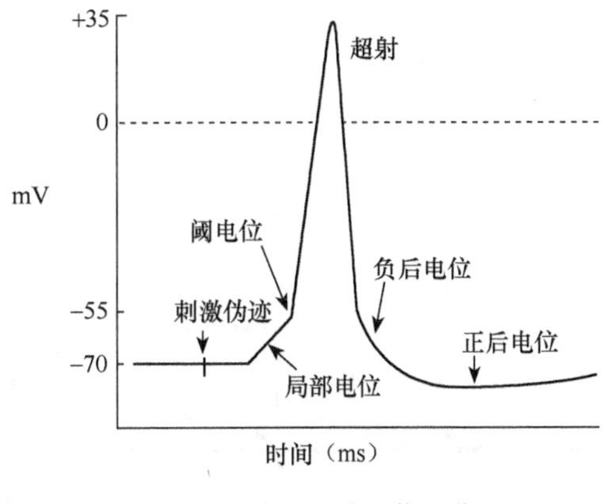

图 2-8　神经纤维动作电位

从生物电角度来看，动作电位和兴奋是同义词，所以兴奋性也可以是指机体组织或细胞产生动作电位的能力。

（二）动作电位的特点

动作电位具有以下特点：①“全或无”现象。要使细胞产生动作电位，所给的刺激必须达到一定的强度。若刺激未达到一定强度，动作电位就不会产生（无）；当刺激达到一定的强度

时，所产生的动作电位，其幅度便达到该细胞动作电位的最大值，不会随刺激强度的继续增强而增大（全），这就是动作电位的“全或无”现象。②不衰减传播。动作电位产生后，并不停留在受刺激处的局部细胞膜，而是沿膜迅速向四周传播，直至传遍整个细胞，而且其幅度和波形在传播过程中始终保持不变。③脉冲式发放。连续刺激所产生的多个动作电位总有一定间隔而不会融合起来，呈现一个个分离的脉冲式发放。

（三）动作电位的产生原理

当细胞受到有效刺激后，首先使细胞膜上少量 Na^+通道开放，少量 Na^+顺浓度差内流，使静息电位减小。当静息电位减小到一定数值时，膜上大量 Na^+通道开放，大量 Na^+内流从而爆发动作电位，这个使膜对 Na^+通透性突然增大的临界膜电位值称为阈电位。刺激必须使膜内电位去极化达到阈电位才能爆发动作电位。由于 Na^+的大量快速内流，使膜内负电位减小，甚至转为正电位。随着 Na^+内流，Na^+浓度差逐渐减小，促使 Na^+内流的化学驱动力减小，而膜内正电位所形成的电场阻力逐渐增大，一旦两者达到平衡时，Na^+的净移动为零。此时，动作电位达到最大幅值，即 Na^+内流所形成的电－化学平衡电位，这就是动作电位上升支形成的原理。当达到 Na^+平衡电位时，膜上的 Na^+通道关闭，膜上 K^+通道开放，K^+顺浓度差和电位差向膜外扩散，使膜内电位迅速恢复到负电位水平，形成了动作电位的下降支。由于 Na^+、K^+的扩散，使膜内 Na^+浓度增加，膜外 K^+浓度增加，从而激活钠泵，将细胞内 Na^+泵出，细胞外 K^+泵入，恢复细胞膜两侧 Na^+、K^+的浓度差，为下次兴奋做好准备。目前认为，钠泵的活动是后电位产生的原因之一。

（四）动作电位在同一细胞内的传导

动作电位一旦在某一点产生，就会沿着细胞膜扩布，使整个细胞膜都产生一次动作电位，即经历一次兴奋过程。通常将动作电位在同一细胞膜上的扩布称为动作电位的传导。动作电位在神经纤维上的传导称为神经冲动。

动作电位的传导原理：局部电流学说认为，当细胞某一部位产生兴奋时，其兴奋部位膜电位由内负外正变为内正外负，于是兴奋部位和邻近的静息部位之间出现了局部电流，如图 2-9 所示。这种局部电流使邻近未兴奋部位膜内电位升高和膜外电位降低，发生去极化，去极化达阈电位爆发动作电位，以局部电流这种传导方式进行的多见于无髓鞘的神经纤维。

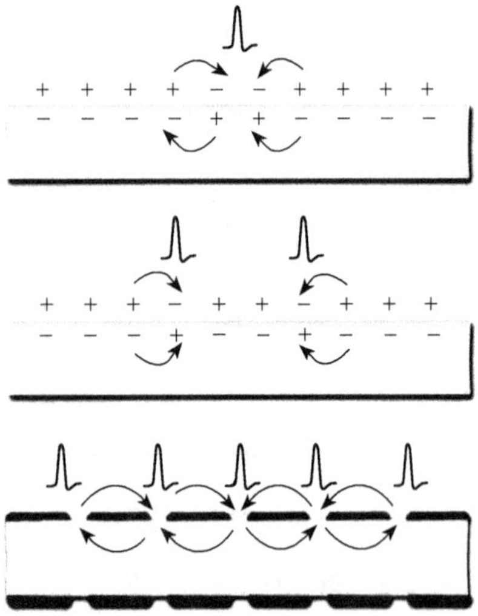

图 2-9 动作电位在神经纤维上的传导

有髓神经纤维的髓鞘具有绝缘的作用，动作电位只能在没有髓鞘的郎飞结处进行，所以动作电位在有髓神经纤维上传导是由一个郎飞结传给相邻的郎飞结，称为跳跃式传导，其传导速度比无髓神经纤维快得多，而且比较“节能”。

◎ 考点提示：动作电位的概念及产生原理

三、局部电位

单个阈下刺激不能触发动作电位。如给予细胞的是有效刺激，将会引起膜内正电荷增加

（去极化），当膜电位减小到一个临界值时，细胞膜中的钠通道才大量开放而触发动作电位，这个能触发动作电位的膜电位临界值称为阈电位。如细胞受到阈下刺激时，产生于细胞膜的局部的、低于阈电位的轻度去极化，称为局部电位（局部兴奋、局部反应）。其特点是：①不是“全”或“无”式的，局部反应可随阈下刺激的增大而增大。②衰减性传导，局部反应幅度随传播距离的增大而减小，最后消失，所以局部电位不能进行远距离传导。③可以总和，一个阈下刺激只能产生一个局部反应，不能引发动作电位，但多个阈下刺激引起的多个局部反应叠加起来，就可能使膜去极化达到阈电位，从而引发动作电位。

综上所述，动作电位的引起有两条途径：一是给予一次阈刺激或阈上刺激，即可使膜电位去极化达到阈电位水平而爆发动作电位；二是给予多次阈下刺激，使局部电位发生总和。

链 接

生物电的应用

生物体电现象是人体正常生理活动的反映。因此，依据生物电的变化可以推知生理过程是否处于正常状态，如心电图、脑电图、肌电图等。研究表明，当把一定强度、频率的电信号输到特定的组织器官，可以影响其生理状态，如用“心脏起搏器”可使失控的心脏恢复其正常节律性活动。应用脑的电刺激术（EBS）可医治某些脑部疾患。在航天技术中采用的“生物太阳电池”就是利用细菌生命过程中转换的电能。由此可见，生物电在许多领域都有重要的应用。

第四节　肌细胞的收缩功能

人体各种形式的运动都是通过肌肉的收缩和舒张来完成的，人体的肌肉分为骨骼肌、心肌和平滑肌三种。不同的肌肉在结构和功能上有所不同，但收缩的基本形式和原理是相似的。骨骼肌是人体中最多的组织，约占体重的 40%，本节以骨骼肌为例来研究肌细胞的收缩和舒张功能。

在人体内，骨骼肌的收缩和舒张是由运动神经支配的，所以本节主要讨论以下几个内容：①运动神经的兴奋如何传给骨骼肌细胞（神经 - 肌接头处的兴奋传递）；②骨骼肌的兴奋如何引起骨骼肌收缩（兴奋 - 收缩耦联）；③骨骼肌的收缩机制（肌丝滑行学说）；④骨骼肌的收缩形式。

一、神经-肌接头处兴奋传递过程

运动神经纤维末梢和骨骼肌细胞膜相互接触的部位称为神经 - 肌接头，这是神经细胞和肌细胞之间实现兴奋传递的结构基础。

（一）神经 - 肌接头的结构

神经 - 肌肉接头处的结构（图 2-10）包括接头前膜、接头后膜、接头间隙三部分。

1. 接头前膜　运动神经末梢嵌入到肌细胞膜的凹陷内，接头前膜即指神经末梢的细胞膜。在神经末梢的轴浆中含有大量直径约 50nm 的内含乙酰胆碱的囊泡。

2. 接头后膜　与接头前膜相对应的肌细胞为接头后膜，也称终板膜。接头后膜有不规则的下陷，形成许多皱褶，其意义主要是增加接头后膜的面积。接头后膜上存在乙酰胆碱受体及使乙酰胆碱失活的酶——胆碱酯酶。

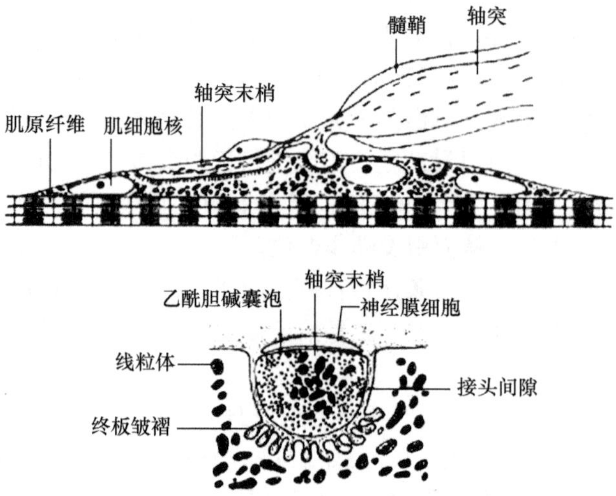

图 2-10　神经 - 肌接头的超微结构

3. 接头间隙　接头前膜与接头后膜并不直接接触，它们之间的窄小空隙为接头间隙，宽约 20nm。

（二）神经 - 肌接头处兴奋传递过程

当运动神经兴奋时，神经冲动传到轴突末梢时，电压依从性 Ca^{2+} 由细胞外进入膜内，膜内的 Ca^{2+} 浓度增高，促进囊泡向接头前膜移动，并与接头前膜发生融合，然后破裂。囊泡内的乙酰胆碱通过出胞作用释放到接头间隙。乙酰胆碱通过接头间隙后与接头后膜上的特异性受体（N 受体）结合，使原来处于关闭状态的通道蛋白发生构象改变而开放。这种通道可允许 Na^{+}、K^{+} 和少量的 Ca^{2+} 通过细胞膜，主要是使 Na^{+} 内流，结果使膜内电位绝对值减小，即出现膜的去极化。由于这一电变化出现在终板膜上，因此称为终板电位。终板电位属于局部电位，故具有局部电位的特点，即具有等级性，指的是终板电位的大小与乙酰胆碱释放量有关，递质释放量多，产生的终板电位就大，递质释放量少，终板电位就小。终板电位可以发生总和，并向周围肌细胞膜扩布，使周围肌细胞膜去极化达到阈电位，爆发动作电位，进一步引起肌细胞的收缩。

（三）影响神经 - 肌接头处兴奋传递的因素

由于骨骼肌神经 - 肌接头处的兴奋传递是化学性传递，所以，凡能影响递质的合成、释放、与通道蛋白的结合以及递质消除等因素，都能影响兴奋的传递。Ca^{2+} 是兴奋 - 分泌偶联的关键因子，能触发递质的释放，并影响其释放量。递质的释放量与进入末梢的 Ca^{2+} 量成正比。此外细胞外液中的 Ca^{2+} 和 Mg^{2+} 浓度也能影响递质的释放。如果细胞外 Ca^{2+} 浓度升高和（或）Mg^{2+} 浓度降低，递质释放量将增多；反之，递质释放量将减少。

1. 对递质乙酰胆碱释放的影响　递质乙酰胆碱的释放受运动神经纤维传出冲动的控制，平时在无动作电位下传时仅有少量释放；当有动作电位下传时，才有大量释放。

肉毒杆菌和破伤风杆菌毒素能选择性地阻碍神经末梢释放乙酰胆碱；而黑寡妇蜘蛛毒素则能促进其释放，使末梢乙酰胆碱耗竭。两者都可引起接头处传递阻滞。

2. 对乙酰胆碱受体通道的影响　许多药物或毒物，例如美洲箭毒和α-银环蛇毒能与接头后膜上的 N 型乙酰胆碱受体通道结合，与乙酰胆碱竞争性结合位点，从而导致神经-肌接头传递受阻。

3. 对胆碱酯酶的影响　正常情况下，乙酰胆碱与通道蛋白结合引起肌肉收缩后，乙酰胆碱能迅速被接头间隙内的胆碱酯酶水解而消除，从而使肌肉在一次收缩后出现舒张。有机磷农药和新斯的明等胆碱酯酶抑制药能灭活胆碱酯酶的生物活性，使乙酰胆碱不能及时被水解，造成乙酰胆碱在接头间隙大量堆积，并使乙酰胆碱持续作用于接头后膜通道蛋白，导致出现肌肉颤动等一系列中毒症状。

◎ 考点提示：神经-肌接头处兴奋传递过程

二、兴奋-收缩耦联

把肌细胞的兴奋过程和肌肉的收缩过程联系起来的中介过程称为兴奋-收缩耦联。实现兴奋-收缩耦联的组织结构是肌管系统，如图 2-11 所示，其结构基础是三联管。

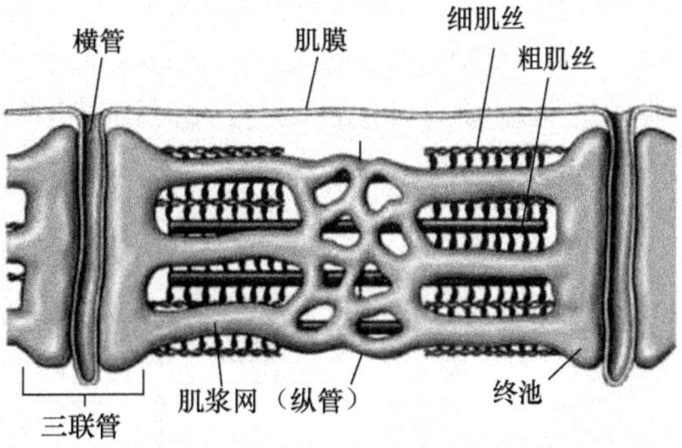

图 2-11　肌管系统

（一）肌管系统

骨骼肌细胞有两套独立的肌管系统。

1. 横管系统　横管由肌细胞膜向内凹入胞质而形成。横管的走行方向与肌原纤维相垂直，它们穿行在肌原纤维之间，相互交通。管腔通过肌膜凹入处有小孔，与细胞外液相通。横管系统能快速将肌细胞膜上的动作电位传到所有肌原纤维的近旁。

2. 纵管系统　纵管即肌浆网，其走行方向与肌节平行。纵管是相互沟通的管道，在接近肌节两端横管时管腔变膨大，称为终池，它使纵管以较大的面积与横管靠近。每一横管和来自两侧肌节的终池构成三联管。终池内储存大量的 Ca^{2+}，Ca^{2+}在肌肉的收缩和舒张活动中具有重要作用。

（二）兴奋-收缩耦联的过程

骨骼肌兴奋-收缩耦联的基本过程包括：①骨骼肌细胞膜上的动作电位沿肌细胞膜和横管膜传递至三联管处，激活横管膜上的电压依赖式 Ca^{2+}通道。②电压依赖式 Ca^{2+}通道通过变构作用激活终池膜上的 Ca^{2+}释放通道，终池中 Ca^{2+}大量释放入细胞质，细胞质内 Ca^{2+}浓度升高，引发肌肉收缩。③细胞质内 Ca^{2+}浓度升高激活肌浆网膜上的钙泵，细胞质中 Ca^{2+}被回收至肌浆网，细胞质 Ca^{2+}浓度降低，出现肌肉舒张。

从以上过程可以看出，把肌细胞的兴奋和收缩耦联到一起的关键物质是 Ca^{2+}，故将 Ca^{2+}称为兴奋-收缩耦联的关键因子。如果肌浆网中缺乏 Ca^{2+}，即使肌细胞能够兴奋，也不能引起肌细胞的收缩，这种现象称为“兴奋-收缩脱耦联”。

◎ 考点提示：兴奋和收缩耦联的关键物质

三、骨骼肌的收缩机制

（一）骨骼肌细胞的微细结构

如图 2-12 所示，肌细胞内有大量的肌原纤维，它们平行排列，纵贯全长。在显微镜下观察，肌原纤维呈规则的明暗相间的条纹，即由明带和暗带组成，明带中央颜色较深的线称为Z线，暗带中央相对透亮的区域称为H带，H带中央较深的线称为M线，相邻两条Z线之间的肌原纤维称为肌小节，肌小节是肌肉收缩和舒张的基本单位。

在电子显微镜下进一步观察，肌小节是由细肌丝和粗肌丝组成。如图2-12所示，细肌丝由三种蛋白分子组成，分别为肌动蛋白、原肌球蛋白（原肌凝蛋白）和肌钙蛋白。许多球形的肌动蛋白分子聚合成双螺旋结构，形成细丝的主干，肌动蛋白上有与横桥结合的位点。原肌球蛋白分子也聚合成细丝状双螺旋结构，缠绕在肌动蛋白上，遮盖了与横桥的结合位点，阻止它们的结合，具有位阻效应。肌钙蛋白是由三个亚单位组成的球形分子，结合在原肌球蛋白上，与Ca^{2+}有很强的亲和力。粗肌丝由肌球蛋白（肌凝蛋白）分子组成，一个肌球蛋白分子分为杆和头两部分。杆部构成粗肌丝的主干，头部突出于粗肌丝表面形成横桥。横桥有两个生物学效应：①能与细丝的肌动蛋白可逆性结合；②具有ATP酶的作用，可以分解ATP，释放能量，供横桥摆动时利用。

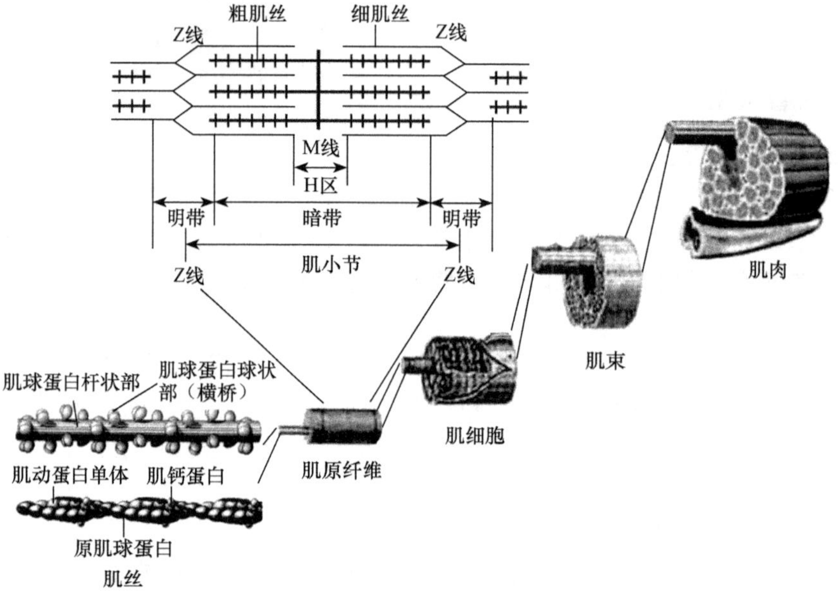

图2-12 骨骼肌结构

（二）骨骼肌的收缩机制

骨骼肌的收缩机制现在公认的是“肌丝滑行学说”，其主要内容是骨骼肌的收缩并非是肌细胞中肌丝本身的缩短或卷曲，而是细肌丝向粗肌丝滑行的结果。

如图2-13所示，当肌肉处于静息状态时，原肌球蛋白遮盖肌动蛋白上与横桥的结合位点，具有位阻效应。一旦通过兴奋－收缩耦联使肌质中Ca^{2+}升高到一定浓度时，Ca^{2+}与肌钙蛋白结合，引起肌钙蛋白分子构型改变，牵引原肌球蛋白发生位置移动，暴露出肌动蛋白上与横桥的结合位点，位阻效应解除，引发横桥与肌动蛋白结合，激活横桥上ATP酶的活性，横桥分解ATP释放能量，使横桥摆动，拉动细肌丝向粗肌丝滑行，结果是肌小节缩短，肌肉收缩。当肌细胞恢复静息电位时，肌质中Ca^{2+}被泵回终池，使肌质中Ca^{2+}浓度降低，肌钙蛋白与Ca^{2+}分离，恢复原来的构型，原肌球蛋白重新将肌动蛋白上的结合位点掩盖起来，使

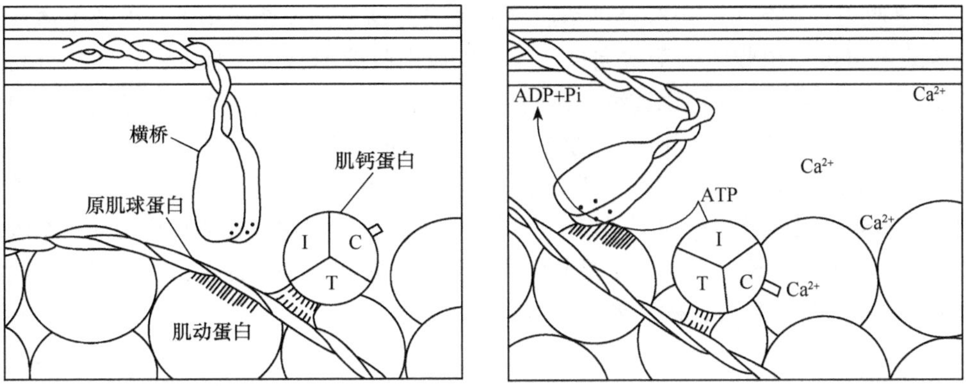

图 2-13　肌丝滑行机制

横桥与肌动蛋白分离，于是细肌丝从粗肌丝中滑出，恢复原来的位置，结果是肌小节恢复原长，肌肉舒张。

可见，肌肉的缩短需要不断消耗ATP，用于横桥周期过程中横桥的摆动；肌肉的舒张也要消耗ATP，用于钙泵活动，将肌浆中的Ca^{2+}泵回到肌浆网内。所以，肌肉的收缩和舒张都要消耗能量，属于主动的过程。

四、骨骼肌的收缩形式

人体内，骨骼肌收缩时产生的变化主要有两种，一是张力的增加，二是长度的缩短。在不同的情况下，骨骼肌的收缩形式是不同的。

（一）等长收缩和等张收缩

1. 等长收缩　等长收缩是指肌肉收缩时只有张力的增加，而无长度的缩短。这是肌肉收缩时所承受的负荷（后负荷）等于或大于肌肉收缩力的情况下产生的。肌肉的做功应等于承受负荷的重量乘以负荷被肌肉牵拉所移动的距离。等长收缩时，虽然肌肉的张力增大，但肌肉并没有缩短，肌肉所作用的物体没有发生移动，故并没有做功。等长收缩的主要作用是保持一定的肌张力，维持人体的位置和姿势。如人站立时为了对抗重力，维持姿势而产生的有关肌肉的收缩是等长收缩。

2. 等张收缩　等张收缩是指肌肉收缩时只有长度的缩短而张力保持不变。这是在肌肉收缩时所承受的负荷小于肌肉收缩力的情况下产生的，此时肌肉产生的收缩力除克服施加给它的负荷外，还可使物体产生位移，因此它可以做功。

正常情况下人的肢体运动常是两种形式都有的混合形式的收缩，即既有张力的改变，又有长度的缩短，常常是在肌肉缩短之前，张力先增高，当张力等于或大于所承受的负荷时，肌肉开始缩短，而张力就不再增加。

（二）单收缩和强直收缩

1. 单收缩　单个肌细胞或整块肌肉在受到一次短促的有效刺激后，首先爆发一次动作电位，引起肌肉产生一次收缩，称为单收缩。将单收缩曲线记录下来可分为三个时期：潜伏期、收缩期和舒张期，如图2-14。

2. 复合收缩 实际上，由神经传给肌肉的神经冲动总是连续成串的，因此整体情况下的骨骼肌收缩不可能以单收缩的形式完成，而是以肌肉收缩的另外一种形式，即复合收缩完成的，如图 2-15。实验中给肌肉以连续脉冲刺激，当刺激频率较低时，两次刺激的间隔时间长于一个单收缩所持续的时间时，下一个刺激到来之前，前一个刺激所产生的收缩过程已经结束，于是引起一连串的完整的单收缩；逐渐增加刺激频率，当刺激间隔时间短于一个单收缩所持续的时间时，即会引起刺激频率的不同而产生不同形式的收缩，这些收缩波均为前一个收缩曲线尚未结束，后来的刺激即已到达，于是肌肉在尚处于一定程度缩短的基础上进行新的收缩，发生了所谓的收缩过程的复合，称为复合收缩。

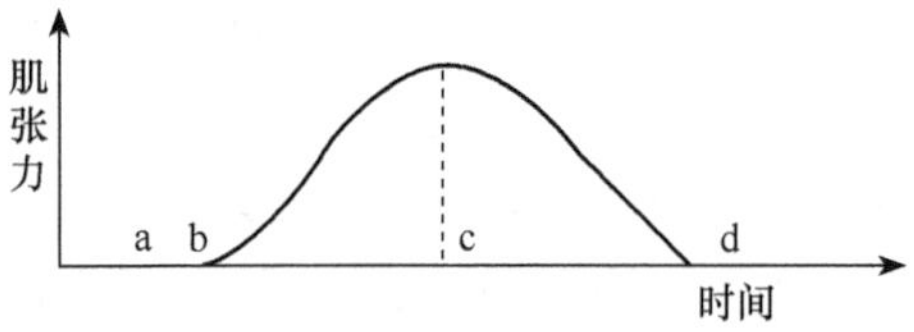

图 2-14 骨骼肌的单收缩曲线

ab. 潜伏期；bc. 收缩期；cd. 舒张期

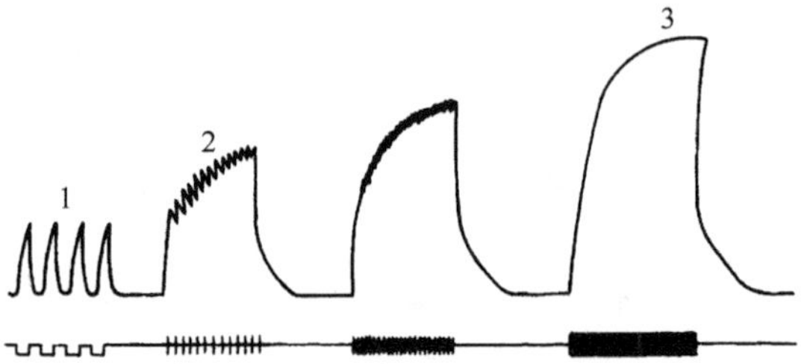

图 2-15 骨骼肌的复合收缩曲线

上. 收缩曲线；下. 刺激标记

1. 单收缩；2. 不完全性强直收缩；3. 完全性强直收缩

根据收缩波复合的程度，复合收缩又可分为不完全性强直收缩和完全性强直收缩。如果刺激频率较低但刺激间隔时间短于一个单收缩所持续的时间时，前一次刺激产生的收缩和舒张期尚未完全结束，后一次刺激又引起肌肉的收缩，使收缩波融合于舒张期，这样描记出的曲线就成为不同程度的锯齿状，称不完全性强直收缩；继续增加刺激频率，当刺激间隔等于或短于收缩期所持续的时间时，肌肉有可能在前一收缩的收缩期结束前即已开始新的收缩，于是各次收缩的张力或长度变化可以在短期内融合或叠加，使描记曲线上的锯齿消失，这就是完全性强直收缩。强直收缩可产生更大的效应，它产生的张力要比单收缩强 3～4 倍。不同肌肉单收缩持续时间不同，能引起肌肉产生完全性强直收缩的最低刺激频率亦不同。

◎ 考点提示：人体内骨骼肌的收缩形式

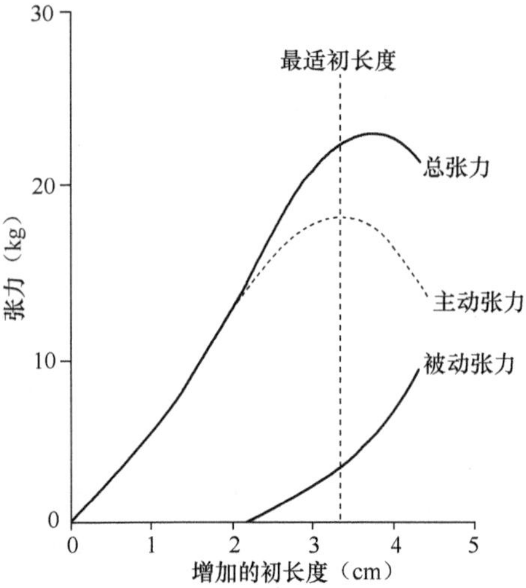

图 2-16 肌肉收缩时初长度－张力关系

（三）影响骨骼肌收缩的主要因素

骨骼肌的收缩受多种因素的影响。其主要因素是前负荷、后负荷和肌肉的收缩能力。前、后负荷是外部作用于肌肉的力，而肌肉的收缩能力则是肌肉自身内在的功能状态。

1. 前负荷 前负荷是指肌肉收缩以前所遇到的负荷或阻力。前负荷决定了肌肉在收缩前的长度，即肌肉的初长度。其他条件不变时，逐渐增加前负荷（初长度增加）观察肌张力的变化，并将不同前负荷时所产生的张力绘制在坐标图上，形成的曲线即是初长度－张力曲线，如图 2-16。结果说明，肌肉的初长度在一定范围内与肌张力呈正变关系，超过这一限度，则呈反变关系。这说明，在初长度增加的开始阶段（即曲线的上升支）随着初长度的增加，肌张力也增加；当初长度达到一定限度，肌肉产生的张力最大，此时所产生的张力称为最大张力，产生最大张力的前负荷为最适前负荷，此时肌肉的初长度为最适初长度。再增加初长度，肌张力非但不增加，反而减小。因此在肌肉处于最适初长度时开始收缩，如进行等长收缩，产生的张力最大；如进行等张收缩，则缩短速度最快，缩短的程度最大，做功效率最高。

2. 后负荷　后负荷是指肌肉在收缩过程中所承受的负荷。当肌肉在后负荷的条件下进行收缩时，肌肉在缩短以前先产生张力变化，然后再出现肌肉的缩短，一旦肌肉开始缩短，其张力就不再增加。在一定范围内，不同的后负荷产生的张力不同，后负荷越大，产生的张力就越大，且肌肉开始缩短的时间推迟，缩短速度越来越慢。将不同后负荷时肌肉缩短速度间的关系绘制成坐标图即是张力－速度曲线，如图 2-17。当后负荷为 0 时，肌肉的缩短速度为无限大；当后负荷大于一定限度（P_0）时，则肌肉的缩短速度为 0。后负荷在 0 与 P_0 之间，则它与肌肉缩短速度呈反变关系。显然后负荷过大，虽肌肉张力增大，但缩短速度和缩短程度将减少甚至为 0，不利于做功；当后负荷过小时，肌肉缩短速度和缩短程度虽增大，但张力产生减小，也不利于做功，因此，后负荷过大或过小对肌肉做功效率都是不利的。肌肉只有在适合的后负荷时，才能获得肌肉做功的最佳效果。

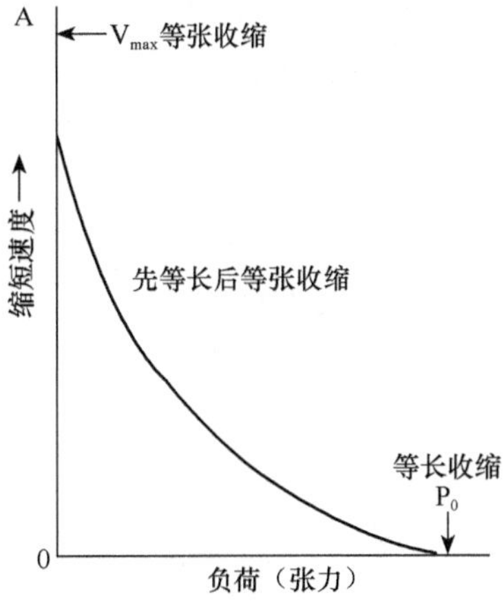

图 2-17　肌肉收缩时张力－速度关系

3. 肌肉收缩能力　上面提到前、后负荷的改变对肌肉张力、缩短速度和缩短程度的影响是在肌肉本身功能状态恒定的情况下对所处负荷条件改变所做的不同反应。肌肉本身功能状态亦可以随环境因素的改变而改变。例如缺氧、酸中毒、肌肉中的能源物质的缺乏等因素均可降低肌肉收缩的效果；而钙离子、咖啡因、肾上腺素等因素可提高肌肉的收缩效果。我们称肌肉内部功能状态为肌肉收缩能力。肌肉收缩能力是独立于前、后负荷以外的肌肉本身固有的能力。当其他条件不变时，肌肉收缩能力与它的工作效率呈正变关系。

目标检测

一、名词解释

1. 单纯扩散　　2. 离子通道　　3. 钠－钾泵
4. 入胞　　5. 出胞

二、选择题

1. 细胞膜组成中分子个数最多的是（　　）
   A. 蛋白质　　B. 脂质
   C. 糖蛋白　　D. 糖类
   E. 脂蛋白
2. 不影响单纯扩散速度的因素是（　　）
   A. 膜对该物质的通透性
   B. 膜两侧物质的浓度差
   C. 膜通道的激活
   D. 物质的脂溶性
   E. 物质分子量的大小
3. 产生生物电的离子跨膜移动属于（　　）
   A. 单纯扩散
   B. 出胞
   C. 主动转运

D. 载体介导的易化扩散

E. 通道介导的易化扩散

4. 衡量组织兴奋性的指标是（　　）

A. 动作电位　　B. 阈电位

C. 静息电位　　D. 阈强度

E. 肌肉收缩或腺体分泌

5. 不属于第二信使的物质是（　　）

A. 三磷酸肌醇（IP3）

B. cAMP

C. cGMP

D. 二酰甘油（DG）

E. 去甲肾上腺素

6. 细胞膜内外正常 Na^+和 K^+浓度差的形成和维持是由于（　　）

A. ATP 的作用

B. ADP 的功能

C. Na^+、K^+易化扩散的结果

D. 膜上 Na^+-K^+泵的作用

E. 膜兴奋时对 Na^+通透性增加

7. 离子被动跨膜转运的动力来自（　　）

A. 电位梯度

B. 浓度梯度

C. 电 - 化学梯度

D. 钠泵供能

E. 自由运动

8. 细胞膜在静息情况下，离子通透性最大的是（　　）

A. K^+　　B. Ca^{2+}

C. Na^+　　D. Cl^-

E. Mg^{2+}

（张海峰）

第3章 血　液

第一节　血液的组成和理化特性

一、血液的组成

血液是由血浆和悬浮于其中的血细胞组成。血细胞包括红细胞、白细胞和血小板。将新采集的血液经抗凝处理并离心沉淀后，血液分三层（图 3-1）：上层淡黄色透明的液体即血浆，中间一薄层灰白色不透明的部分为白细胞和血小板，下层不透明的深红色血柱即红细胞。

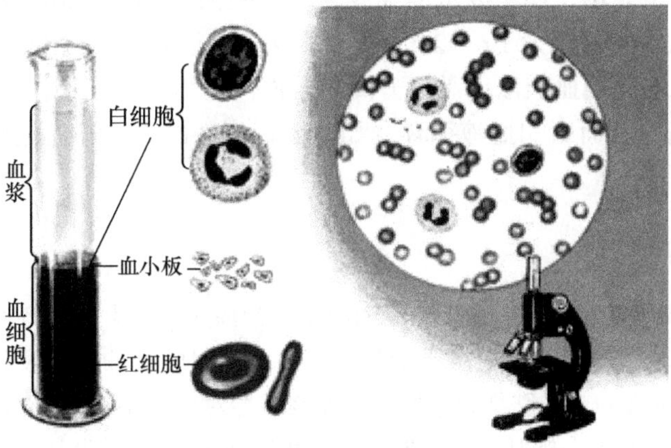

图 3-1　血液的组成

血细胞在全血中所占的容积百分比，称为血细胞比容。正常成年男性为 40%～50%，女性为 37%～48%，新生儿约为 55%。血细胞比容可以反映血液中血细胞和血浆的相对含量关系。当血细胞数量或血浆容量改变时，血细胞比容也发生相应的改变。例如，严重腹泻或大面积烧伤时，由于体液的丧失，血浆量减少，血细胞比容将会升高；某些贫血患者的红细胞数量减少，血细胞比容就会降低。

二、血　　量

血量是指人体内血液的总量。正常成人血量占体重的 7%～8%，相当于每千克体重有 70～80ml 血液。其中大部分血液在心血管中快速流动，称为循环血量；小部分血液滞留在肝、肺、腹腔静脉和皮下静脉丛内，流动很慢，称为储存血量。机体在剧烈活动、情绪激动或大量失血等应急状态下，储存血量可以补充循环血量。正常人体血量相对恒定是维持机体正常生命活动的重要保证。如果血量不足，将导致血压下降，组织、器官血液供应不足，严重时可危及生命。

三、血液的理化特性

（一）颜色

血液的颜色取决于红细胞内血红蛋白的颜色。动脉血含氧合血红蛋白较多，呈鲜红色；静脉血含去氧血红蛋白较多，呈暗红色。血浆因含有胆红素呈淡黄色。空腹时血浆清澈透明，进食后，尤其摄入较多脂类物质时，可使血浆变浑浊，这会妨碍血浆中一些成分检测的准确性。因此，临床上进行某些血液指标检测时，要求空腹采血。

（二）比重

正常人全血的比重为1.050～1.060，其大小与红细胞数量呈正变关系。血浆的比重为1.025～1.030，其大小主要取决于血浆蛋白含量。

（三）黏度

液体的黏度来源于液体内部分子或颗粒间的摩擦力。血液含有血细胞和一些大分子物质，因此，血液在血管内流动时，有较大的阻滞特性，称为血液或血浆的黏度。血液的黏度通常用与水相比的相对黏度来表示，如果以水的黏度为1，则全血的相对黏度为4～5，主要取决于血细胞比容的高低；血浆的黏度为1.6～2.4，主要取决于血浆蛋白的含量。血液的黏度是形成血流阻力的重要因素之一，当血液浓缩黏度升高时，血流阻力增大，使血流速度减慢，易引起血管内凝血和血压升高，从而影响血液循环。如大面积烧伤的患者，血液中水分大量渗出血管，血液浓缩，黏度增高。

（四）血浆酸碱度

正常人血浆的pH为7.35～7.45，波动范围极小。当血浆pH低于7.35时为酸中毒，高于7.45时为碱中毒。血浆酸碱度的相对稳定主要依靠血液中缓冲对的缓冲作用及肺、肾的排泄功能。血液中的缓冲对包括血浆缓冲对和红细胞缓冲对。血浆缓冲对中最重要的是$NaHCO_3/H_2CO_3$，红细胞缓冲对中最重要的是血红蛋白钾盐/血红蛋白。当酸性或碱性物质进入血液时，通过缓冲对的作用和肺、肾不断排出体内过多酸或碱的情况下，使血浆pH波动极小，从而维持细胞的正常功能。

◎ 考点提示：血液的组成、血细胞比容、血量

第二节　血　　浆

血浆是血细胞的细胞外液，也是机体内环境重要组成部分。它不仅与组织液进行物质交换，还通过肺、肾、胃肠道、皮肤等器官与外环境进行物质交换，因此在沟通机体内、外环境中占有重要的地位。

一、血浆的成分及其作用

血浆是含有多种溶质的水溶液，其中水占91%～92%，溶质占8%～9%。溶质主要包括无机盐、血浆蛋白、非蛋白有机物。正常情况下血浆各种成分的含量在一定范围内变动，保持相对恒定。患病时，某些化学成分的量则可高于或低于正常范围，故临床上对血浆成分的测定有助于某些疾病的诊断。

（一）无机盐

血浆中的无机盐大多数以离子形式存在。其中阳离子以Na^+为主，还有少量K^+、Ca^{2+}、Mg^{2+}

等；阴离子以 Cl^- 为主，还有 HCO_3^-、HPO_4^{2-}、SO_4^{2-} 等。这些离子在形成和维持血浆晶体渗透压，维持酸碱平衡和神经肌肉的兴奋性等方面起着重要作用。

（二）血浆蛋白

血浆蛋白是血浆中各种蛋白质的总称。正常成人含量为 65～85g/L，主要分为白蛋白、球蛋白、纤维蛋白原三类。它们的正常含量及主要生理作用（表 3-1）。

表 3-1　正常成人血浆蛋白含量及主要生理作用

血浆蛋白种类	正常含量（g/L）	主要生理作用
白蛋白（A）	40～50	形成胶体渗透压
球蛋白（G）	20～30	参与免疫反应
纤维蛋白原	2～4	参与血液凝固

白蛋白与球蛋白含量之比称为白球比值（A/G），正常值为 1.5～2.5∶1，因此临床上测定白球比值可检查肝功能是否正常。当肝功能异常时 A/G 比值下降，甚至倒置。

（三）非蛋白质含氮化合物

血浆中除蛋白质以外的含氮化合物总称为非蛋白含氮化合物，包括尿素、尿酸、肌酸、肌酐、氨基酸、多肽等，多为蛋白质和核酸的代谢产物，主要通过肾排出体外。这些物质中所含的氮称为非蛋白氮（NPN）。正常人血液中 NPN 的含量为 14～25mmol/L。因此测定血浆 NPN 含量有助于了解蛋白质的代谢水平和肾的排泄功能。

（四）其他

血浆中还含有葡萄糖、脂类、酮体、乳酸、酶、激素、维生素等有机化合物。此外，还有 O_2 和 CO_2 等气体分子。

二、血浆渗透压

（一）渗透压的概念

渗透是指被半透膜隔开的两种不同浓度的溶液，水分子从低浓度溶液通过半透膜向高浓度溶液中扩散的现象。渗透现象发生的动力是溶液所固有的渗透压。渗透压是指溶液中的溶质颗粒吸引水分子通过半透膜的力量。渗透压是溶液的一种基本特性，其大小与溶液中所含溶质的颗粒数目成正比，而与溶质的种类和颗粒大小无关。

（二）血浆渗透压的形成及正常值

血浆渗透压主要由溶解于其中的晶体物质和胶体物质形成。血浆中的小分子晶体物质如无机盐、葡萄糖、尿素等所形成的渗透压称为血浆晶体渗透压，其中 80% 来自 Na^+和 Cl^-。这类物质颗粒小，但数量多，因此形成的渗透压很大，故血浆晶体渗透压是构成血浆渗透压的主体。血浆中胶体物质血浆蛋白（主要是白蛋白）所形成的渗透压，称为血浆胶体渗透压，血浆蛋白颗粒大，但数量少，所形成的渗透压很小。正常血浆渗透压约为 300mOsm/L，相当于 5800mmHg（770kPa）。

临床上或生理实验室使用的各种溶液中，渗透压与血浆渗透压相等的溶液称为等渗溶液（如 0.9% 氯化钠溶液和 5% 葡萄糖溶液），高于或低于血浆渗透压的则相应地称为高渗溶液或低渗溶液。

链 接

等 张 溶 液

能使红细胞保持正常形态和大小的溶液称为等张溶液，是由不能透过红细胞膜的溶质颗粒所形成。等张溶液一定是等渗溶液，比如 0.9% 的氯化钠溶液既是等张溶液，也是等渗溶液；但等渗溶液不一定是等张溶液，比如 1.9% 尿素溶液虽然是等渗溶液，但不是等张溶液，将红细胞置于其中后立即发生溶血。

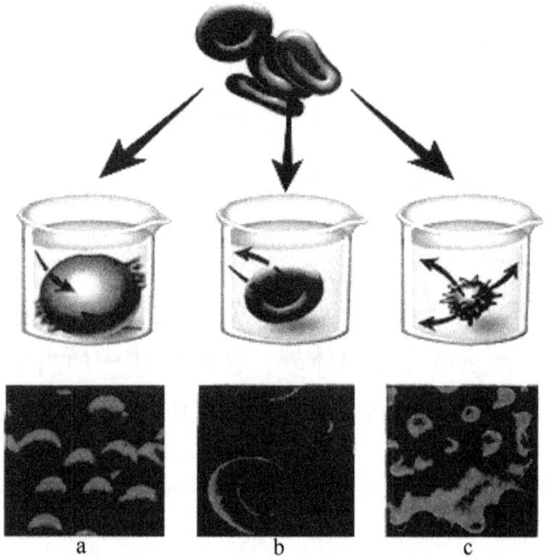

图 3-2 红细胞在不同渗透压环境中的形态变化
a. 低渗溶液中红细胞膨胀成球形、破裂溶血；
b. 生理盐水中红细胞正常形态；c. 高渗溶液中红细胞皱缩

（三）血浆渗透压的生理作用

1. 血浆晶体渗透压的生理作用 细胞膜为半透膜，允许水自由通过而不允许蛋白质通过，大部分晶体物质不易通过。正常时红细胞内、外的渗透压基本相等，红细胞内外水交换处于动态平衡。若将红细胞置于低渗溶液中，红细胞内渗透压相对较高，水分被吸入红细胞内，引起红细胞膨胀，甚至破裂，血红蛋白逸出，称为溶血。相反，将红细胞置于高渗溶液中，红细胞内的水分被吸出，引起红细胞脱水、皱缩。溶血与皱缩的红细胞（图 3-2）都不能发挥正常功能。因此血浆晶体渗透压可维持红细胞内外水交换的动态平衡，从而保持红细胞的正常形态。

2. 血浆胶体渗透压的生理作用 毛细血管壁允许水分子和晶体物质自由通过，故血浆和组织液的晶体渗透压基本相等。但血浆蛋白不易通过毛细血管壁，所以血管内外的胶体渗透压差异较大。正常情况下，血浆胶体渗透压高于组织液胶体渗透压，血浆胶体渗透压可以吸引组织液中的水进入毛细血管，从而维持血浆容量的相对稳定（图 3-3）。

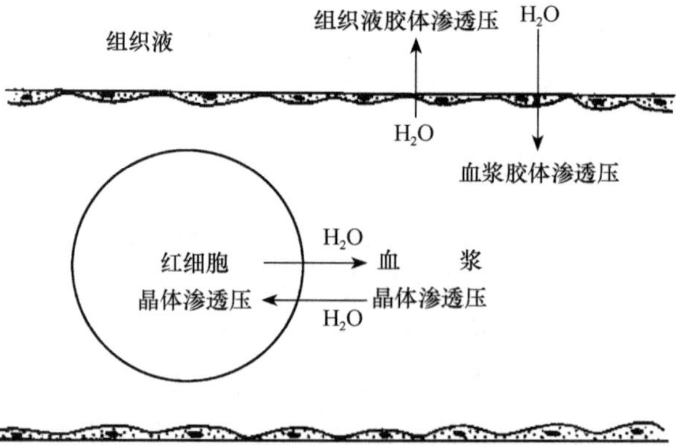

图 3-3 血浆晶体渗透压与血浆胶体渗透压作用

如肝、肾疾病引起机体血浆蛋白（主要是白蛋白）减少，可因血浆胶体渗透压降低而使液体滞留于血管外，导致组织水肿和血浆容量降低。因此，血浆胶体渗透压对调节血管内外水分的交换、维持正常血浆容量有重要作用。

◎ 考点提示：血浆渗透压的形成及生理意义

第三节　血　细　胞

一、红　细　胞

（一）红细胞的数量与功能

红细胞（RBC）是血液中数量最多的血细胞。我国成年男性红细胞数量为（4.0～5.5）$\times10^{12}$/L。女性为（3.5～5.0）$\times10^{12}$/L，新生儿红细胞数量可达（6.0～7.0）$\times10^{12}$/L。血红蛋白含量，成年男性为120～160g/L，女性为110～150g/L，新生儿可达170～200g/L。红细胞数量和血红蛋白含量除了存在性别和年龄差异外，还会随生活环境、体质条件的不同而有一定的差异。如高原居民高于平原居民，经常参加劳动和体育锻炼的人高于劳动少和不爱运动者。

红细胞的主要功能是运输氧气和二氧化碳，也具有一定的缓冲血浆酸碱度的能力。红细胞的这些功能都是靠血红蛋白实现的，一旦红细胞破裂、血红蛋白逸出，即丧失其正常功能。

（二）红细胞的生理特性

1. 可塑变形性　可塑变形性是指红细胞在外力作用下具有变形的能力。正常红细胞呈双凹圆碟形，使红细胞的表面积与体积比增大，在受到外力时易于发生变形。红细胞在血管中运行时常需挤过口径比其细胞直径还小的毛细血管或血窦间隙如（图3-4），此时红细胞发生变形使其能够通过，通过后又可恢复原状。所以，衰老、受损的红细胞变形能力常降低。

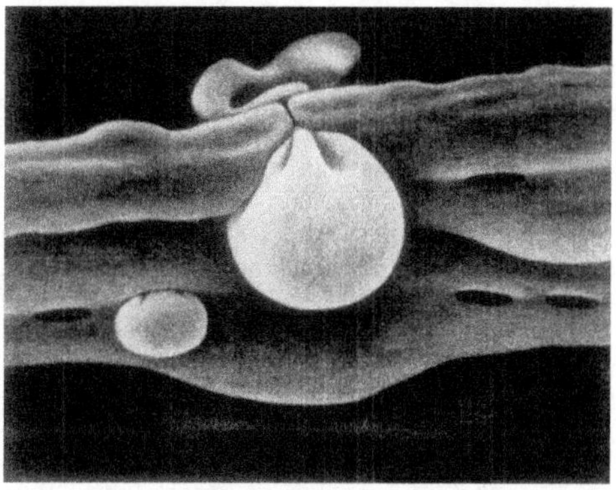

图3-4　红细胞的可塑变形性

2. 渗透脆性　是指红细胞在低渗溶液中发生膨胀、破裂的特性。若将红细胞悬浮于一系列浓度递减的低渗NaCl溶液中，水将在渗透压差的作用下渗入细胞，于是红细胞由正常双凹圆碟形逐渐胀大，成为球形；当NaCl溶液浓度降至0.42%时，部分红细胞开始破裂而发生溶血；当NaCl溶液浓度降至0.35%时，则全部红细胞发生溶血。这一现象表明，红细胞膜对低渗溶液具有一定的抵抗力。这种抵抗力的大小，用渗透脆性来表示。渗透脆性越大，表示红细胞对低渗盐溶液抵抗力越小，越容易发生破裂溶血。一般新生的红细胞渗透脆性小，衰老或病理状态的红细胞渗透脆性大。

3. 悬浮稳定性　红细胞能相对稳定地悬浮于血浆中不易下沉的特性称为悬浮稳定性。临床上常用红细胞沉降率（ESR，简称血沉）来表示。即将抗凝血加入血沉管中垂直静置，记录第一小时末红细胞下降的距离，即血沉管上部出现的血浆毫米数表示红细胞沉降的速度。用魏氏法测定，正常成年男性的红细胞沉降率为0～15mm/h，女性为0～20mm/h。血沉越快，说明红细胞的悬浮稳定性越差。

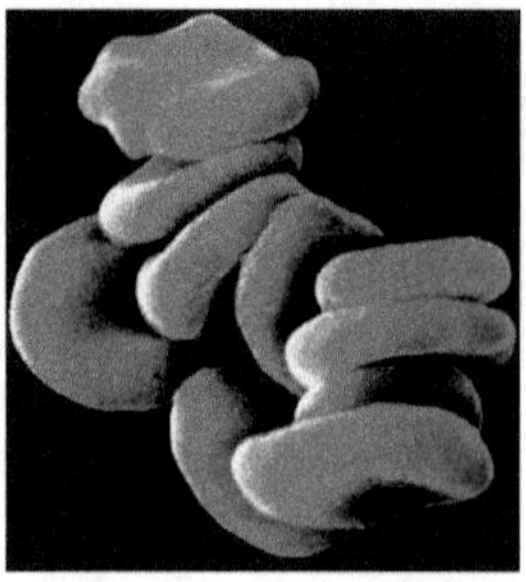

图 3-5 红细胞叠连

红细胞悬浮稳定性的大小与红细胞是否易于叠连有关。一般情况下，红细胞表面会吸附带负电荷的蛋白质，使红细胞彼此互相排斥。当红细胞彼此凹面相贴，形成一叠红细胞，这一现象称为红细胞叠连（图 3-5）。红细胞是否易于发生叠连主要决定于血浆的性质，而不决定于红细胞本身。若血浆中带正电荷的球蛋白、纤维蛋白原和胆固醇含量增多时，会抵销红细胞表面的负电荷而发生红细胞叠连血沉加快。病理情况下，如活动性肺结核、风湿热、肿瘤和贫血等疾病时，血沉会加快。故测定红细胞沉降率可作为诊断某些疾病的参考依据。

（三）红细胞的生成与破坏

1. 红细胞的生成

（1）生成的部位：人在出生后，红骨髓是生成血细胞的主要场所。红细胞在红骨髓内发育成熟过程中，细胞体积由大变小，细胞核由大变小最后消失，细胞质中的血红蛋白从无到有，直至达到正常含量（图 3-6）。

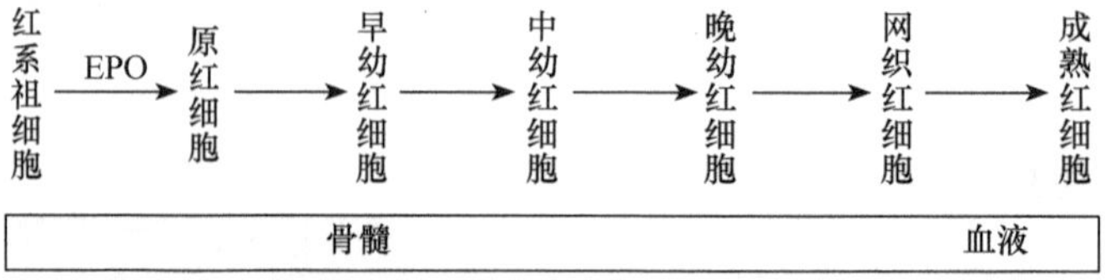

图 3-6 红细胞生成过程

当骨髓受到某些药物（如抗癌药、氯霉素）、射线等因素的作用时，其造血功能受到抑制，出现全血细胞减少，称为再生障碍性贫血。

（2）生成原料：红细胞的主要成分是血红蛋白，而铁和蛋白质是合成血红蛋白的基本原料。成人每日需 20～30mg 铁用于造血。其中的 95% 来自于衰老红细胞破坏后的“内源性铁”的循环利用；其余 5% 由食物提供。儿童生长期、妇女月经期、妊娠期和哺乳期对铁的需求量增大，若摄入不足会导致缺铁性贫血（小细胞低色素性贫血）。长期慢性失血使铁丢失过多，也会引起缺铁性贫血。日常膳食所提供的蛋白质足够机体造血所需，因此蛋白质缺乏引起的贫血较少见。

（3）成熟因子：在红细胞分裂和成熟过程中，不可缺少的成熟因子是叶酸和维生素 B_{12}，两者均来源于食物。但维生素 B_{12} 的吸收需要胃壁细胞所分泌的内因子的保护和促进，若内因子缺乏，可出现维生素 B_{12} 吸收的障碍，红细胞分裂延缓甚至发育停滞，引起巨幼红细胞贫血。

2. 红细胞生成的调节

（1）促红细胞生成素（EPO）：促红细胞生成素主要由肾组织合成，主要作用是与红系定向祖细胞膜上的受体结合，加速其增殖与分化，使血液中成熟红细胞增多。当机体缺氧时，促红细胞生成素释放增加，刺激红骨髓，使红细胞生成增多，提高血液的运氧能力。严重肾病患者，促红细胞生成素合成不足会引起肾性贫血。目前已有重组的人促红细胞生成素用于临床促进红细胞生成。

（2）雄激素：可直接刺激骨髓造血，也可以刺激肾产生促红细胞生成素，从而促进红细胞的生成。因此在青春期后，男性红细胞数量多于女性。

3. 红细胞的破坏　红细胞的平均寿命为 120 天，衰老红细胞的变形能力减退而脆性增加，难以通过微小的孔隙，容易滞留于脾和骨髓中而被巨噬细胞所吞噬。脾是衰老红细胞破坏的重要场所。脾功能亢进时，红细胞破坏增加，导致脾性贫血。

◎ 考点提示：红细胞正常值、主要作用、生成、生理特性

二、白　细　胞

（一）白细胞的数量和分类

在血细胞中，白细胞（WBC）数量最少。正常成人白细胞总数为（4.0～10.0）$\times 10^9$/L。根据胞质内是否有特殊颗粒，将白细胞分为有粒白细胞、无粒白细胞两大类。有粒白细胞由于颗粒嗜色不同又分为中性粒细胞、嗜酸性粒细胞和嗜碱性粒细胞，无粒白细胞分为单核细胞和淋巴细胞。白细胞分类计数及主要生理功能见表 3-2。

表 3-2　各种白细胞的分类计数及主要生理功能

分类	分类计数（%）	主要功能
中性粒细胞	50～70	吞噬细菌（尤其是化脓性细菌）
嗜酸性粒细胞	0.5～5	限制过敏反应，参与蠕虫免疫
嗜碱性粒细胞	0～1	释放过敏物质，参与过敏反应；释放肝素，参与抗凝过程
单核细胞	3～8	吞噬各种病原微生物和衰老死亡细胞，识别杀伤肿瘤细胞，参与激活淋巴细胞的特异性免疫功能
淋巴细胞	20～40	T 淋巴细胞参与细胞免疫，B 淋巴细胞参与体液免疫

（二）白细胞的生理功能

白细胞的主要功能是通过吞噬作用和免疫反应，实现对机体的防御和保护。除淋巴细胞外，所有白细胞都能伸出伪足做变形运动，凭借这种运动，白细胞得以穿过毛细血管壁，这一过程称为白细胞渗出，它是执行防御功能的生理基础。

1. 中性粒细胞　主要功能是吞噬和杀灭入侵的病原微生物。细菌入侵时，中性粒细胞从毛细血管渗出并游走到病变部位，吞噬、杀灭细菌。当中性粒细胞吞噬了数十个细菌后本身即解体，释出各种溶酶体酶能溶解周围组织而形成脓肿。因此，在临床上白细胞总数增加或中性粒细胞百分率增加时，往往提示急性化脓性细菌感染。

2. 嗜碱性粒细胞　碱性染色颗粒能释放出肝素、组胺、过敏性慢反应物质。肝素具有抗凝血作用；组胺和过敏性慢反应物质可使毛细血管的通透性增加、支气管平滑肌痉挛，引起哮喘、荨麻疹等各种过敏反应症状。另外，嗜碱性粒细胞还可释放嗜酸性粒细胞趋化因子能吸引嗜酸性粒细胞聚集于过敏反应局部，以限制嗜碱性粒细胞在过敏反应中的作用。

3. 嗜酸性粒细胞　主要作用：①限制嗜碱性粒细胞和肥大细胞在过敏反应中的作用；②能黏附于蠕虫体上，释放某些酶，参与对蠕虫的免疫反应。因此，患有过敏性疾病或某些寄生虫病时，常伴有嗜酸性粒细胞数目增多。

4. 单核细胞　在血液中吞噬能力很弱，进入组织转变为巨噬细胞后，吞噬能力大为增加。主要作用是吞噬各种病原微生物和衰老死亡的细胞，识别和杀伤肿瘤细胞，还参与激活淋巴细胞的特异性免疫功能。

5. 淋巴细胞　可分为T淋巴细胞和B淋巴细胞。T淋巴细胞主要参与细胞免疫，B淋巴细胞参与体液免疫。

◎ 考点提示：白细胞的正常值、功能

三、血　小　板

血小板（PLT）是从骨髓中成熟的巨核细胞质裂解脱落下来的细胞质碎片，进入血液后平均寿命为7～14天。正常成人血小板数量为（100～300）×10^9/L。

（一）血小板的生理特性

1. 黏附　血小板与非血小板表面的黏着称为血小板黏附。血小板不能黏附于正常内皮细胞的表面；而当内皮细胞受损伤时，血小板可黏附在血管内皮下胶原纤维上，它是启动生理性止血的基础。

2. 聚集　血小板与血小板之间的相互黏着称为血小板聚集。

3. 释放　血小板激活后，将其颗粒内含物排出，称为血小板释放，主要有ADP、5-羟色胺、儿茶酚胺等。ADP可使血小板聚集，形成血小板血栓；5-羟色胺、儿茶酚胺可使小动脉收缩，参与生理性止血和凝血过程。

4. 收缩　血小板具有收缩能力。在血小板中存在着类似肌肉的收缩蛋白系统，可使血凝块回缩、硬化，有利于止血。

5. 吸附　血小板能吸附大量的凝血因子，使破损血管部位的凝血因子浓度增高，有利于血液凝固和生理性止血。

（二）血小板的功能

1. 维持血管壁的完整性　血小板能附着于受损的毛细血管内皮，填补内皮细胞脱落留下的空隙，并融入毛细血管内皮细胞。表明血小板对维持血管内皮的完整性具有重要作用。临床上，当血小板减少到50×10^9/L以下时，毛细血管通透性增大，脆性增加，微小的创伤或血压升高即就会破裂，使皮肤和黏膜下出现小的出血点或大块瘀斑，称为血小板减少性紫癜。

2. 参与生理性止血及血液凝固　正常情况下，小血管受损后引起出血，数分钟内会自行停止，称为生理性止血。血小板在生理性止血中的作用：①释放缩血管物质，使受损血管收缩，以缩小或封闭血管创口；②黏附、聚集形成血小板血栓；③吸附大量凝血因子，激活血液凝固过程，形成血凝块，继而血小板收缩，血凝块回缩，形成牢固的止血栓，从而有效止血。

临床上把血管破损，血液自行流出到自然停止所需的时间称为出血时间，正常值为1～3分钟。测定出血时间可以了解生理性止血是否正常。血液流出血管到出现纤维蛋白细丝所需的时间称为凝血时间，正常值为2～8分钟。测定凝血时间可以了解凝血因子的量和功能是否正常。

◎ 考点提示：血小板的主要功能、正常值

第四节　血液凝固与纤维蛋白溶解

一、血　液　凝　固

血液凝固是指血液由流动的液体状态变为不能流动的凝胶状态的过程，简称凝血。其实质是使血浆中可溶性的纤维蛋白原变成不溶性的纤维蛋白，并交织成网，将血细胞及血液的其他成分网罗在内，形成血凝块。它是一系列复杂的酶促反应过程，需要多种凝血因子的参与。

（一）凝血因子

血浆与组织中直接参与血液凝固的物质，统称为凝血因子。其中按国际命名法依其发现的先后次序以罗马数字编号的有 12 种，即凝血因子Ⅰ～ⅩⅢ，其中因子Ⅵ就是血清中活化的因子Ⅴa，故不再视为独立的凝血因子。此外还有前激肽释放酶、高分子激肽原等（表 3-3）。这些凝血因子有以下特点。

1. 除因子Ⅲ为组织细胞释放外，其余因子均存在于血浆中，且多数由肝脏合成。

2. 因子Ⅱ、Ⅶ、Ⅸ、Ⅹ均在肝脏合成，且需维生素 K 参与其合成过程。如肝功能损害或维生素 K 缺乏，常导致凝血功能障碍而有出血倾向。

3. 除因子Ⅳ是 Ca^{2+}外，其余都是蛋白质。

4. 因子Ⅱ、Ⅶ、Ⅸ、Ⅹ、Ⅺ、Ⅻ都是以无活性的酶原形式存在，需被激活后才有活性，习惯上在其代号右下角加“a”，以表示为“活化型”凝血因子。此外，前激肽释放酶、血小板Ⅲ因子（PF_3）等也参与凝血过程。

表 3-3　国际命名编号的凝血因子

凝血因子	同义名	凝血因子	同义名
Ⅰ	纤维蛋白原	Ⅷ	抗血友病因子
Ⅱ	凝血酶原	Ⅸ	血浆凝血激酶
Ⅲ	组织因子	Ⅹ	斯图亚特因子
Ⅳ	Ca^{2+}	Ⅺ	血浆凝血激酶前质
Ⅴ	前加速素	Ⅻ	接触因子
Ⅶ	前转变素	ⅩⅢ	纤维蛋白稳定因子

（二）血液凝固的过程

血液凝固是由凝血因子按一定顺序相继激活而生成的凝血酶，最终使纤维蛋白原变为纤维蛋白的过程。其过程分为三个基本步骤：第一步：凝血酶原激活物的形成；第二步：凝血酶的形成；第三步：纤维蛋白的形成（图 3-7）。

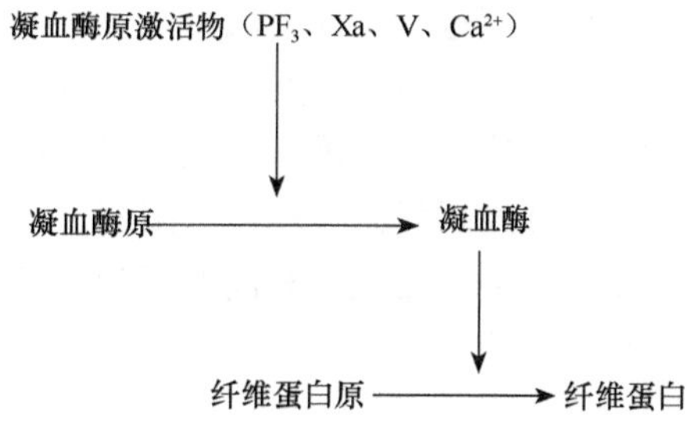

图 3-7　血液凝固的基本步骤

1. 凝血酶原激活物的形成　凝血酶原激活物是Ⅹa 与因子Ⅴ、Ca^{2+}在 PF_3 提供的磷脂表面上共同形成的复合物，根据因子Ⅹa 的激活过程不同，分为内源性激活途径和外源性激活途径（图 3-8）。

（1）内源性激活途径：完全由血浆内的凝血因子参与，从激活因子Ⅻ开始至激活因子Ⅹ的过程，称为内源性激活途径。血管内膜受损后暴露出来的胶原纤维可将因子Ⅻ激活成Ⅻa；Ⅻa 又能激活前激肽释放酶，使之成为激肽释放酶，后者反过来又可激活因子Ⅻ，通过这一正反馈可形成大量因子Ⅻa；Ⅻa 可激活因子Ⅺ形成Ⅺa；Ⅺa 在 Ca^{2+}参与下，又激活因子Ⅸ为Ⅸa。

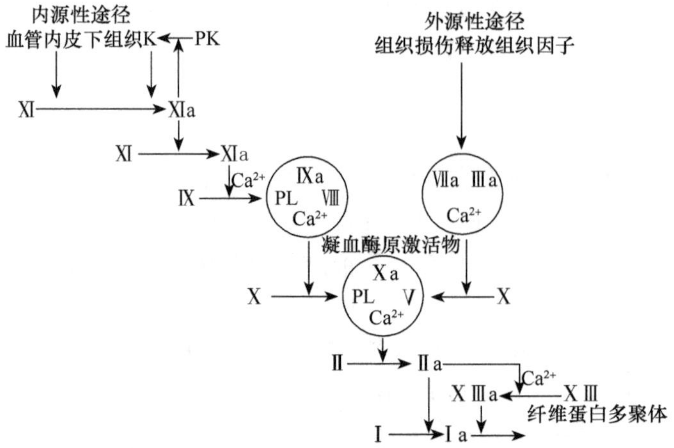

图 3-8 血液凝固全过程

Ⅸa 与Ⅷa 被 Ca^{2+} 结合在血小板磷脂表面形成复合物，共同激活因子Ⅹ为Ⅹa。其中Ⅷa 能使Ⅸa 激活因子Ⅹ的速度加快 20 万倍，故当Ⅷ因子缺乏时，血液凝固十分缓慢，微小创伤亦可引起出血不止，临床上称之为甲型血友病。缺乏因子Ⅸ、因子Ⅺ，也会造成凝血障碍，分别称为乙型血友病和丙型血友病。

（2）外源性激活途径：在血管外组织释放的因子Ⅲ参与下，激活因子Ⅹ的过程，称为外源性激活途径。当组织损伤、血管破裂时，组织细胞释放因子Ⅲ，与血浆中的 Ca^{2+} 和因子Ⅶ共同组成复合物，促使因子Ⅹ激活成Ⅹa。

经内源性或外源性途径激活形成的Ⅹa 与血浆中的因子Ⅴ、Ca^{2+} 在 PF_3 提供的磷脂表面上形成凝血酶原激活物。

2. 凝血酶的形成 在凝血酶原激活物的作用下，凝血酶原被激活成为凝血酶（Ⅱa）。

3. 纤维蛋白形成 凝血酶使血浆中的可溶性纤维蛋白原分解为纤维蛋白单体。同时，凝血酶还可激活因子ⅩⅢ形成ⅩⅢa，在 Ca^{2+} 的参与下，ⅩⅢa 使纤维蛋白单体形成不可溶的纤维蛋白多聚体，即纤维蛋白。纤维蛋白交织成网，将血细胞网罗其中，形成血凝块（止血栓）。至此血液凝固过程全部完成。

凝血过程是一系列凝血因子相继激活的酶促连锁反应。且许多凝血因子具有正反馈作用，加速了反应过程。因而凝血过程一经启动，其反应势如瀑布，越来越快，直到完成。

血液凝固后血凝块逐渐回缩，析出淡黄色透明的液体，称血清。血清与血浆的区别在于血清中不含纤维蛋白原和凝血过程中被消耗掉的部分凝血因子，但增加了少量凝血过程中血小板释放的物质。

◎ 考点提示：血液凝固的过程

二、纤维蛋白溶解

（一）纤维蛋白溶解的概念和意义

正常情况下，组织损伤后所形成的止血栓（纤维蛋白）在完成止血使命后将逐步溶解，从而保证血管的畅通，也有利于受损组织的再生和修复。

纤维蛋白被分解液化的过程称为纤维蛋白溶解简称纤溶。纤溶主要依赖于纤维蛋白溶解系统(纤溶系统)。纤溶系统由四个部分组成：纤维蛋白溶解酶原(纤溶酶原)、纤维蛋白溶解酶(纤溶酶)、纤溶酶原激活物与纤溶抑制物。

(二)纤维蛋白溶解的基本过程

纤维蛋白溶解的基本过程为两个阶段，即纤溶酶原的激活和纤维蛋白的降解（图 3-9）。

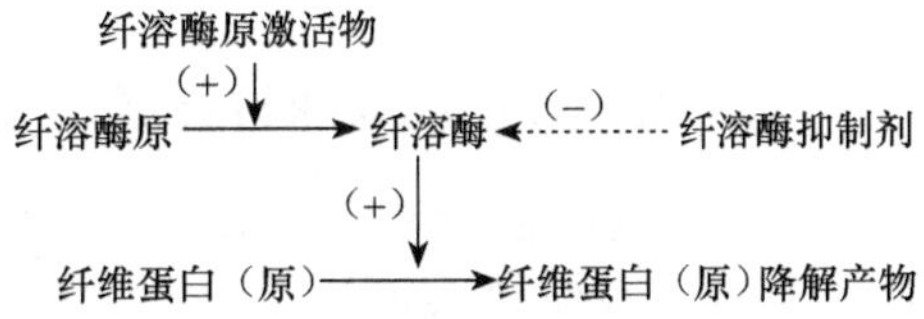

图 3-9　纤维蛋白溶解系统

(＋). 促进作用；(－). 抑制作用

1. 纤溶酶原的激活　纤溶酶原主要由肝、肾等多种组织合成，血浆中含量最高，经各种纤溶酶原激活物的作用，可被水解成纤溶酶。纤溶酶原激活物主要有以下几种。

（1）血管激活物：由小血管内皮合成并释放入血液。当血管内出现血凝块时，可刺激内皮细胞释放大量激活物，后者吸附于血凝块上。

（2）组织激活物：存在于很多细胞中，当组织损伤时它被释放出来。且以子宫、肾上腺、甲状腺、前列腺、淋巴结中含量最多，因此，这些部位手术后伤口易渗血。

（3）活化的Ⅻ：可使血浆中无活性的前激肽释放酶激活成激肽释放酶，间接激活纤溶酶原。

2. 纤维蛋白和纤维蛋白原的降解　纤溶酶可使纤维蛋白和纤维蛋白原水解成多种可溶性纤维蛋白降解产物（FDP），纤维蛋白降解产物通常不再发生凝固，其中一部分还有抗凝血的作用。

(三)纤溶抑制物

血浆中还有多种抗纤溶的物质，称为纤溶抑制物。主要分两类：一类是纤溶酶原激活物的抑制物，能够抑制纤溶酶原的激活。另一类是纤溶酶的抑制物，能与纤溶酶结合成复合物并使其失活。

正常血液中抗纤溶酶的作用远强于纤溶酶，故纤溶酶难于发挥纤溶作用。而当血管壁上有纤维蛋白形成时，血管内皮分泌的纤溶酶原激活物会增多，从而增加纤溶系统的活性。因此，在生理水平时，机体内纤溶与抗纤溶之间维持动态平衡状态，这样既可防止血栓堵塞血管，保证血栓形成部位有适度的纤溶过程，又可防止全身性纤溶系统的亢进，血管破裂出血不止，从而维持血流正常运行。

三、抗凝和促凝

(一)抗凝因素

正常情况下，血管中的血液是不会凝固的。因为：①正常血管内皮完整光滑，血液中无因子Ⅲ，故不会启动内源性或外源性凝血过程；②血流速度快，血小板不易黏附聚集，少量活化凝血因子可被血流冲走稀释，并被血浆中的抗凝物质灭活和被单核巨噬细胞吞噬；③正常血浆中存在着抗凝物质。

体内存在丝氨酸蛋白酶抑制物、蛋白质 C 系统、组织因子途径抑制物和肝素等抗凝物质。其中最重要的抗凝物质是抗凝血酶Ⅲ和肝素。

1. 抗凝血酶Ⅲ　主要在肝合成，属于丝氨酸蛋白酶抑制物。抗凝血酶Ⅲ能够封闭Ⅸa、Ⅹa、Ⅺa、Ⅻa 的活性中心并能和凝血酶结合使其失活而起到抗凝血的作用，若与肝素结合后，其抗凝作用可显著增强。

2. 肝素　肝素是一种酸性黏多糖，主要由肥大细胞和嗜碱性粒细胞产生。其抗凝作用主要是与抗凝血酶Ⅲ结合，增加其抗凝作用。此外，肝素可刺激血管内皮细胞大量释放组织因子抑制物和其他抗凝物质。所以肝素是一种有效的抗凝物质，不论在体内或体外都有作用。

（二）血液凝固的加速与延缓

学习血液凝固过程，对临床工作中有实际的指导意义。如进行外科手术时，常用温盐水纱布或明胶海绵压迫伤口，这就是利用粗糙面激活因子Ⅻ并促使血小板解体释放凝血因子；利用温热加速酶促反应，使血液凝固加速，以利于止血。为防止维生素K缺乏患者在手术时大出血，常在术前注射维生素K，促使肝脏合成凝血因子Ⅱ、Ⅶ、Ⅸ、Ⅹ，从而加速血液凝固。

另一方面，在血液检验和输血中，需要不凝固的血液，常在抽出体外的血液中加入适量的抗凝剂。

◎ 考点提示：纤溶的过程、纤溶酶原激活物、主要抗凝物质

第五节　血型与输血原则

一、血　　型

血型是指血细胞膜上特异性抗原（凝集原）的类型，这些抗原是人体免疫系统识别“自我”与“异己”的标志。一般所说的血型是指红细胞膜上特异性抗原的类型。自1901年Landsteiner发现第一个人类血型系统——ABO血型系统以来，至今已发现30个不同的红细胞血型系统，其中与临床关系最密切的是ABO血型系统和Rh血型系统。

链　接

血型的发现

早在1875年，人们就发现了输血时出现红细胞凝集的现象。Landsteiner是奥地利的免疫学家，他了解到每一物种具有专一的特异性，便进一步思考同一物种不同个体间是否也存在着这种特异性的差别。1900年，他选择不同人的红细胞和血清进行交叉反应，发现有些出现凝集现象，有些不出现凝集现象。经深入研究，他终于在1901年发现了人类第一个血型系统即ABO血型系统，并提出了输血时血型配合原则，使输血成为实际可行的重要治疗措施。1901—1903年，他推测血型可遗传。在1910年此推测被证实，从而为法医学上鉴定亲子关系提供了重要依据。Landsteiner在1930年获得了诺贝尔奖。

（一）ABO血型系统

1. 分型依据　ABO血型系统根据红细胞膜上是否存在A抗原和B抗原可将血液分为四种：红细胞膜上只含A抗原者为A型；只含B抗原者为B型；含有A和B两种抗原者为AB型；A和B两种抗原均无者为O型。另一方面，不同血型的人的血清中含有不同的天然抗体，但不含与自身红细胞抗原相对应的抗体（表3-4）。

表3-4　ABO血型系统中的抗原和抗体

型别	红细胞膜上的抗原	血清中的抗体
A	A	抗B
B	B	抗A
AB	A、B	无
O	无	抗A、抗B

2. 凝集反应　当红细胞膜上的抗原与其对应的抗体相遇时，发生抗原－抗体反应，红细胞被抗体凝集成一簇簇不规则细胞团的现象称为凝集反应。一旦发生凝集反应，凝集成簇的红细胞会堵塞毛细血管，在补体的参与下，红细胞破裂溶血，大量血红蛋白逸出，可出现血红蛋白尿，血红蛋白在肾小管内遇酸凝固，会堵塞、损坏肾小管引起急性肾衰竭，严重时可发生死亡。即：A 凝集原＋A 凝集素→红细胞凝集→溶血，B 凝集原＋B 凝集素→红细胞凝集→溶血。

3. 血型鉴定　依据抗原抗体凝集反应的原理，用已知的抗体可检测未知的抗原类型，进行血型鉴定。采集受试者新鲜血液分别与 A 抗体和 B 抗体混合，观察凝集现象，判断被测血液红细胞膜上所含抗原的类型来确定血型。

（二）Rh 血型系统

1. 分型　人类红细胞膜上与临床密切相关的 Rh 抗原有 C、c、D、E、e 五种，其中以 D 抗原的抗原性最强。因此，通常将红细胞膜上含有 D 抗原者，称为 Rh 阳性：不含 D 抗原者称为 Rh 阴性。

2. 特点　人类血清中不存在抗 Rh 的天然抗体，只有当 Rh 阴性者接受 Rh 阳性的血液后，才会通过体液性免疫产生抗 D 抗原的抗体。Rh 血型系统的抗体主要是 IgG，分子量较小，能通过胎盘屏障。

3. 分布　据调查，我国汉族和其他大多数民族中 99% 以上的人是 Rh 阳性，只有不足 1% 的人为 Rh 阴性。但在有些民族的人群中，Rh 阴性者较多，如塔塔尔族约 15.8%，苗族约 12.3%，布依族和乌孜别克族约 8.7%。

4. 临床意义

（1）输血反应：Rh 阴性者第一次接受 Rh 阳性的血液，由于 Rh 阳性血的血清中不存在抗 D 的天然抗体，故不产生输血反应，但输入 Rh 阳性血液后，通过体液免疫，受血者血浆中会产生抗 D 抗体。当第二次或多次再输入 Rh 阳性血液时，将发生抗原－抗体反应，引起溶血。

（2）母婴血型不合：在第一次妊娠中，若胎儿为 Rh 阳性血型，胎儿红细胞因某种原因进入母体后（如在分娩时，胎盘剥离过程中可能有胎儿红细胞进入母体），母体可产生抗 D 的抗体。当此母亲再次妊娠时，前次妊娠产生的抗 D 抗体可通过胎盘进入胎儿体内，可使 Rh 阳性血型的胎儿发生新生儿溶血。

二、输 血 原 则

输血是治疗某些疾病、抢救伤员生命和保证一些手术顺利完成的重要手段。为了保证输血的安全和提高输血疗效，必须遵守输血的原则。

（一）鉴定血型

在准备输血时，首先必须鉴定血型，保证供血者与受血者的 ABO 血型及 Rh 血型相合。

（二）交叉配血试验

ABO 血型系统中还存在着多个亚型，输血时也会发生溶血反应。因此，即使同型输血，在输血前也必须进行交叉配血试验（图 3-10），把供血者的红细胞与受血者的血清进行配合试验，称为交叉配血主侧；再将受血者的红细胞与供血者的血清做配合试验，称为交叉配血次侧。如果交叉配血试验的两侧均未发生凝集反应，即为配血相合，可以进行输血；如果主侧发生凝集反应，则为配血不合，绝对不可以输血；如果主侧未发生凝集反应，而次侧发生凝集反应称为配血基本相合，这种情况可见于将O型血输给其他血型的受血者或AB型受血者接受其他血型的血液（图3-11）。由于输血时首先考虑供血者的红细胞不被受血者血清所凝集破坏，故在缺乏同型血源的紧急情况下可输入少量配血基本相合的血液（＜300ml），但输血速度不宜太快，并在输血过程中应密切观察受血者的情况，若发生输血反应，必须立即停止输注。

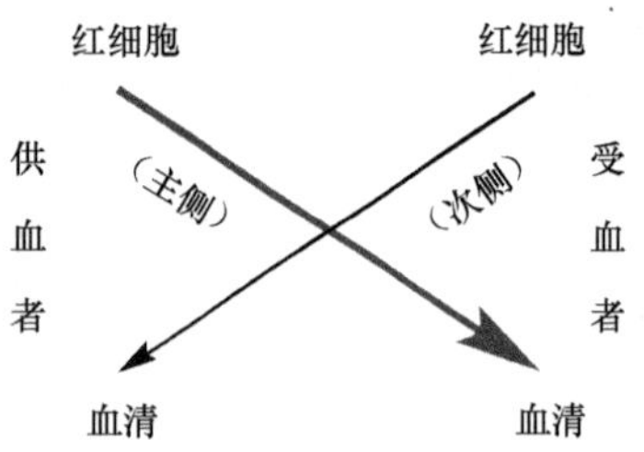

图3-10　交叉配血试验

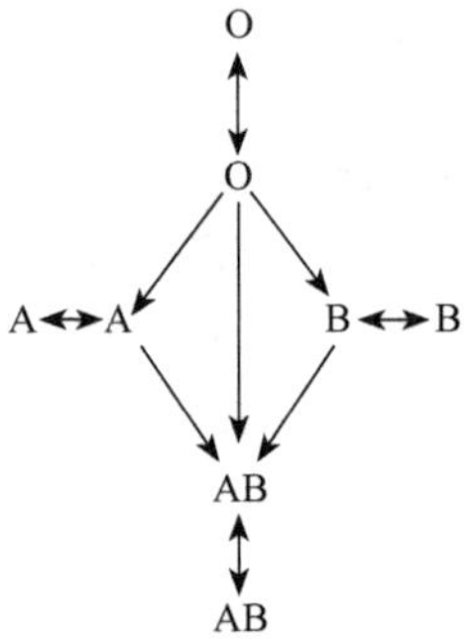

图3-11　ABO血型之间输血关系

◎ 考点提示：血型分型依据、输血原则、交叉配血试验

目标检测

选择题

1. 50kg体重的正常人的血量为（　　）
   A. 5.0～6.0L　B. 3.5～4.0L　C. 2.0～3.0L　D. 2.0～2.5L　E. 1.5～2.0L
2. 血浆晶体渗透压降低时会引起（　　）
   A. 红细胞膨胀甚至破裂　B. 红细胞皱缩　C. 血容量增加　D. 血容量减少　E. 红细胞数量增加
3. 正常人血浆pH为（　　）
   A. 6.35～6.45　B. 7.05～7.15　C. 7.35～7.45　D. 7.65～7.75　E. 8.35～8.45
4. 正常成人血细胞来源于（　　）
   A. 黄骨髓　B. 红骨髓　C. 脾　D. 淋巴结　E. 肾

（5～6题共用备选答案）
A. 维生素 B_1　B. 维生素 B_{12}　C. Ca^{2+}　D. Fe^{2+}　E. 维生素K

5. 小细胞低色素性贫血缺乏（　　）
6. 巨幼细胞贫血缺乏（　　）
7. 主要吞噬细菌的白细胞是（　　）
   A. 嗜碱性粒细胞　B. 嗜酸性粒细胞　C. 中性粒细胞　D. 淋巴细胞　E. 单核－巨噬细胞
8. 血小板少于 50×10^9/L时，皮肤、黏膜易出现出血点主要是由于血小板（　　）
   A. 不易聚集成团
   B. 释放血管活性物质减少
   C. 血块回缩障碍
   D. 不能维持血管壁的完整性
   E. 不易黏附于内皮下组织

9. 生理性止血后期血凝块回缩的原因是（　　）
A. 纤维蛋白收缩　B. 红细胞叠连
C. 白细胞变形运动　D 血小板聚集
E. 血小板收缩蛋白收缩

10. O型血红细胞膜上有（　　）
A. A抗原　B. B抗原
C. H抗原　D. A和B抗原
E. 无抗原

11. 某人血清仅含有抗A抗体，其血型是（　　）
A. A型　B. AB型
C. B型　D. O型
E. 以上都不对

12. 当A型血的红细胞和B型血的血清混合时，红细胞会发生（　　）
A. 凝固　B. 叠连
C. 黏着　D. 凝集
E. 吸附

13. 关于ABO血型的描述，下列不正确的是（　　）
A. O型血红细胞膜上不含血型抗原
B. A型血的血清中含有抗A抗体
C. B型血红细胞膜上有B抗原
D. 血型抗原由遗传因素决定
E. AB型血的血清不含抗体

14. 在异型输血中，严禁（　　）
A. O型血输给B型人
B. O型血输给A型人
C. A型血输给AB型人
D. B型血输给AB型人
E. A型血输给B型人

（龚海珍）

第4章 血液循环

第一节　心脏的生物电活动

一、心肌细胞的跨膜电位及其形成机制

血液循环的动力来自心肌节律性的收缩与舒张，推动血液按一定方向流动。心肌节律性的收缩与舒张则以心肌的生物电现象为基础。

心肌细胞分为工作细胞和自律细胞两类。工作细胞由心房肌细胞和心室肌细胞组成，主要执行收缩泵血功能；自律细胞包括窦房结细胞、房室交界和浦肯野细胞等，这些细胞可自动产生节律性兴奋。

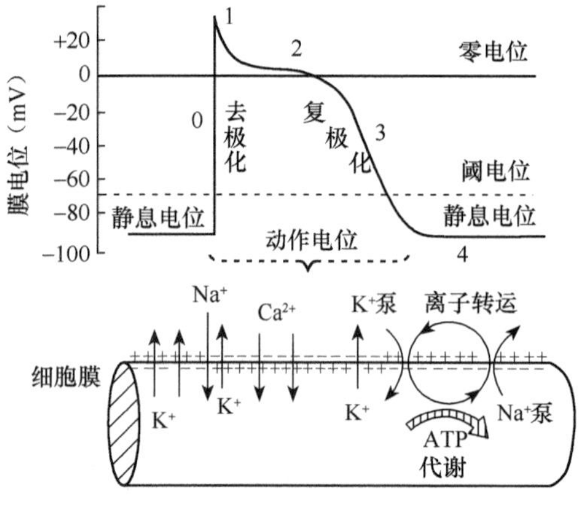

图 4-1　心室肌细胞的动作电位

（一）工作细胞的生物电现象

1. 静息电位　以心室肌为例，心室肌细胞静息电位值为 −90mV，静息状态时细胞膜对 K^+有较高的通透性，同时细胞内的 K^+浓度高于细胞外，所以 K^+外流形成的电－化学平衡电位而形成静息电位。

2. 动作电位　心室肌细胞的动作电位由 0、1、2、3、4 五个期组成（图 4-1）。

0 期（去极化期）：心室肌细胞受到刺激而兴奋时首先引起部分电压门控 Na^+通道开放和少量 Na^+内流，导致细胞膜部分去极化。当去极化达到阈电位（约 −70mV）时，Na^+通道开放率明显增加，出现再生性 Na^+内流。膜内电位由原来的负电位向正电位转化至 Na^+平衡电位。膜电位迅速从 −90mV 升至＋30mV，构成动作电位的上升支，用时 1～2 毫秒，主要由 Na^+内流而形成。

1 期（快速复极化初期）：0 期过后，电位迅速下降到 0mV 左右，历时约 10 毫秒，因为 Na^+通道失活，K^+通道开放，故 K^+外流形成。

2 期（慢速复极化期）：1 期后，复极化速度减慢，膜电位维持在 0mV 形成一个平台，所以又称此期为平台期，这是心室肌细胞与神经细胞和骨骼肌细胞动作电位的重要区别。此期持续 100～150 毫秒，是 Ca^{2+}内流和 K^+外流同时存在的结果。

3 期（快速复极化末期）：2 期后，膜电位由 0mV 迅速下降至 −90mV 极化状态，持续 100～150 毫秒，此期因 Ca^{2+}通道失活，仅有 K^+外流而形成。

整个复极化过程共持续 200～300 毫秒。

4 期（静息期）：动作电位完成后，心室肌细胞电位保持 −90mV 的稳定水平。由于动作电位过程中细胞内外离子分布发生改变，所以此时细胞膜上的离子泵被激活，逆浓度差将内流的 Na^+、Ca^{2+}泵出细胞，将外流的 K^+泵入细胞，使细胞内外的离子分布恢复稳态。

（二）自律细胞的生物电现象

自律细胞与工作细胞生物电现象的主要区别在于 4 期，工作细胞 4 期有稳定的静息电位，而自律细胞的 4 期不稳定，当复极达到最大值时，发生自动去极化，继而爆发一次新的动作电位。所以，4 期自动去极化是自律细胞产生自动节律性兴奋的基础。

心房肌细胞、窦房结细胞和浦肯野细胞的动作电位比较（图 4-2）。

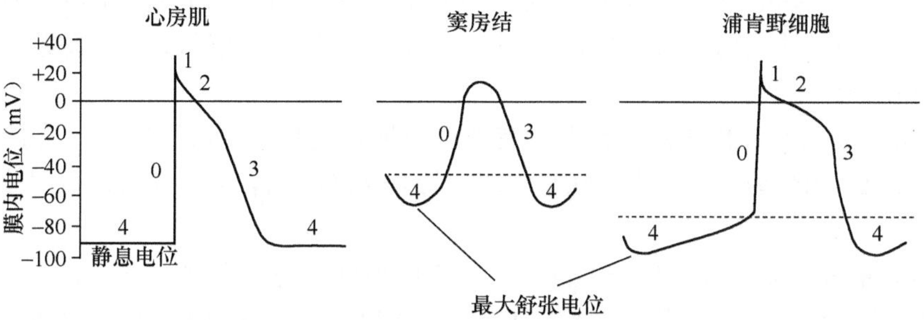

图 4-2　心房肌、窦房结、浦肯野细胞的动作电位

二、心肌生理特性

心肌细胞具有兴奋性、自律性、传导性和收缩性四个基本生理特性。其中前三个特性以心肌生物电活动为基础，属于电生理特性；而收缩性为心肌的机械特性（图 4-3）。

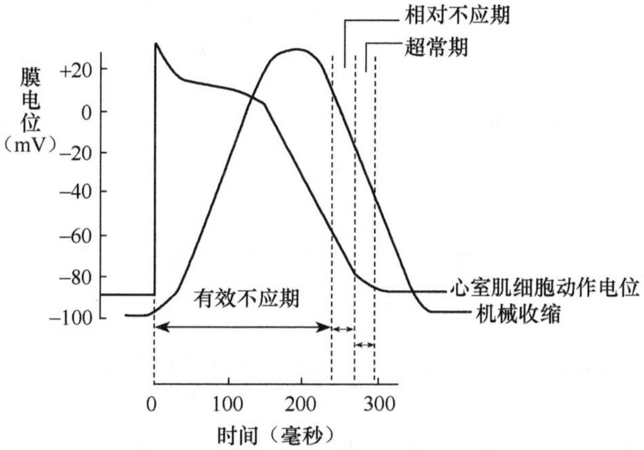

图 4-3　心室肌细胞兴奋性的周期性变化

（一）兴奋性

1. 心肌兴奋性的周期性变化　心肌兴奋产生一次动作电位时，其兴奋性也随之发生周期性的变化。

（1）有效不应期：由绝对不应期和局部反应期组成。

心肌细胞从 0 期去极化开始到复极化 3 期 −55mV 这段时间内，给予任何强度的刺激都不能使心肌产生新的动作电位，这段时间称为绝对不应期，此期 Na^+通道完全失活，心肌细胞兴奋性暂时缺失；从 −55mV 到 −60mV 这段时间内，Na^+通道开始恢复活性，给予阈上刺激，可产生局部去极化，但不足以形成动作电位，此为局部反应期。

从 0 期开始到 3 期复极 -60mV 这段时间内，心肌不能产生新的动作电位，因此将这段时间称为有效不应期，约持续 240 毫秒以上。

（2）相对不应期：从 3 期复极化的 -60mV 到 -80mV 的时间里，给予心肌细胞一个阈上刺激，心肌则出现一次新的兴奋，此期称为相对不应期。因为 Na^+通道未完全恢复，所以兴奋性低于正常值，故需阈上刺激才能使其产生兴奋。

（3）超常期：当膜电位处于 -80mV 到 -90mV 时，即使给予一个阈下刺激，心肌也会出现一次新的动作电位，故此期称为超常期。这是由于这个时期电位值与阈电位差距小，所以兴奋性高于正常值所至。

心肌兴奋性周期性变化的最大特点是有效不应期特别长，从心肌收缩一直持续到舒张早期，从而使心肌不像骨骼肌一样发生强直收缩，始终保持收缩和舒张交替进行，使心脏泵血活动正常进行。

2. 期前收缩和代偿间歇　生理条件下，心室肌细胞接受来自窦房结发放的兴奋而节律性进行收缩和舒张。如果心室肌在有效不应期后，下次窦房结兴奋到来之前，接收到一个额外刺激，则心肌提前产生一次收缩，即为期前收缩。期前收缩也有自己的有效不应期，当下次窦房结兴奋到达，正好落在期前收缩的有效不应期内，心肌不发生收缩和舒张，要等到再一次窦房结兴奋的到达，才能引起下一次心肌的收缩。因此，在一次期前收缩之后，要有一段较长的心舒期，称为代偿间歇（图 4-4）。

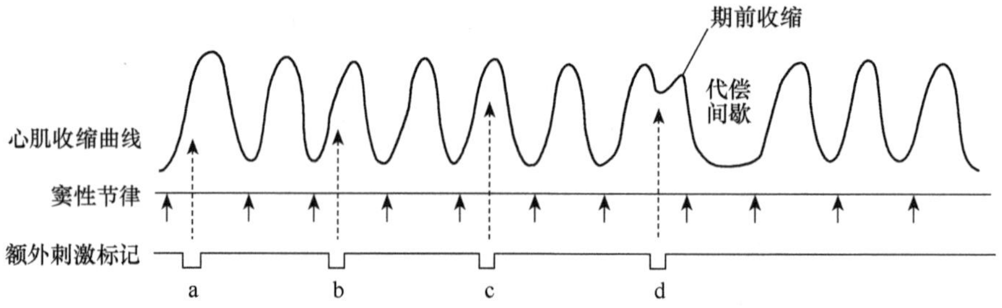

图 4-4　期前收缩和代偿间歇

（二）自律性

心肌在无外来刺激的条件下能自动产生节律性兴奋的能力或特性，称为自动节律性，简称自律性。

生理条件下心肌的自律性来自于自律细胞，其中窦房结细胞的自律性最高，约每分钟 100 次，房室交界约每分钟 50 次，浦肯野细胞的自律性最低，约每分钟 25 次。生理情况下，心脏活动的节律由窦房结传出的兴奋控制，因此窦房结称为心脏活动的正常起搏点。以窦房结为正常起搏点的心脏活动节律称为窦性心律。其他自律细胞由于自律性低，正常情况下不表现出其自身的节律性，称为潜在起搏点。当正常起搏点或传导发生障碍时，潜在起搏点的作用才发挥出来，当潜在起搏点代替窦房结控制心脏的活动时，则产生异位心律。

链　接

期前收缩又称早搏，是指异位起搏点发出的过早冲动引起的心脏搏动，为临床中最常见的心律失常。早搏可见于正常人，当正常人情绪激动，神经紧张，疲劳，消化不良，过度吸烟、饮酒或喝浓茶等均可引起发作，亦可无明显诱因。过早搏动可无症状，亦可有心悸或心跳暂停感。频发的过早搏动可致（因心排血量减少引起）乏力、头晕等症状，原有心脏病者可因此而诱发或加重心绞痛或心力衰竭。频繁的早搏出现可发展成为严重心律失常。

（三）传导性

指心肌细胞具有传导兴奋的能力或特性。正常情况下源于窦房结的兴奋能直接传给左右心房，两心房兴奋收缩，同时心房将兴奋通过“优势传导通路”迅速传导至房室交界，再由房室交界经房室束、左右束支、浦肯野细胞至心室肌，引起左右心室兴奋收缩。

心脏不同部位的心肌细胞传导速度不同：“优势传导通路”传导速度较快，每秒 1.0～1.2m；心房肌每秒约 0.4m；心室肌每秒约 1m；浦肯野最快，每秒约 4m；房室交界传导速度最慢，每秒约 0.02m。由于房室交界传导速度最慢，所以兴奋经过这里时将出现一个时间延搁，称为房－室延搁。房－室延搁的意义在于保证了心房、心室不同时收缩，只有心房收缩完毕后心室才收缩，从而使血液在心室收缩前回到心室，有利于心室的充盈和射血。也由于房－室延搁的存在而使得房室交界成为传导阻滞的好发部位。

（四）收缩性

心肌接受刺激后发生收缩反应的能力或特性为心肌的收缩性。心肌和骨骼肌收缩原理基本相同，也通过兴奋－收缩耦联使肌丝滑行而引起。但心肌的结构和电生理特性使其与收缩性具有明显的特点。

1. 同步收缩　心肌细胞间低电阻闰盘存在，使兴奋可通过缝隙连接在细胞之间迅速传播，心肌一旦兴奋，引起所有心房肌细胞或心室肌细胞同步兴奋和收缩，有利于心脏发挥有效的泵血功能。心肌的同步收缩也称“全或无”。

2. 不发生强直收缩　由于心肌细胞的有效不应期特别长，所以，心肌不发生强直收缩。这使得心脏保持收缩与舒张交替进行，既有利于心的泵血又有利于心脏的血液充盈。

3. 对细胞外 Ca^{2+} 依赖性　由于心肌细胞的终池不发达，储 Ca^{2+} 少，所以心肌的收缩－耦联过程依赖细胞外 Ca^{2+} 内流。细胞外液 Ca^{2+} 的增加，可增强心肌收缩力；反之，则心肌收缩力减弱。

三、体表心电图

在一个心动周期中，窦房结发出的兴奋传导至心房、心室，使心房、心室依次兴奋收缩。心脏内的电变化，可以通过组织和体液传至体表。将测量电极置于体表的一定部位，即可将心脏活动的电变化过程通过仪器记录下来，记录到的波形就是心电图（图 4-5）。

心电图反映的是每个心动周期中心脏兴奋的产生、传导和恢复过程中的电位变化。正常心电图由 P 波、QRS 波群和 T 波以及各波间线段组成。各波段生理意义如下。

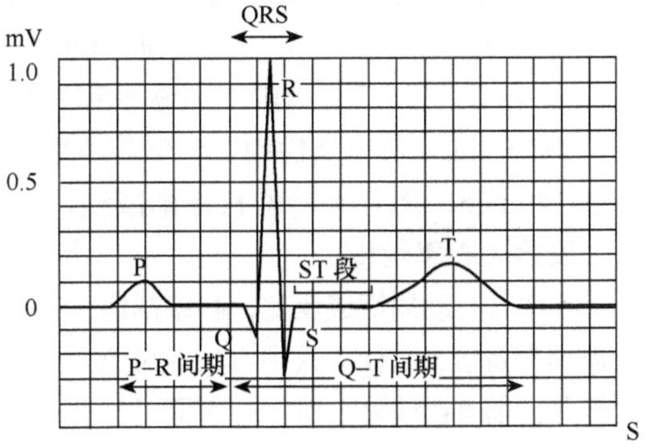

图 4-5　正常人心电图

1. P 波　反映两心房去极化过程的电位变化。波幅不超过 0.25mV，历时 0.08～0.11 秒。

2. QRS 波群　反映两心室去极化过程的电位变化。典型的 QRS 波群包括一个向下的 Q 波，接着是一个向上的 R 波，最后是一个向下的 S 波。QRS 波群历时 0.06～0.10 秒。

3. T 波　反映两心室复极化的过程。波幅为 0.1～0.8mV。

4. PR 间期　从 P 波的起点到 QRS 波起点间的过程持续 0.12～0.20 秒，主要反映由窦房结产生的兴奋传到心室所需要的时间，在老年人及心动过缓的情况下，PR 间期可略延长。

5. QT 间期　从 QRS 波群起点到 T 波终点之间的时间，历时 0.36～0.44 秒。Q-T 间期反映两心室去极化和复极化全过程所需要的时间。QT 间期长短与心率的快慢密切相关，心率越快，QT 间期越短，反之则越长。

6. ST 段　从 QRS 波群终点到 T 波起点的线段。ST 段表明心室各部分均已进入去极化状态，彼此间没有电位差。正常心电图 ST 段与基线齐平。

心电图可用于对各种心脏节律和传导的异常，心室、心房肥大，心肌梗死，心肌缺血等病症的检查，所以心电图是临床上有用的诊断手段之一。

链　接

动态心电图

动态心电图又称 Holter 监测，是一种可以携带，在活动情况下长时间记录心电图的方法。24 小时动态心电图是一种长时间连续记录并编集分析人体心脏在活动和安静状态下心电图变化的状况。包括：ST 水平趋势图，心率变异，身体运动后的数据及各种心率失常的鉴别诊断。对心率失常及心肌缺血的定性、定量诊断，对阵发性晕厥、眩晕和心悸原因及性质的确定，对药物疗效的评定及起博器的功能评定。

第二节　心脏的泵血

一、心脏的泵血功能

心脏的主要功能是收缩泵血，心脏节律性的收缩和舒张推动血液向前流动的作用称为心脏的泵血功能。心脏舒张时将静脉内的血液容纳回心，收缩时将心脏内血液射入动脉，为血液流到全身组织器官提供能量。

（一）心动周期与心率

1. 心动周期　心脏收缩及舒张一次所经历的时间称为一个心动周期。在一个心动周期中，心房和心室的活动可以分为舒张期和收缩期。由于心室在心脏泵血活动中起主要作用，故心动周期通常指心室的活动周期，心室的收缩期和舒张期作为心的收缩和舒张，简称心缩期和心舒期。

2. 心率　每分钟心动周期的次数称为心率。正常成人安静状态下的心率为 60～100/min，平均值为 75/min。心率受性别、年龄等因素的影响，成年人女性心率稍快于男性，新生儿心率可高达 140/min，随着年龄增长逐渐减慢，到 15 岁以后接近成人的心率。经常进行体育锻炼的人，安静时心率较慢。

心率与心动周期成反比，心率越快，心动周期持续的时间越短（图 4-6）。当心率为 75/min 时，心动周期持续 0.8 秒，其中心房收缩 0.1 秒，舒张 0.7 秒；心室收缩 0.3 秒，舒张 0.5 秒。其中心室舒张的前 0.4 秒为心房、心室同时舒张，称为全心舒张期，所以在心动周期中，心房、心室舒张的时间都长于收缩时间，这样有利于血液有足够的时间回到心脏，保证心脏有效射血。当心率为 100/min 时，心动周期则持续 0.6 秒，其中心室收缩 0.3 秒，舒张 0.3 秒；心率升到 150/min 时，心动周期持续 0.4 秒，其中心室收缩 0.25 秒，舒张 0.15 秒。由此可见，当心率加快时，明显使心舒期缩短，从而影响血液正常回心（图 4-7）。

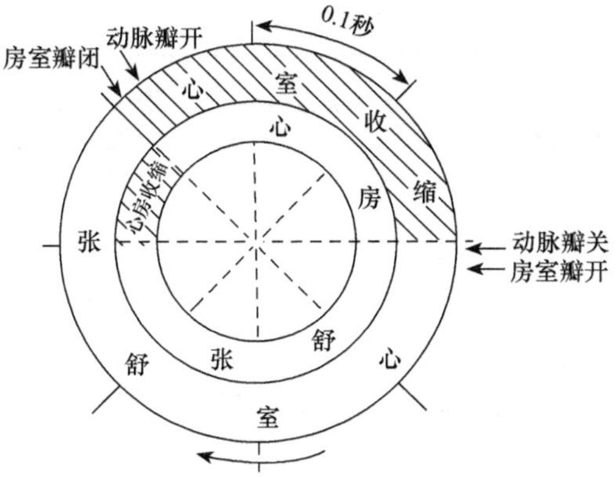

图 4-6　心动周期

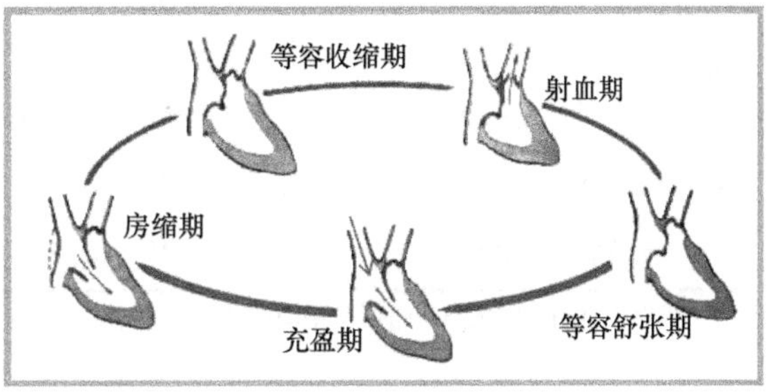

图 4-7　心动周期

（二）心脏的泵血过程

心动周期从心房收缩开始，但如前所述，心脏的泵血活动中，心室起主要作用，左右心室泵血过程相似，且同时进行，所以以左心室为例，介绍心的泵血过程。

1. 心室收缩期　心室收缩期分为等容收缩期和射血期两个阶段，共持续 0.3 秒。

（1）等容收缩期：心室开始收缩后，心室内压升高，当心室内压升到高于心房内压时，房室瓣关闭；此时心室内压仍然低于主动脉压，故动脉瓣仍然处于关闭状态。这个时期心室是一个封闭的腔，血液不能进出心室，心室的容积没有变化，所以称为等容收缩期，此期持续 0.06 秒。如果心肌收缩力减弱或主动脉压升高，则等容收缩期延长，将使射血期缩短。

（2）射血期：心室继续收缩，室内压快速升高至高于主动脉压，动脉瓣开放，血液由心室射入主动脉，心室容积快速下降，进入射血期，此期共持续 0.25 秒。射血期初的 0.1 秒，将射血量的 2/3 血液射出，又称为快速射血期；射血后期的 0.15 秒，射血的速度减慢，称为减慢射血期，此期末，心室容积缩至最小。

2. 心室舒张期：心室舒张期分为等容舒张期和心室充盈期，共持续 0.5 秒。

（1）等容舒张期：心室开始舒张，心室内压下降，降至低于主动脉压，但仍高于心房内压时，主动脉瓣关闭，房室瓣也处于关闭状态，心室又成为一个封闭的腔，血液不能进出心室，心室的容积没有变化，称为等容舒张期。此期持续 0.06～0.08 秒。

（2）充盈期：心室继续舒张，室内压快速下降，降到低于心房内压时，房室瓣打开，血液由心房流入心室，心室容积增大。充盈期的前 0.11 秒，进入心室的血液量约为心室总充盈量的 2/3，称为快速充盈期；后 0.22 秒，血液进入心室的速度减慢，称为减慢充盈期。这个时期进入心室的血量占总充盈量的 70%。

充盈期最后的 0.1 秒进入心房收缩期，血液继续由心房进入心室，使心室进一步充盈。由心房收缩增加的心室充盈量仅占心室总充盈量的 30%。

◎ 思考：为什么临床上心房纤维颤动者，不致引起心输出量明显减少，而心室发生纤维颤动则可因心室不能射血而危及生命。

总之，心室的收缩和舒张是心脏射血的动力，由于心室的收缩和舒张导致心房和心室之间以及心室和动脉之间压力的变化，从而引起房室瓣、动脉瓣的开闭和血液流动的方向，使血液按一个方向有序流动。现将心动周期中变化总结如表 4-1。

表 4-1　心动周期中心腔压力、心室容积、瓣膜开闭及血流变化

心室周期分期		压力比较 心房：心室：动脉	瓣膜开闭 房室瓣动脉瓣	血流方向	心室容积
心缩期	等容收缩期（0.05 秒）	房内压＜室内压＜动脉压	关闭关闭	血液存于心室	不变
	射血期（0.25 秒）	房内压＜室内压＞动脉压	关闭开放	心室→动脉	减少
心舒期	等容舒张期（0.08 秒）	房内压＜室内压＜动脉压	关闭关闭	血液存于心房	不变
	充盈期（0.42 秒）	房内压＞室内压＜动脉压	开放关闭	心房→心室	增大

减慢射血期心室内压可略低于主动脉压，但心室内血液仍有较大的动能，故能依其惯性作用进入动脉

二、心　　音

在心动周期中，由于心肌的收缩和舒张，瓣膜的开闭，血液对心室和大动脉的冲击等机械活动，会产生可用听诊器在胸部的某些部位听到相应的声音，称为心音。正常成人一般可以听到两个心音，即第一心音和第二心音。在某些健康的青年人和儿童可听到第三心音。

1. 第一心音　发生在心室收缩之初，是心室收缩的标志。第一心音是由房室瓣关闭以及心室射血引起的对动脉壁的冲击而产生的声音。第一心音的特点是音调较低、响度较大、持续时间较长。它反映心室肌收缩的强弱和房室瓣的功能状态。

2. 第二心音　发生在心室舒张开始，是心室舒张的标志。第二心音主要是由于动脉瓣关闭，血液冲击动脉引起的震动而产生。它的特点是音调较高、响度较小、持续时间较短。它反映动脉血压的高低和动脉瓣的功能状态（表 4-2）。

表 4-2　第一心音和第二心音的比较

项目	第一心音	第二心音
特点	音调低、音响强、持续时间长	音调高、音响弱、持续时间短
产生原因	心室收缩，房室瓣关闭	心室舒张、动脉瓣关闭
生理意义	标志心室收缩开始，反映心室收缩力量强弱，房室瓣功能状态	标志心室舒张开始，反映动脉血压高压，动脉瓣功能状态

心脏的某些异常活动可以产生杂音或其他异常心音，因此，听取心音对于心脏疾病的诊断具有重要意义。

三、心脏泵血功能的评价

心脏的主要功能是泵血以支持机体新陈代谢的需要，正确评价心的泵血功能有重要的生理和临床意义。评价心脏泵血功能的指标通常有以下几种。

（一）每搏输出量和射血分数

1. 每搏输出量　一侧心室一次收缩时射出的血液量，称为每搏输出量，简称搏出量。正

常成年人安静状态下，左心室舒张末期容积约125ml，收缩末期容积约55ml，二者差为搏出量，约70ml，即心室每次收缩射血时并未将心室内所有血液全部射出。

2. 射血分数　搏出量占心室舒张末期容积的百分比，称为射血分数。健康成年人的射血分数为55%～65%。正常情况下，当心室舒张末期容积增大时，每搏输出量也随之增大，所以射血分数基本不变。当心室功能减退或心室异常扩大的患者，因心室容积增大而搏出量不变时，射血分数明显下降，因此，与搏出量相比，射血分数能更准确地反映心脏的泵血功能。

（二）每分输出量和心指数

1. 每分输出量　一侧心室每分钟射出的血液量，称每分输出量，也称心输出量或心排出量。心输出量等于每搏输出量与心率的乘积，左、右两侧心输出量基本相同。如果每搏输出量为70ml，心率75/min，则心输出量为5L/min。

2. 心指数　对于不同个体，因为身材不同，则耗氧量和能量代谢水平都不同，仅用心输出量衡量心的泵血功能不够全面，所以用心指数更准确的衡量不同身材个体的心脏泵血功能，单位体表面积（m^2）的心输出量称为心指数。中等身材的成年人体表面积为1.6～1.7m^2，心输出量为4.5～6L/min，则心指数为3.0～3.5L/（min·m^2）。

四、心脏泵血功能的贮备

心输出量可随机体代谢需要而增加的能力，称心力储备。健康成年人安静状态下，心输出量为5～6L，当剧烈运动时，可达25～30L，为安静状态的5～6倍。表明人的心脏具有强大的储备能力，心力储备可反映心脏的功能状况。经常进行体育锻炼的人和体力劳动者，心力储备增大。

链　接

心力衰竭

心力衰竭指由于各种原因使心输出量绝对或相对下降，不能满足机体代谢需求的一种综合征。心力衰竭是因为心肌舒缩功能障碍或长期心脏负荷过重引起的。防治心力衰竭时需注意改善心肌的舒缩功能或减轻心脏负荷。

五、影响心输出量的因素

心输出量等于每搏输出量和心率的乘积，因此影响每搏输出量和心率的因素，都可以影响心输出量。

（一）影响每搏输出量的因素

1. 前负荷（心室舒张末期容积）　心肌收缩前承受的负荷，为前负荷。前负荷可使心肌的初长度改变，心室舒张末期容积充当心室肌收缩的前负荷，心室舒张末期容积取决于静脉回心血量。在一定范围内，静脉回心血越多，心室肌初长度越长，越接近最适初长度，则心肌的收缩力越强，每搏输出量越多，心输出量越多。如果静脉回心血量过度增多，则心肌收缩力反而减弱，甚至造成心力衰竭。临床静脉输液时，应注意输液速度不宜过快、液体量不宜过多，避免心肌因前负荷过大，而导致急性心力衰竭。

2. 后负荷（动脉血压）　心肌收缩后承受的负荷为后负荷。主动脉血压即为心室收缩射血时承受的后负荷。在心肌收缩力不变和初长度不变的情况下，动脉血压升高，心室等容收缩期将延长，射血期缩短，每搏输出量减少。高血压患者若动脉压持续处于高水平，心室肌长期加强收缩，将导致心室肌肥厚等病理变化，最后可能心力衰竭。

3. 心肌的收缩力 心肌收缩力指在前负荷、后负荷都不变的情况下，心肌细胞的内在特性。其他条件不变时，心肌收缩力越强，每搏输出量越多，心输出量越多；反之，心输出量减少。

生理条件下，心肌收缩力受神经、体液因素的调节。当交感神经－肾上腺髓质系统兴奋时，去甲肾上腺素和肾上腺素增多，心肌收缩力增加；当迷走神经兴奋时，释放乙酰胆碱增加，心肌收缩力减弱。

当血 K^+浓度降低时，心肌的自律性、兴奋性、收缩性均升高，但传导阻滞，血 K^+浓度升高时，心肌自律性、传导性、收缩性下降。

血 Ca^{2+}浓度降低时，心肌收缩力减弱，血 Ca^{2+}浓度升高时，心肌收缩力增强。

病理条件下，血液 pH 降低时，心肌收缩力降低；pH 升高，心肌舒张不全，使心肌停止于收缩状态。

（二）心率

心输出量等于每搏输出量乘以心率。所以在一定范围内，心率加快，心输出量增加。但是心率过快，超过 160～180/min 时，将使心室舒张期明显缩短，回心血量明显减少，从而导致心输出量减少。

生理条件下，心率受神经和体液因素的调节。交感神经、去甲肾上腺素、肾上腺素可使心率加快，迷走神经兴奋，乙酰胆碱可使心率减慢。

第三节 血 管 生 理

一、各类血管的结构和功能特征

血管是血液运行的管道，心室内射出的血液通过各级动脉、毛细血管、各级静脉回到心房。各级血管在分配血流、物质交换、维持血压等方面有重要作用。根据血管的结构和功能分类如下。

1. 弹性储器血管 主动脉、肺动脉主干及其发出的最大分支，其管壁坚厚，因富含弹性纤维而具有明显弹性。可以依赖弹性，在需要的时候暂时存放血液，称为弹性储器射血管。

2. 分配血管 指各级动脉分支，将血液运输到各组织器官，称为分配血管。

3. 毛细血管前阻力血管 小动脉和微动脉，管径细，血流阻力大，对维持动脉血压有重要意义。

4. 交换血管 毛细血管位于动静脉间，管壁薄，通透性高，是血管内外进行物质交换的主要场所，故称交换血管。

5. 毛细血管后阻力血管 指微静脉，管径小，影响体液在血管内、外的分配。

6. 容量血管 大静脉，管壁薄、中径大、容量大。安静状态下，静脉系统可容纳 60%～70% 的循环血量，具有储血库的作用，称为容量血管。

二、血流量、血流阻力和血压

1. 血流量 单位时间内流经血管某一横截面的血量为血流量，单位一般为 L/min。根据泊肃叶定律，单位时间内的血流量与血管两端的压力差以及血管半径的 4 次方成正比，而与血管的长度成反比。在其他因素相同的情况下，若两根血管的半径相差一倍，则血流量相差 16 倍，所以血流量的多少主要取决于血管的直径。

2. 血流阻力　指血液流经血管时所遇到的阻力。血流阻力主要来自血液与血管壁及血液自身的摩擦力。血流阻力与血液黏度以及血管长度成正比，与血管半径的 4 次方成反比。一段时间内，血液黏度和血管长度不发生明显变化，只有血管半径受神经和体液因素经常改变，所以影响血流阻力的主要因素是血管半径。

3. 血压　血管内流动的血液对单位面积血管壁产生的侧压力为血压。通常以毫米汞柱（mmHg）或千帕（kPa）为测量单位（1mmHg＝0.133kPa）。存在于动脉、静脉和毛细血管内的血压分别为动脉血压、静脉血压和毛细血管血压。

三、动 脉 血 压

（一）动脉血压的概念和正常值

动脉血压指血液对单位面积动脉血管壁的侧压力，通常指主动脉血压。在每个心动周期中，心室收缩射血，主动脉血压升到最高值时形成的血压称为收缩压；心室舒张，主动脉血压降低到最低值时形成的血压称为舒张压；收缩压与舒张压之差为脉压；一个心动周期中动脉血压的平均值称为平均动脉压，平均动脉压等于舒张压加 1/3 脉压。

我国健康青年人安静状态下的收缩压为 100～120mmHg（13.3～16.0kPa），舒张压为 60～80mmHg（8.0～10.7kPa），脉压为 30～40mmHg（4.0～5.3kPa），平均动脉压为 100mmHg（13.3kPa）。

动脉血压存在个体差异，性别、年龄不同，血压值也会不同。随着年龄的增长，血压呈升高趋势，且收缩压比舒张压升高更明显；女性更年期前低于同龄男性血压，更年期后与男性持平甚至高于男性（表 4-3）。

表 4-3　不同年龄、性别人群正常血压值

年龄（岁）	男性		女性	
	收缩压	舒张压	收缩压	舒张压
11—15	15.2（114）*	9.6（72）	14.5（109）	9.3（70）
16—20	15.3（115）	9.7（73）	14.7（110）	9.3（70）
21—25	15.3（115）	9.7（73）	14.8（111）	（9.5）71
26—30	15.3（115）	10.0（75）	14.9（112）	9.7（73）
31—35	15.6（117）	10.1（76）	15.2（114）	9.9（74）
36—40	16.0（120）	10.7（80）	15.5（116）	10.3（77）
41—45	16.5（124）	10.8（81）	16.3（122）	10.4（78）
46—50	17.1（128）	10.9（82）	17.1（128）	10.5（79）
51—55	17.6（134）	11.2（84）	17.9（134）	10.7（80）
56—60	18.3（137）	11.2（84）	18.5（139）	10.9（82）
61—65	19.7（148）	11.5（86）	19.3（145）	11.1（83）

* 单位为 kPa，括号内数字单位为 mmHg

如果安静状态下，舒张压持续高于 90mmHg（12.0kPa）或 40 岁以下的人收缩压持续超过 140mmHg（18.62kPa），称为高血压。收缩压持续低于 90mmHg（12.0kPa）或舒张压持续低于

60mmHg（8kPa），则称为低血压。

动脉血压保持相对稳定，是器官组织血流量正常的重要条件。如果动脉血压过低，可导致器官组织血液量减少，尤其是大脑、心脏等重要器官，可因缺血缺氧危及生命；如果血压过高，则可导致心肌肥厚，甚至发生心力衰竭。

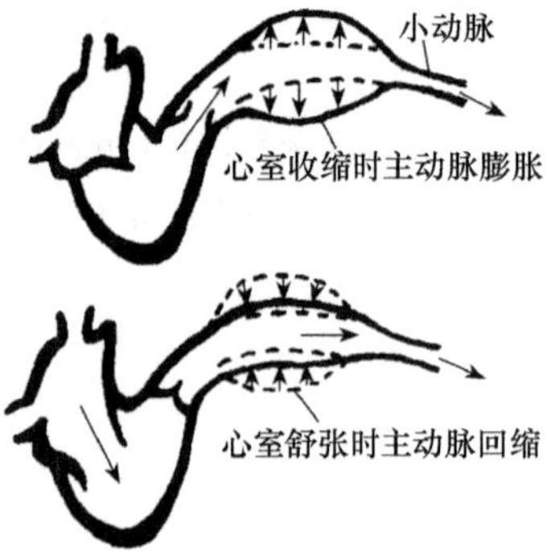

图 4-8　动脉血压的形成

（二）动脉血压的形成

形成动脉血压的前提条件是封闭的心血管系统内有足够的血液充盈；心室收缩射血和外周阻力是形成动脉血压的两个根本因素。大动脉管壁弹性贮器作用在动脉血压形成过程中起缓冲和维持舒张压的作用（图 4-8）。

当心室收缩射血时，射出血液的 1/3 延动脉流向外周，其余的 2/3 血液暂时贮存于大动脉中，因而使得大动脉血压升高，形成收缩压；当心室舒张时，贮存于大动脉的血液因大动脉的弹性回缩而被推动在血管中向前流动，此时血管仍有血压，为舒张压。由于心脏射血是间断的，所以心动周期中动脉血压也发生周期性变化，心室收缩，动脉血压升高；心室舒张，动脉血压降低。

（三）影响动脉血压的因素

参与动脉血压形成的条件和因素，如血量、外周阻力、心率、大动脉管壁弹性等变化，都会影响动脉血压。

1. 每搏输出量　每搏输出量的变化主要影响收缩压。当心率、外周阻力不变时，每搏输出量增加，射入动脉的血液量增多，血液对动脉管壁压力增大，故收缩压明显升高；收缩压升高使血流速度加快，心舒期时留在大动脉的血量增加并不明显，所以舒张压升高不明显，故脉压增大。反之，当每搏输出量减少时，收缩压降低比舒张压明显，故脉压减小。通常收缩压的高低反映每搏输出量的多少。

2. 心率　心率变化主要影响舒张压。心率加快时，心舒期明显缩短，在心舒期流向外周的血量减少，主动脉内贮存的血量增多，故舒张压明显升高。由于舒张期末主动脉内存留血量的增多，在每搏输出量不变的情况下，收缩压会有所升高，但升高的幅度不如舒张压升高明显，故脉压减小。相反，心率减慢时，舒张压降低的幅度会高于收缩压，脉压增大。

3. 外周阻力　影响舒张压的主要因素。其他因素不变时，外周阻力增大，心舒期内血液流向外周的速度减慢，心舒期末留在大动脉的血量增多，故舒张压会明显升高。心缩期时，动脉血压升高使血流速度加快，动脉内增多的血量不明显，故收缩压升高不明显，脉压减小。反之，外周阻力减小后，舒张压的降低会比收缩压明显，脉压增大。

4. 大动脉管壁的弹性　大动脉的弹性有缓冲动脉血压的变化而使收缩压不致过高，舒张压不会过低。随着年龄的增长，尤其是 40 岁以后，人的大动脉管壁弹性下降，缓冲能力减弱，造成收缩压升高。同时由于老年人在大动脉管壁弹性下降的同时伴有小动脉、微动脉的硬化，使外周阻力加大，故舒张压也会升高。

5. 循环血量和血管容积　充足的循环血量是形成动脉血压的前提，如果因大失血或脱水而导致循环血量下降，则收缩压和舒张压都会下降。如果循环血量不变，而血管容积在某些原因下增大（如中毒性休克时血管扩张），则动脉血压会降低。

（四）动脉脉搏

在心动周期中，由于动脉内周期性压力变化引起动脉血管产生周期性扩张和回缩，称为动脉脉搏。搏动发生于主动脉起始部，沿动脉管壁向外周传播。脉搏的频率与心搏频率一致，强弱和紧张度能反映每搏输出量的多少。

◎ 课堂练习：测心率

四、静脉血压和静脉回心血量

（一）静脉血压

当血液由毛细血管进入微静脉时，血压降至 15～20mmHg，右心房血压接近于 0。通常将右心房和胸腔内大静脉压称为中心静脉压。中心静脉压的高低取决于心脏射血能力和静脉回心血量间的关系。生理条件下，中心静脉压维持在 4～12cmH_2O。当心脏射血能力下降时，中心静脉压升高；若静脉血回流加快，回心血量增多，则中心静脉压也升高。

各器官或肢体静脉压称为外周静脉压，一般以肘部正中静脉压为代表。正常人平卧时 5～14cmH_2O。当心功能减弱导致中心静脉压升高时，静脉血回流减慢，留在外周静脉的血量增加，则外周静脉压升高。外周静脉压可作为判断心功能的指标之一。

（二）影响静脉血回流的因素

静脉血回心的动力是外周静脉压与中心静脉压之差，所以凡是能改变两个压力的因素均可影响静脉血的回流。

1. 心肌收缩力　心肌收缩力是影响静脉血回心的最重要因素。当心肌收缩力增强时，射血量增多，心室舒张，室内压下降，中心静脉压下降，静脉血回心速度加快，回心血量增加。反之，心肌收缩力减弱时，射血量减少，静脉血回心的速度减慢，回心血量减少。如果左心衰竭，肺静脉血回流受阻，表现肺淤血、肺水肿等。如果右心衰竭，则体循环静脉血回流受阻，表现为颈静脉怒张、下肢水肿等。

2. 重力和体位　人体平卧位时，全身静脉血管在一个水平面上，重力对静脉血回心影响较小。当人由平卧位或蹲位变为立位时，在重力作用下，心脏以下静脉扩张，血液充盈量增加，而使静脉回心血减少，故心输出量减少，血压下降，可能表现大脑缺血而头晕，视网膜缺血而眼发黑的现象，称为体位性低血压。

3. 骨骼肌的挤压作用　骨骼肌收缩时，分布于肌肉内的静脉血管受挤压，使静脉血回流加快；肌肉舒张时，静脉内压力减小，毛细血管和微静脉血液流入静脉，静脉瓣的存在又使静脉血流只能朝向心脏而不能倒流，这样，骨骼肌和静脉瓣一起对静脉血的回流起着“泵”的作用。下肢肌肉的节律性收缩与舒张，肌肉泵就能很好地发挥作用。

链 接

静脉曲张与静脉血回流

静脉曲张是由于静脉壁薄弱、静脉瓣膜缺陷、浅静脉内压力持久升高而引起的，以致血液倒流、浅静脉扩张，往往与劳累、受凉、长期站立等诱因有关。这几类人容易静脉曲张：①久坐于办公室内，长期处于空调环境内且久坐于电脑前的女性及男性；②妊娠妇女，妊娠时子宫增大，压迫髂静脉，引起静脉内压力增高，而发生静脉曲张；③从事经常站立工作者，教师、售货员、礼仪小姐以及需要长久站立的工作人员，由于重力作用，使血液压力较大地作用于静脉瓣，长此以往，使静脉瓣功能受损，血液不能正常回流而发病；④小腿静脉受伤者，由于浅静脉壁和静脉壁瓣受伤，愈合后可能影响管壁弹性和瓣膜功能，而于受伤处发生静脉曲张；⑤长期负重者，如从事体力劳动的人士或运动员。

4. 呼吸运动　呼吸运动可影响静脉血回心。呼气时，胸廓缩小，胸内负压减小，中心静脉压升高，回心血量减少；吸气时，胸廓扩大，胸内负压增大，胸腔内的大静脉和右心房被牵拉扩张，中心静脉压降低，静脉血回流加快，回心血量增加。

五、微　循　环

微循环是指微动脉和微静脉之间的血液循环。微循环中血液和组织液不断进行物质交换，使内环境的理化特性保持相对稳定，保证机体代谢的正常进行。

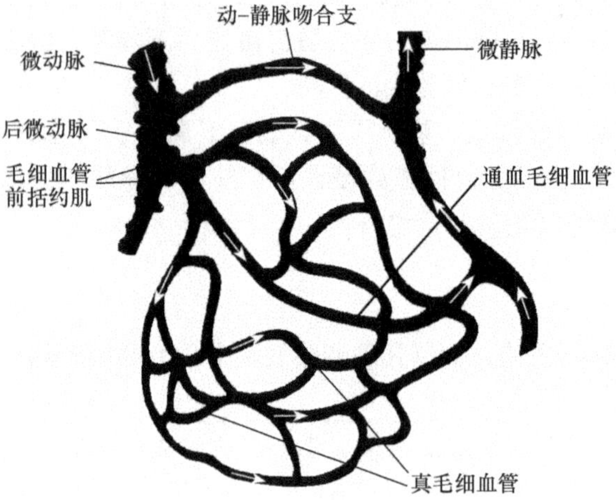

图 4-9　微循环

（一）微循环的组成

典型的微循环由微动脉、后微动脉、毛细血管前括约肌、真毛细血管、通血毛细血管、动－静脉吻合支和微静脉七部分组成（图 4-9）。

（二）微循环的血流通路及功能

血液流经微循环有三种通路。

1. 迂回通路　血液经微动脉、后微动脉、毛细血管前括约肌、毛细血管网最后汇集到微静脉，称为迂回通路，也称营养通路。

真毛细血管管壁薄，通透性大，迂回曲折的穿行于组织细胞间，交织成网，血液流速慢，是血液与组织液进行物质交换的场所。毛细血管前括约肌交替收缩、舒张，使迂回通路交替开闭。

2. 直捷通路　血液经微动脉、后微动脉、通血毛细血管最后至微静脉，称为直捷通路。

血液经直捷通路绕过毛细血管网，而进入通血毛细血管，使血液速度大大加快。故主要功能是使一部分血液快速经微循环进入静脉，保证血液快速回心而保证循环血量相对恒定。

3. 动－静脉短路　血液经微动脉、动－静脉吻合支至微静脉，称为动－静脉短路。这条通路在皮肤分布较多，通常处于关闭状态。当机体内有大量热量需要散出时，则动－静脉短路打开，使身体深部的血液流经体表，将体热散出。故这条通路的作用是调节体温。

（三）微循环血流量调节

微循环的血流量主要受局部代谢产物的调节。安静状态时，组织代谢水平低，局部代谢产物少，毛细血管前括约肌收缩，使毛细血管网关闭。当组织代谢水平升高，局部代谢产物如CO_2、H^+和乳酸等增加，使毛细血管前括约肌舒张，则毛细血管网开放，代谢产物随血流清除，然后毛细血管网又关闭，如此周而复始。

六、组织液与淋巴液

（一）组织液的生成与回流

存在于组织、细胞间隙的细胞外液称组织液，它是组织细胞和血液之间进行物质交换的媒介。组织液生成与回流的结构基础是毛细血管壁的选择性通透，即除蛋白质大分子外，其他小分子物质、离子自由出入毛细血管壁。

组织液生成与回流的动力是有效滤过压。有效滤过压由毛细血管血压、组织液胶体渗透压、血浆胶体渗透压、组织液静水压四个力量组成。其中毛细血管血压、组织液胶体渗透压是促使组织液生成的力量，血浆胶体渗透压、组织液静水压是使组织液回流的力量。两者之差为正值时，则生成组织液；两者之差为负值时，组织液回流（图4-10）。

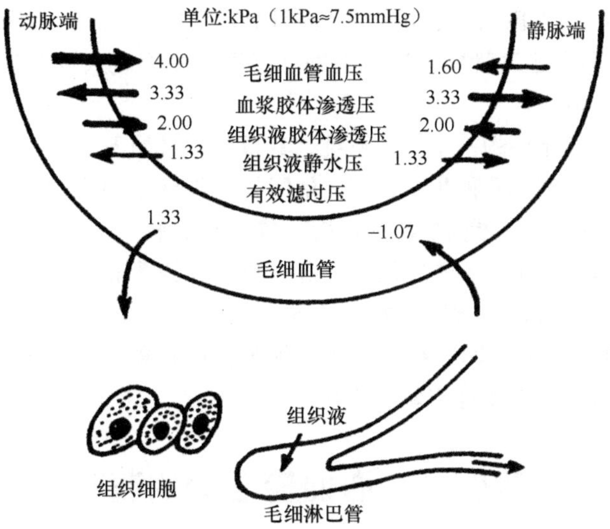

图4-10　组织液生成与回流

生理条件下，动脉端，毛细血管血压30mmHg，组织液胶体渗透压15mmHg，血浆胶体渗透压25mmHg，组织液静水压10mmHg，故动脉端有效滤过压为10mmHg，生成组织液；静脉端，毛细血管血压12mmHg，其他值基本不变，则有效滤过压为-8mmHg，组织液回流入血。所以正常情况下，组织液的生成与回流取决于毛细血管血压。由于生成压大于回流压，剩余的组织液进入毛细淋巴管形成淋巴液，经淋巴循环返回血液。

（二）影响组织液生成和回流的因素

能影响有效滤过压和毛细血管壁通透性以及淋巴循环的因素，都能影响组织液的生成与回流。

1. 毛细血管血压　毛细血管血压是组织液生成的主要动力。正常情况下，有效滤过压的变化受血压变化的影响，动脉端血压高，生成组织液；静脉端血压低，组织液回流。其他因素不变时，毛细血管血压升高，有效滤过压增大，组织液生成增多，可能引起水肿。

如左心衰竭时，肺静脉血回流受阻，表现肺淤血，肺内压升高，肺内形成组织液则肺水肿产生。如果右心衰竭，则体循环静脉血回流受阻，血液停留在外周血管，毛细血管血压升高，则出现下肢水肿等。

2. 血浆胶体渗透压　血浆胶体渗透压由血浆中白蛋白形成，生理条件下不变。若由于某种原因使白蛋白减少，如肾脏疾病，使大量血浆蛋白质随尿液排出等，会使血浆胶体渗透压降低，而导致组织液生成增多。

3. 淋巴回流　由于淋巴循环可回收组织液中的蛋白质，所以当淋巴回流受阻时，血浆胶体渗透压会下降而使组织液生成增多。

4. 毛细血管壁的通透性　病理状态下，如酸中毒、烧伤、缺氧等出现时，毛细血管壁的通透性会增大，使血浆蛋白进入组织液中，一方面血浆胶体渗透压下降，另一方面组织液胶体渗透压升高，则有效滤过压增大，组织液增多，甚至导致组织水肿。

（三）淋巴液

部分组织液进入淋巴管就成淋巴液。毛细淋巴管因管壁薄，且无基膜，所以通透性极大，组织液内的所有成分都可透过管壁，进入毛细淋巴管。每天进入淋巴管生成的淋巴液 2～4L，淋巴液经淋巴管回流入静脉。

淋巴循环被视为血液循环的一个辅助系统，其重要意义如下。

1. 回收蛋白质　淋巴循环最重要的意义是回收组织液中的蛋白质，每天通过循环回收的蛋白质达 75～100g，使组织液蛋白质浓度保持在较低的水平。

2. 运输脂肪等营养物质　食物消化后，由小肠吸收的营养物质中，脂肪的 80%～90% 由小肠绒毛的毛细淋巴管吸收，通过淋巴循环运回血液。

3. 防御作用　淋巴系统的淋巴结内有巨噬细胞，可吞噬细菌等微粒，其产生的淋巴细胞也可参与免疫反应，故淋巴系统还有防御作用。

第四节　心血管活动的调节

人体在不同活动状态时的代谢水平不同，所需要的血流量也不一样。机体通过神经、体液和自身的共同调节，使心血管的活动发生相应变化，以适应机体的需求。

一、神经调节

心肌和血管受自主神经的支配，通过反射实现调节。

（一）心脏和血管的神经支配

1. 心脏的神经支配　心脏受心交感神经和心迷走神经的双重支配。

（1）心交感神经：支配心的交感神经来自脊髓胸 1～5 节段的侧柱发出的节前纤维，在颈交感神经节换元，其节前纤维释放的递质为乙酰胆碱，节后纤维释放的递质是去甲肾上腺素，与心肌的 β_1 受体结合，支配窦房、房室束、心房肌和心室肌。心交感神经兴奋时，心脏的活动也兴奋，表现为心率加快，心脏的兴奋传导加速，心肌收缩力增强，心输出量增加。

（2）心迷走神经：心迷走神经节前纤维起始于延髓，其节后纤维主要支配窦房结、心房肌、房室交界、房室束及其分支。其节前纤维与节后纤维释放的递质都是乙酰胆碱。心迷走神经兴奋时，心脏活动受抑制，表现为心率减慢，心脏兴奋传导减慢，心肌收缩力下降（图 4-11）。

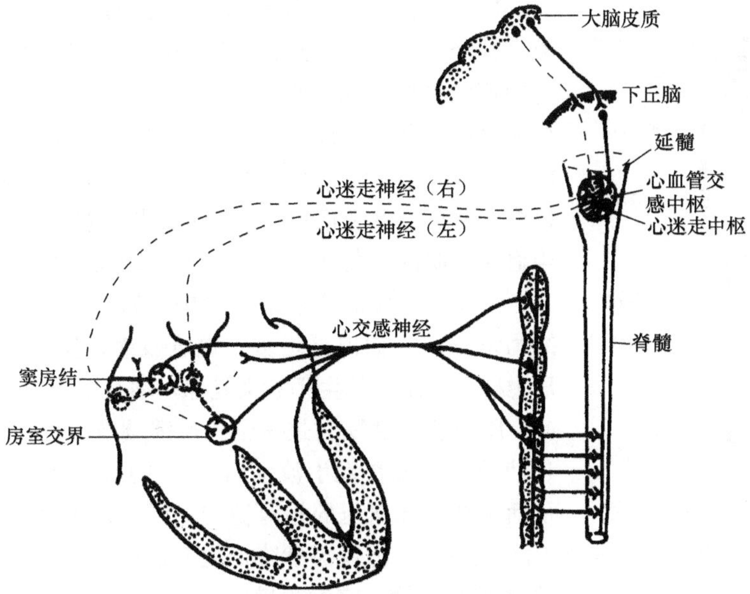

图 4-11　心迷走神经

2. 血管的神经支配　体内大多数血管只受交感缩血管神经的支配。交感缩血管神经起于脊髓胸、腰段的中间外侧部，换元后分布于血管壁。节前纤维释放乙酰胆碱，节后纤维释放去甲肾上腺素。缩血管神经释放的去甲肾上腺素与血管平滑肌细胞膜上的肾上腺素能α受体结合，产生缩血管效应，外周阻力增大，血压升高。在安静状态下，交感缩血管神经持续发放低频冲动，使血管平滑肌保持一定程度的收缩状态。当交感缩血管神经兴奋时，血管平滑肌可以进一步收缩，外周阻力增加，血压升高。在不同的器官中，交感缩血管神经的分布是不同的。皮肤血管的交感缩血管神经分布最多，骨骼肌和内脏次之，脑血管和冠状动脉分布最少。

骨骼肌血管也受交感舒血管神经支配，其末梢释放乙酰胆碱，在惊恐、激动或剧烈运动时使骨骼肌血管舒张，安静时无紧张性活动。脑、唾液腺、胃肠腺体和外生殖器的血管也受副交感舒血管神经的支配，其末梢释放乙酰胆碱，使血管舒张，调节局部组织器官的血流量。

（二）心血管中枢

心血管中枢是指在中枢神经系统中与血管活动有关的神经元集中的部位。心血管中枢分布在脊髓、脑干、下丘脑、小脑和大脑皮质的一定部位，它们对心血管活动的调节作用各不相同，使心血管系统的活动协调一致，并与机体的活动相适应。调节心血管活动的基本中枢在延髓。心迷走中枢位于延髓疑核和背核，通过心迷走神经调节心的活动。心和血管交感中枢位于延髓腹外侧核，分别通过心交感神经和交感缩血管神经调节心和血管的活动。延髓以上各级心血管中枢，在调节心血管活动中更复杂、更重要，它们使心血管活动与机体其他功能活动相互协调，彼此配合。

（三）心血管反射

1. 颈动脉窦、主动脉弓压力感受性反射　颈动脉窦和主动脉弓（图 4-12）的血管外膜下有丰富的压力感受器，感受血管内压力的变化。颈动脉窦的传入神经是窦神经，主动脉弓的传入神经是主动脉神经或称降压神经，分别加入舌咽神经和迷走神经进入延髓。

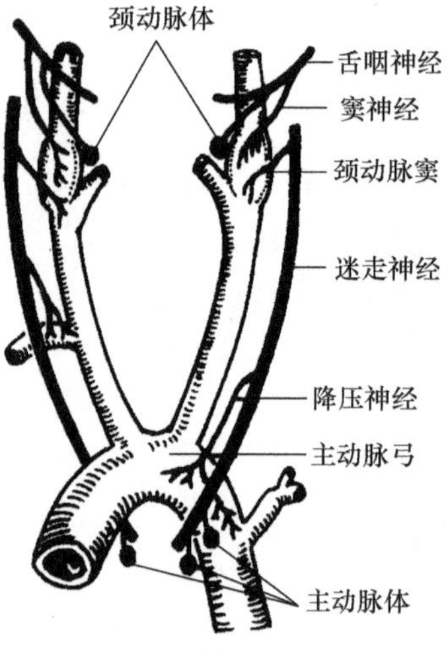

图 4-12 颈动脉窦、主动脉弓

当动脉血压突然升高时，颈动脉窦和主动脉弓压力感受器，沿窦神经和主动脉神经传入延髓心血管中枢冲动增多，使心迷走中枢紧张性加强，心迷走神经兴奋；心交感神经中枢和交感缩血管中枢紧张性减弱，心交感神经抑制，交感缩血管神经抑制，导致心率减慢，心收缩力减弱，心输出量减少；血管舒张，最终使血压下降至正常水平，因此此反射又称降压反射。反之，当血压下降时，传入心血管中枢的冲动减少，使心迷走中枢抑制，心交感中枢和交感缩血管中枢兴奋，则心率加快，心肌收缩力增强，心输出量增多，血管收缩，使血压升高至正常值。压力感受性反射的生理意义是保持动脉血压的相对稳定。

压力感受性反射是一个负反馈调节过程，通过这一调节过程使动脉血压在发生波动时，对血压进行快速、准确的调节，从而维持动脉血压的相对稳定。压力感受性反射对血压的急骤变化敏感，对缓慢发生的血压变化不敏感；对血压突然降低比对血压突然升高更敏感。所以临床中，怀疑内出血患者，应注意严密观察病情，定时测量血压，以免因此延误病情，造成严重后果。

2. 颈动脉体、主动脉体化学感受性反射　颈动脉体位于颈总动脉分叉处，主动脉体位于主动脉弓区域，传入神经分别为窦神经和迷走神经。它们能够感受血液中某些化学成分的变化，故称为化学感受器。当血液中 O_2 分压下降、CO_2 分压升高或 H^+浓度升高时，化学感受沿冲动传入延髓呼吸中枢，主要对呼吸进行调节，使呼吸加深、加快，对维持血液中 O_2、CO_2 的相对稳定起重要作用。该反射只有在机体缺氧、窒息、失血和酸中毒等情况下才兴奋交感缩血管中枢，使血管收缩、血压升高，保证心、脑等重要器官的血液供应。

二、体 液 调 节

心血管的活动受全身性体液因素和局部性体液因素的调节。全身性体液因素有肾上腺素、去甲肾上腺素、血管紧张素、血管升压素等；局部性体液因素有组胺、组织代谢产物等。

（一）全身性体液调节

1. 肾上腺素和去甲肾上腺素　血液中的肾上腺素和去甲肾上腺素主要来自肾上腺髓质，作为激素由血液带至全身组织。肾上腺素和去甲肾上腺素对心脏和血管的作用即有共性，又有特殊性。肾上腺素主要与心肌细胞膜上 β_1 受体结合；去甲肾上腺素主要与血管平滑肌上的 α 受体结合。

肾上腺素与心肌细胞上相应受体结合后，使心率加快，心肌增强，心输出量增加。临床中常作为强心急救药；去甲肾上腺素与血管上相应受体结合后，使全身除冠状动脉外的血管收缩，尤其是小动脉收缩明显，外周阻力显著增大，动脉血压明显升高，故临床上常用作升压药使用。由于血压升高，通过压力感受性反射使心率减慢，故整体应用去甲肾上腺素后心率稍稍减慢。

2. 血管紧张素　当循环血量下降或肾血流量减少时，肾小球旁器球旁细胞分泌肾素。肾素进入血液后，激活由肝合成的血管紧张素原为血管紧张素Ⅰ，血管紧张素Ⅰ在肺内转化为血管紧张素Ⅱ，血管紧张素Ⅱ继续在酶的作用下转变为血管紧张素Ⅲ。

血管紧张素Ⅱ有明显的缩血管作用，使全身小动脉收缩而升高血压。血管紧张素Ⅲ则有较强的促进肾上腺髓质分泌醛固酮，醛固酮具有保钠保水的作用，从而增加血容量，血压升高。

3. 血管升压素　又称抗利尿激素。通过调节尿量来实现对血流量的调节，从而保持血压稳定（肾的泌尿中详述）。

（二）局部性体液调节

1. 激肽　激肽原可在酶的作用下水解成血管舒张素和缓激肽，两者均可使血管舒张、毛细血管通透性增大，以增加局部血流量。缓激肽能引起全身血管舒张，外周阻力减小，而出现降压效应。

2. 组胺　组胺在皮肤、肺、胃肠黏膜的肥大细胞中存在，当组织受到损伤、炎症、过敏反应时，组织将释放组胺，引起局部血管舒张，毛细血管和微静脉壁通透性增大，导致局部组织充血、水肿。

3. 组织代谢产物　如 CO_2、H^+、乳酸等有舒血管作用，组织活动增强或供血不足时，代谢产物增多，使微血管舒张，增加局部血流量。

三、动脉血压的短期调节和长期调节

神经体液因素对动脉血压的调节分为短期调节和长期调节。短期调节是指对短时间内血压变化的调节，主要通过神经调节方式，即通过各种心血管反射调节心肌和收缩力及血管的外周阻力，使动脉血压保持稳定状态，调节机制如前所述。当血压长时间（数小时、数天或更长）发生变化时，只依靠神经调节不足以将血压调节到正常水平，动脉血压的长期调节则需要通过肾脏调节细胞外液量来实现，构成肾－体液控制系统。当细胞外液增多时，循环血量增加，动脉血压升高，肾脏则增加排水，将过多的体液排出体外，使血压恢复正常水平。反之，发生相反的调节。肾－体液控制系统除肾素－血管紧张素－醛固酮系统参与外，还有血管升压素的调节，详见第8章。总之动脉血压的调节是一个复杂的过程，需要神经、体液和自身因素的共同作用来完成。

四、社会心理因素对心血管活动的影响

心血管活动除受神经、体液因素的影响外，还受到社会、心理等因素的影响。心血管功能改变作为情绪反应的整合部分已为人们所熟知。心理活动是大脑的功能，即可通过大脑影响神经系统、内分泌系统等，从而调节机体各器官的活动，如：愤怒的情绪在脑部产生后，会通过下丘脑－垂体－肾上腺皮质及交感－肾上腺髓质系统，引起心率加快，血压升高等心血管活动的变化。所以在维持心血管活动稳定时应注意如情绪等社会或心理方面的因素对于心血管活动的影响。

第五节　器官循环

由于各器官结构与功能不同，器官内血管分布也各不相同，每个器官的血液循环也各有特点。本节将讨论心、肺和脑循环的血液循环。

一、冠脉循环

1. 血压高、血流量大　左右冠状动脉直接开口于主动脉根部，故冠脉循环的血压较高，血液流速快，血流量大。心脏的重量只占体重的0.5%，而安静时血流量占心输出量的4%～5%，剧烈运动时还能增加4～5倍。

2. 摄氧率高，耗氧量大　安静状态下，心脏的摄氧率可达70%左右，比其他器官高得多（25%～30%），心肌的耗氧量也大，当人体进行剧烈运动时，心肌耗氧量增加，从血液中摄氧的潜力不大，此时主要依靠扩张冠状血管来增加冠脉血流量，以满足心肌对氧的需要。

3. 血流量受心肌收缩的影响明显　由于冠脉的分支大部分深埋于心肌组织中，所以心肌收缩对血流量有很大影响。左心室开始收缩时，左冠脉血管受到挤压，血流量明显减少；快速射血期，随着主动脉压升高，冠脉血流量增加；缓慢射血期时，冠脉血流量有所减少；左心室舒张时，对冠脉血管的压迫减小甚至解除，冠脉血流量显著增多，此后随着动脉舒张压降低，冠脉血流量又逐渐减少。左心室收缩期血流量是舒张期的20%～30%。右心室肌较薄，对冠脉的压迫较小，所以右心收缩和舒张时血流量相差很小。

二、肺循环

1. 血流阻力小，血压低　由于肺内各级动脉管壁薄，且血管全部在胸膜腔负压环境中，因此血流阻力小于体循环，血压低。在生理条件下，肺内基本无组织液生成。病理情况下，左心衰竭时，左心室射血量减少，室内压升高，造成肺静脉血回流受阻，导致肺淤血，肺毛细血管血压随之升高，生成组织液，形成肺水肿。

2. 血容量大，血流量变化大　肺血管壁薄，所以容量大，其血管内可容纳血液450～600ml，占循环系统总血量的9%～12%。由于肺组织和肺血管扩张性大，故肺血流量变化大。用力吸气时，血流量增大；用力呼气时，血流量减少。每个呼吸周期中，肺循环血量发生周期性的变化，并对左心室输出量和动脉血压发生影响。

三、脑循环

1. 血流量大，耗氧量高　脑的重量只占体重的2%左右，正常人安静状态下，脑循环血量相当于心输出量的15%，耗氧量占全身总耗氧量的20%。脑对缺氧或缺血极为敏感，若脑血流量完全中断，数秒意识即丧失，中断5～6分钟以上，则将产生不可逆的脑损伤。

2. 血流量变化小　脑位于骨性颅腔内，容积较固定，脑血管舒缩受到一定影响，血流量变化小。

3. 存在血－脑脊液屏障和血－脑屏障　两个屏障的存在，使脑组织周围环境能够保持相对稳定，并防止有害物质进入脑。

目标检测

一、填空题

1. 成年人的心率平均为75/min，其心动周期占时_______秒，当心率加快时，心动周期_______，其中以_______更为明显。

2. 等容收缩期时，房内压_______室内压，房室瓣处于_______状态，室内压_______主动脉压，半月瓣处于 _______ 状态。

3. 心脏的瓣膜保证了血流的 _______ 向流动，并在心室内的 _______ 变化中起了重要作用。

4. 在临床听诊时，将第一心音作为 _______ 开始的标志，其声音特点为 _______；将第二心音作为 _______ 开始的标志，其声音特点为 _______。

5. 浦肯野纤维等快反应细胞的 _______ 和 _______ 明显高于窦房结等慢反应细胞，所以前者兴奋传导比后者 _______。

二、选择题

1. 心动周期中，占时间最长的是（　　）

A. 心房收缩期　　B. 等容收缩期
C. 等容舒张期　　D. 射血期
E. 充盈期

2. 心室血液的充盈主要是在快速充盈期内完成的，由心房收缩挤入心室的血液量仅占心室总充盈量的（　　）

A. 5%　　B. 5%～10%
C. 10%～15%　　D. 10%～20%
E. 10%～30%

3. 在去甲肾上腺素作用下，心室功能曲线向哪个方向移位（　　）

A. 正上方　　B. 左上方
D. 左下方　　D. 右上方
E. 右下方

4. 正常人心率超过 180/min 时心输出量减少的主要原因是（　　）

A. 快速射血期缩短　　B. 减慢射血期缩短
C. 充盈期缩短　　D. 等容收缩期缩短
E. 等容舒张期缩短

5. 生成组织液的有效滤过压等于（　　）

A.（毛细血管压＋组织液胶体渗透压）－（血浆胶体渗透压＋组织液静水压）
B.（毛细血管压＋血浆胶体渗透压）－（组织液胶体渗透压＋组织液静水压）
C.（毛细血管压＋组织液静水压）－（血浆胶体渗透压＋组织液胶体渗透压）
D. 毛细血管压＋组织液胶体渗透压－血浆胶体渗透压＋组织液静水压
E. 毛细血管压－组织液胶体渗透压＋血浆胶体渗透压－组织液静水压

三、名词解释

1. 心动周期
2. 等长自身调节
3. 收缩压
4. 微循环
5. 血－脑屏障

（杭　琦）

第 5 章　呼　吸

案例 5-1　患者 46 岁。慢性咳嗽、气喘 16 年，急性发作伴持续性呼吸困难 30 小时。16 年间多发于春秋季节，呈呼气性呼吸困难，后无明显季节性。2 天前感冒，咳嗽加重，呼吸困难，难以平卧，来院急诊。查体：体温 36.8℃，脉搏 105/min，呼吸 30/min，血压 130/80mmHg。神志清楚，表情痛苦，面色苍白，口唇发绀。急性病容，呼吸急促，端坐位。双肺布满哮鸣音，未闻及湿啰音，心率 105/min。检查：血气分析：pH7.37，$PaO_2$55.3mmHg，$PaCO_2$49.1mmHg；X 线胸片：两肺纹理增多；ECG：未见异常。

问题：1. 诱发支气管哮喘的物质有哪些？来自何处？

2. 支气管哮喘将对肺通气和肺换气产生哪些影响？

第一节　肺　通　气

肺通气是肺与外界环境之间的气体交换过程。实现肺通气的主要结构有呼吸道、肺泡和胸廓等。呼吸道是肺通气时气体进出的通道，肺泡是气体交换的场所，胸廓的节律性呼吸运动是实现肺通气的动力。

一、原　　理

气体进出肺取决于两个因素的相互作用：一是推动气体流动的动力；二是阻止其流动的阻力。动力必须克服阻力，才能实现肺通气。

（一）肺通气的动力

肺通气的直接动力是肺泡内压与大气压之间的压力差，这种压力差源于呼吸运动。因此，呼吸运动是肺通气的原动力（图 5-1）。

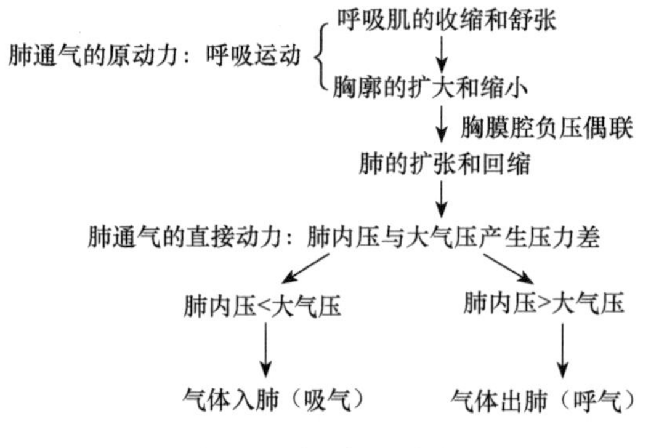

图 5-1　肺通气的动力

1. 呼吸运动　由呼吸肌收缩和舒张引起的胸廓节律性的扩大和缩小，称为呼吸运动，包括吸气运动和呼气运动。参与呼吸运动的吸气肌主要有膈肌和肋间外肌，呼气肌主要有肋间内肌和腹肌。

（1）平静呼吸：安静状态下平稳、均匀的呼吸称为平静呼吸。呼吸频率为每分钟 12～18 次。平静吸气时，肋间外肌和膈肌收缩，肋骨和胸骨上举，膈顶下降，使胸廓的前后径、左右径和上下径扩大，引起胸腔和肺容积扩大，肺内压低于大气压（1～2mmHg），外界气体入肺，完成吸气。平静呼气时，肋间外肌和膈肌舒张，肋骨、胸骨和膈顶均回位，胸腔容积缩小，肺依靠自身的回缩力而回缩，肺内压高于大气压（1～2mmHg），肺内气体被呼出，完成呼气。平静吸气是主动过程，平静呼气是被动过程。

（2）用力呼吸：当人体剧烈运动或强体力劳动时，呼吸加深加快，称为用力呼吸。用力吸气时，除肋间外肌和膈肌收缩加强外，辅助吸气肌（如胸锁乳突肌、胸大肌、斜角肌等）也参与收缩，使胸廓进一步扩大，胸腔和肺明显增大，肺内压大幅下降，吸入大量气体；用力呼气时，除肋间外肌和膈肌舒张外，呼气肌（肋间内肌和腹壁肌）也参与收缩，使胸廓明显缩小，胸腔和肺容积明显缩小，肺内压大幅升高，呼出大量气体。因此，用力呼吸时吸气和呼气均为主动过程。

◎ 考点提示：呼吸的原动力、直接动力；参与呼吸的主要肌肉

2. 呼吸运动的形式　有胸式呼吸和腹式呼吸。以肋间外肌收缩和舒张活动为主，胸壁起伏明显的呼吸运动，称为胸式呼吸。以膈肌收缩和舒张活动为主，腹壁起伏明显的呼吸运动，称为腹式呼吸。正常成年人呼吸运动是胸式和腹式的混合式呼吸。女性和青年人胸式呼吸占优势；成年男性和儿童腹式呼吸占优势；婴幼儿的肋骨倾斜度小，位置趋于水平，主要表现为腹式呼吸。当胸廓活动受限，如胸膜炎或胸腔积液时多为腹式呼吸；而妊娠后期，腹腔疾患等情况使膈肌运动受阻，以胸式呼吸为主。

◎ 考点提示：呼吸的类型

3. 肺内压　是指肺泡内的压力。平静吸气时，肺内压下降，低于大气压 1～2mmHg，外界空气吸入肺，到吸气末肺内压等于大气压，吸气停止；呼气之初肺内压升高，高于大气压为 1～2mmHg，肺内气体排出，到呼气末肺内压等于大气压，呼气停止。由此可见，在呼吸运动过程中，由于肺内压的周期性交替升降，造成肺内压与大气压之间的压力差，是决定气流方向的动力。

链 接

人 工 呼 吸

在溺水、触电、煤气中毒、自缢等情况下，可以引起人呼吸停止。一个人呼吸停止数分钟便会有生命危险，但如果对患者正确进行人工呼吸，将有起死回生的可能。到底什么是人工呼吸呢？在自然呼吸停止时，可用人为的方法建立肺内压与大气压之间的压力差，以维持肺通气，这就是人工呼吸，是对呼吸骤停患者进行抢救的一种常用方法。人工呼吸分为正压法和负压法两类。施以正压引起吸气的人工呼吸为正压人工呼吸，施以负压引起吸气的人工呼吸为负压人工呼吸。例如，口对口人工呼吸为正压人工呼吸，节律性地举臂压背或挤压胸廓为负压人工呼吸，临床用的人工呼吸机可实施正压或负压人工呼吸。另外，还有简便易行的口对口人工呼吸、俯卧压背和仰卧压胸法等。

案例 5-2　男性，20 岁。右前胸被刀刺伤后出现胸闷，呼吸困难，面色苍白，被紧急送入医院急诊科。体格检查：右前胸第 5 肋间有一 2cm 的创口，呼吸时可听到空气进出的声音，气管和心脏向健侧移位，患侧胸部叩诊呈鼓音，听诊呼吸音消失。胸部 X 线检查：右侧肺明显萎陷，气管和心脏等纵隔器官向左偏移。临床诊断：开放性气胸。

问题： 1. 胸膜腔负压是怎么形成的？有什么生理意义？

2. 为什么患者出现了右侧肺明显萎陷及气管、心脏等纵隔器官向左偏移？

4. 胸膜腔内压　胸膜腔是由胸膜脏层与壁层构成的密闭、潜在的腔隙。腔内无气体只有少量浆液起润滑作用。呼吸时，浆液可减少两层胸膜之间的摩擦，因浆液量很少还能使两层之间相互紧贴，保证肺能随胸廓的运动而运动。胸膜腔内的压力称为胸膜腔内压。测量结果表明，正常人平静呼吸的全过程胸膜腔内压都低于大气压，即胸膜腔内为负压，简称胸内负压。正常成人平静呼气末胸膜腔内压为 −5～−3mmHg，平静吸气末为 −10～−5mmHg

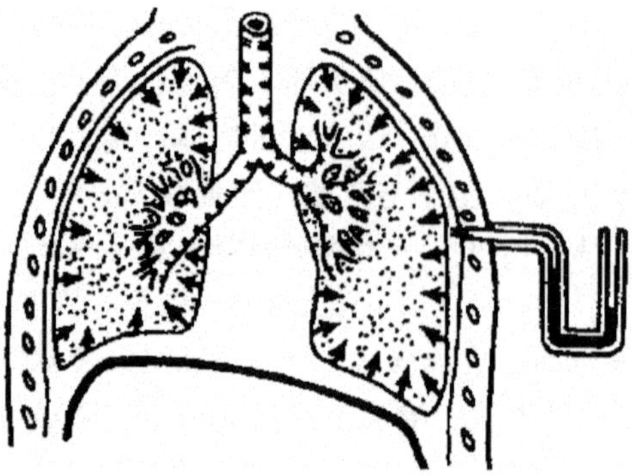

图 5-2 胸膜腔负压直接测量

（图 5-2）。

（1）胸膜腔负压的形成：从胎儿出生后第一次呼吸开始，肺即被牵张而扩张。在生长发育过程中，胸廓的发育比肺快，胸廓经常牵引肺处于扩张状态，而肺具有一定的回缩力。因此，胸膜腔就受到两种力的作用：一是使肺泡扩张的肺内压；二是使肺泡缩小的肺回缩力。胸膜腔内实际的压力是肺内压减去肺回缩力，即：胸膜腔内压＝肺内压－肺回缩力。在吸气末或呼气末，肺内压等于大气压，则：胸膜腔内压＝大气压－肺回缩力。若视大气压为 0，则：胸膜腔内压＝－肺回缩力。由此可见，胸膜腔内压是由肺的回缩力形成的。

（2）胸膜腔负压的生理意义：维持肺的扩张状态；降低中心静脉压和胸导管内压，有利于静脉血和淋巴液回流；在呼吸运动和肺通气之间起偶联作用。

◎ 考点提示：形成胸内负压的主要力量及其生理意义

链 接

气 胸

在外伤或疾病等原因导致胸壁或肺破裂时，胸膜腔的密闭性受到破坏，空气将立即由外界或肺泡进入胸膜腔内，形成气胸。发生气胸时，肺将靠自身弹性回缩力而塌陷，此时胸膜腔负压减小，甚至消失，肺因回缩力而萎陷，不再随呼吸运动而扩张和缩小，同时血液和淋巴回流受阻。严重气胸可因肺通气功能和循环功能障碍而危及生命。

（二）肺通气的阻力

肺通气过程中所遇到的阻力为肺通气的阻力，包括弹性阻力和非弹性阻力。平静呼吸时，前者约占总阻力的 70%，后者约占 30%。

1. 弹性阻力　是指弹性体受到外力作用变形时所产生的一种对抗变形的力。肺和胸廓是弹性体，所以都会产生弹性阻力。胸廓弹性阻力的临床意义小，本书中不作介绍。肺弹性阻力约 1/3 来自肺泡壁弹性纤维的回缩力，2/3 来自肺泡表面张力。肺泡表面张力是指肺泡内液－气界面使肺泡表面积缩小的力。正常在液－气界面之间还分布着单分子层的肺泡表面活性物质。它是由肺泡壁Ⅱ型细胞分泌的，主要成分是二棕榈酰卵磷脂。其作用：①能降低肺泡表面张力，减小吸气阻力，有利于肺的扩张；②防止肺泡内液体积聚；③通过调整肺泡的表面张力，维持大小肺泡的容积及内压的相对稳定。胎儿在六七个月或以后，肺泡Ⅱ型细胞才开始合成和分泌肺表面活性物质，因此，早产儿可因缺乏肺表面活性物质而出现新生儿呼吸窘迫综合征，导致死亡。成人患肺充血、肺血栓等疾病时，也可因肺表面活性物质减少而发生肺不张。

肺和胸廓弹性阻力的大小难以测定，因此通常用顺应性来表示。顺应性是指在外力作用下弹性组织的可扩张性。弹性阻力小，容易扩张则顺应性大；弹性阻力大，不容易扩张则顺应性小。可见顺应性与弹性阻力呈反变关系。如肺充血、肺水肿及肺纤维化时，肺弹性阻力增大，顺应性小，表现为吸气极为困难。

◎ 考点提示：顺应性与弹性阻力的关系

2. 非弹性阻力　主要指气流通过呼吸道时的摩擦阻力。包括气道阻力、惯性阻力和黏滞阻力，其中气道阻力占非弹性阻力的80%～90%，而正常情况下，惯性阻力和黏滞阻力较小可以忽略不计。气道阻力是指气流通过呼吸道时，气体分子之间以及气体分子与管道之间的摩擦力。随气体的流速、气流形式和呼吸道口径大小而变化，但主要取决于呼吸道口径。支气管平滑肌受自主神经支配，吸气时交感神经兴奋，使支气管平滑肌舒张；呼气时迷走神经兴奋，支气管平滑肌收缩。故呼吸道阻力随呼气运动而发生周期性变化。吸气时气道口径增大，阻力变小；呼气时气道口径变小，阻力增大。支气管哮喘患者发作时，就是因为支气管平滑肌痉挛，气道口径减少，气道阻力明显增大，从而出现严重的呼吸困难，临床上可用支气管解痉药缓解。

链　接

支气管哮喘

支气管哮喘是以变态反应为主的呼吸道慢性病变，患者呼吸道对刺激性物质很敏感，引发支气管平滑肌痉挛。发病机制主要是具有过敏体质的人接触抗原后，机体产生抗体，当再次接触抗原时，产生变态反应。肥大细胞和嗜碱性粒细胞释放组胺、过敏性慢反应物质等，使支气管平滑肌收缩。支气管壁内炎症细胞释放多种炎性物质，使支气管黏膜水肿、腺体分泌增加。由于呼吸道口径变小，肺通气阻力增大，产生呼气性呼吸困难。另外，由于夜间睡眠时以迷走神经兴奋为主，所以支气管哮喘大都发作于午夜。临床护理工作中应予以重视。

二、肺容量与肺通气量

肺容量和肺通气量是衡量肺通气功能的指标，在不同状态下，气量有所不同。

（一）肺容量

肺容量是指肺所容纳的气体量。其数值可用肺量计测定（图5-3）。

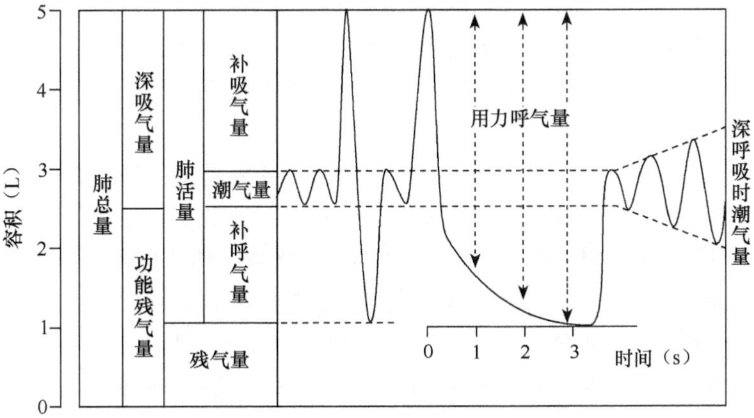

图5-3　肺容量描记图

1. 潮气量　每次呼吸时吸入或呼出的气量称为潮气量。潮气量可随呼吸的幅度而变化。正常成人平静呼吸时，潮气量为400～600ml，平均约500ml。

2. 补吸气量　平静吸气末，再尽力吸气所能增加吸入的气量称为补吸气量。正常成人补吸气量为1500～1800ml。

3. 补呼气量　平静呼气末，再尽力呼气所能增加呼出的气量称为补呼气量。正常成人为900～1200ml。

4. 残气量和功能残气量　最大呼气后仍残留在肺内不能被呼出的气量称为残气量。正常成人为1000～1500ml。支气管哮喘和肺气肿的患者，残气量增大。平静呼气末存留在肺内的气量称为功能残气量。即补呼气量与残气量之和，正常成人约2500ml。肺气肿患者功能残气量增多，而肺实质性病变功能残气量减少。

5. 肺活量和时间肺活量　最大吸气后，再尽力呼气所能呼出的最大气量称为肺活量。它是潮气量、补吸气量与补呼气量之和。其数值有较大的个体差异，与年龄、性别、身材、呼吸肌强弱等有关。正常成年男性平均值约为3500ml，女性约为2500ml。肺活量的大小反映了一次通气的最大能力，在一定程度上可作为衡量肺通气功能的指标。但由于测定时不限时间，有时不能完全反映肺通气功能的好坏。如肺通气功能有障碍的患者，可通过延长呼气时间，使肺活量仍能达到正常范围。时间肺活量是指最大吸气后用力做最大速度的呼气，测定一定时间内所能呼出的气量，通常用第1、2、3秒内呼出气量占肺活量的百分数来表示。正常成人第1、2、3秒末所呼出的气量分别占肺活量的83%、96%、99%，其中第1秒末的时间肺活量意义最大，低于60%属于不正常。此指标不仅能反映肺活量的大小，还能反映肺组织的弹性状态和气道的通畅程度，如肺纤维化、哮喘等阻塞性肺部疾病的患者，时间肺活量明显降低。

6. 肺总量　肺所容纳的最大气量称为肺总量。它是肺活量和残气量之和，正常成人男性为平均约5000ml，女性约为3500ml。

◎ 考点提示：潮气量和肺活量

（二）肺通气量

1. 每分通气量　是指每分钟吸入肺或呼出肺的气体总量，简称每分通气量。每分通气量＝潮气量×呼吸频率。正常成人安静时潮气量约为0.5L，呼吸频率为每分钟12～18次，则每分通气量为6.0～9.0L。剧烈运动时，每分通气量增加可达到70～120L。最大限度地做深而快的呼吸时，每分钟所能吸入或呼出的最大气量称为最大随意通气量，它可反映在连续通气状态下肺的最大通气能力和储备能力，从而反映受试者能从事或胜任的活动强度。

2. 每分肺泡通气量

（1）无效腔：有解剖无效腔和肺泡无效腔。解剖无效腔是指从鼻至终末细支气管气道内不参与肺泡与血液之间气体交换的气道，正常约150ml；而肺泡无效腔是指进入肺泡的气体未能与血液进行气体交换的肺泡气体量，正常人为零。解剖无效腔和肺泡无效腔合称为生理无效腔。

（2）每分肺泡通气量：是指每分钟进肺泡或出肺泡的有效通气量，简称肺泡通气量。由于无效腔的存在，所以每次吸入的气体总有一部分存留在无效腔不能够到达肺泡。肺泡通气量＝（潮气量－无效腔气量）×呼吸频率。当呼吸深度和频率改变时，对肺通气量和肺泡通气量影响不同（表5-1）。

表5-1　不同呼吸频率和潮气量时的每分肺通气量和肺泡通气量

呼吸频率（min）	潮气量（ml）	肺通气量（ml/min）	肺泡通气量（ml/min）
12	500	6000	4200
24	250	6000	2400
6	1000	6000	5100

由此可见，深而慢的呼吸比浅而快的呼吸气体交换效率高

◎ 考点提示：肺通气量和肺泡通气量的计算公式

第二节 气体交换

气体交换是指肺泡与血液之间以及血液与组织细胞之间 O_2 和 CO_2 的交换，分别称肺换气和组织换气。

一、气体交换的原理

肺换气和组织换气的交换原理是相同的，都是以扩散形式来实现的。气体扩散的方向是气体由分压高处向分压低处移动，直到动态平衡。故分压差是气体扩散的动力，并决定气体扩散的方向。在呼吸过程中，肺泡、血液和组织各处的 O_2 和 CO_2 分压不同（表 5-2）。

表 5-2 肺泡、血液和组织液内 O_2 和 CO_2 分压（mmHg）

	肺泡气	静脉血	动脉血	组织液
PO_2	102	40	100	30
PCO_2	40	46	40	50

◎ 考点提示：气体交换的动力和方向

二、气体交换的过程

（一）肺换气

当静脉血流经肺毛细血管时，静脉血 PO_2 是 40mmHg，比肺泡气的 $PO_2$102mmHg 低，因此肺泡气中的 O_2 便向静脉血扩散，使血液中 PO_2 逐渐升高，最后接近肺泡气的氧分压。静脉血中的 PCO_2 是 46mmHg 高于肺泡气的 $PCO_2$40mmHg，所以 CO_2 由静脉血向肺泡气中扩散。经肺泡气体交换后，静脉血变为动脉血（图 5-4）。

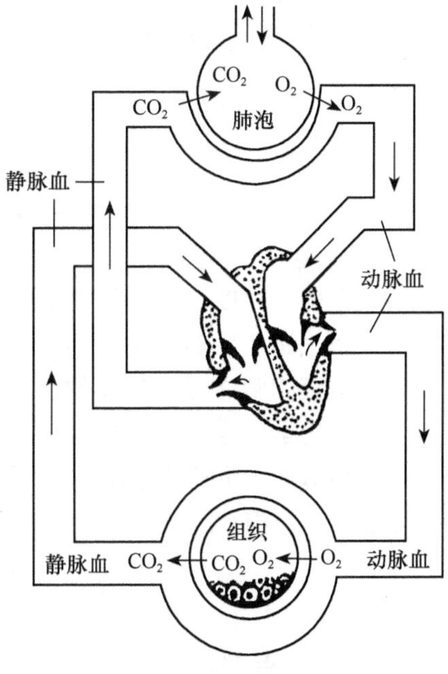

图 5-4 气体交换

（二）组织换气

在组织中，由于组织细胞新陈代谢不断消耗 O_2，并产生 CO_2，所以组织中 PO_2 为 30mmHg 较动脉血 $PO_2$100mmHg 低，而组织中 PCO_2 高达 50mmHg 较动脉血 $PCO_2$40mmHg 高。所以当动脉血流经组织时，O_2 顺分压差由动脉血向组织细胞扩散，CO_2 则由组织细胞向动脉血扩散，结果使动脉血变成静脉血（图 5-4）。

三、影响肺换气的因素

（一）呼吸膜的厚度和面积

肺泡与肺毛细血管之间进行气体交换时通过的结构称为呼吸膜。正常呼吸膜由六层结构组成（图 5-5）：①肺泡表面活性物质层；②液体分子层；③肺泡上皮细胞层；④肺泡与毛细血管之间的间质层；⑤毛细血管基膜层；⑥毛细血管内皮细胞层。这六层结构总厚度不到 1μm，有的

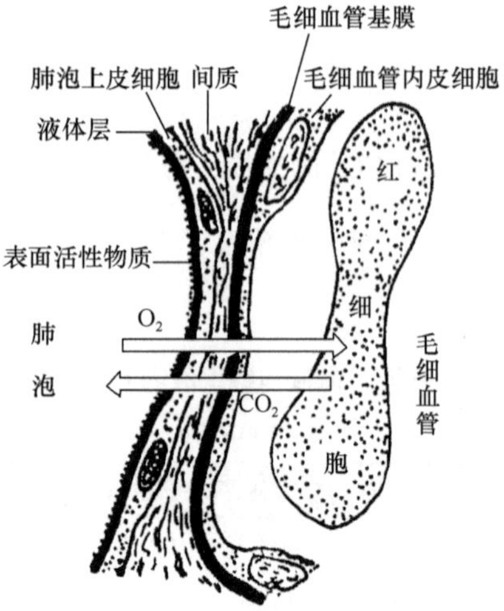

图 5-5 呼吸膜结构

部位仅 0.2μm，故通透性很大，气体分子很容易通过。正常人肺约 3 亿多个肺泡，扩散总面积约 $70m^2$。安静时，能进行交换的面积约为 $40m^2$，运动时扩散面积可多达 $70m^2$。

气体扩散速率与呼吸膜厚度成反比，与呼吸膜面积成正比。病理情况下，呼吸膜增厚（如肺纤维化、肺水肿等）或呼吸膜面积减小（如肺气肿、肺不张等），气体交换速度减小。

◎ 考点提示：气体扩散速率与呼吸膜厚度和面积的关系

（二）通气 / 血流比值

每分钟肺泡通气量（V）与每分钟肺血流量（Q）的比值，称为通气 / 血流比值（V/Q）。正常成人安静时约为 4.2/5＝0.84。保持比值为 0.84 时，肺泡通气量和肺血流量比例适当，气体交换效率高。若比值＞0.84，说明通气过剩或血流不足，有部分肺泡气未能与血液进行气体交换，出现肺泡无效腔增大；若比值＜0.84，则说明通气不足或血流过剩，部分血液流经通气不良的肺泡，静脉血中的气体未能得到充分更新，没有变成动脉血就流回心脏，形成了功能性动 - 静脉短路。由此可见，无论通气 / 血流比值增大或减小，气体交换效率都会降低。

◎ 考点提示：呼吸膜和通气 / 血流比值公式

第三节　气体在血液中的运输

在呼吸过程中，肺换气摄取的 O_2，必须通过血液循环运输到达机体各组织器官供细胞利用；细胞代谢产生的 CO_2 经组织换气进入血液后，也必须经血液循环运输到达肺部排出体外。因此，血液担负着运输气体的任务。O_2 和 CO_2 在血液中的运输形式有物理溶解和化学结合两种，其中化学结合为主要的运输方式。物理溶解的量很少，但很重要。因为进入血液的气体必须先有溶解才能进行化学结合；而且，气体释放时也必须从化学结合状态解离成溶解状态，然后才能离开血液。

一、O_2 的运输

（一）物理溶解

O_2 在血液中溶解的量很少，每 100ml 血液中仅溶解 0.3ml，占血液运输 O_2 总量的 1.5%。

（二）化学结合

化学结合是 O_2 运输的主要形式。血红蛋白是运输 O_2 的工具。当血液中氧分压升高时，血红蛋白中的 Fe^{2+} 与氧结合，形成氧合血红蛋白（HbO_2）；氧分压降低时，HbO_2 解离形成去氧血红蛋白（Hb）和氧。

$$Hb + O_2 \underset{PO_2\text{降低（肺部）}}{\overset{PO_2\text{增高（肺部）}}{\rightleftharpoons}} HbO_2$$

此反应特点：①反应快，可逆，不需酶的催化，反应方向取决于PO_2的高低；②该反应为氧合反应（因HbO_2中的Fe^{2+}仍保持低铁状态）而不是氧化反应；③氧合血红蛋白（HbO_2）呈鲜红色，而去氧血红蛋白（Hb）呈暗蓝色。动脉血氧合血红蛋白含量较多，呈鲜红色；静脉血去氧血红蛋白含量较多，呈暗红色。患肺炎或心功能不全等疾病而发生气体交换障碍时，血液中去氧血红蛋白的含量增多。如每升血液中去氧血红蛋白的含量达到50g以上时，则在毛细血管丰富的部位（如口唇或甲床等）呈现紫蓝色，称发绀。发绀是缺氧的指征之一。

◎ 考点提示：O_2在血液中的主要运输形式；发绀

链 接

CO中毒

CO和血红蛋白（Hb）亲和力是O_2的210倍。当环境中CO浓度稍有提高，CO与Hb就很容易地结合，形成一氧化碳血红蛋白（HbCO），使氧合血红蛋白（HbO_2）下降，造成机体严重缺O_2，称为CO中毒。CO中毒的患者，虽然缺氧但无发绀，口唇皮肤黏膜呈樱桃红色（HbCO为樱桃红色），同时伴有头痛、头晕、四肢无力，严重时昏迷，甚至死亡。遇有CO中毒患者时，应立即使患者脱离CO中毒环境（开窗通风或搬离事发地），让其呼吸新鲜空气改善缺氧状态，严重者立即送往医院抢救。

二、CO_2的运输

（一）物理溶解

CO_2在血液中的溶解度比O_2大。每升静脉血液中溶解的CO_2为30ml，约占CO_2总运输量的5%。

（二）化学结合

化学结合约占CO_2运输总量的95%，其中88%是形成碳酸氢盐，还有7%是形成氨基甲酸血红蛋白。

1. 碳酸氢盐　当血液流经组织时，CO_2由组织扩散进入血浆，血浆中的CO_2大部分进入红细胞。在碳酸酐酶作用下，CO_2迅速与H_2O结合形成H_2CO_3，H_2CO_3进一步解离HCO_3^-和H^+。在此反应中，红细胞内产生的HCO_3^-浓度不断增加，大部分HCO_3^-顺浓度梯度通过红细胞膜扩散进入血浆形成$NaHCO_3$，少部分在红细胞内形成$KHCO_3$。由于HCO_3^-进入血浆使红细胞内负离子减少，于是血浆中Cl^-向细胞内转移替换HCO_3^-，以维持细胞内外电平衡，这一现象成为氯转移。上述反应中产生的H^+，大部分与Hb结合形成HHb。在肺部，反应向相反方向进行。

2. 氨基甲酸血红蛋白　进入红细胞内的CO_2还有一少部分与Hb的自由氨基结合形成氨基甲酸血红蛋白（HbNHCOOH）。此反应无需酶催化，而且迅速、可逆。参见CO_2在血液中的运输（图5-6）。

◎ 考点提示：CO_2在血液中的主要运输形式

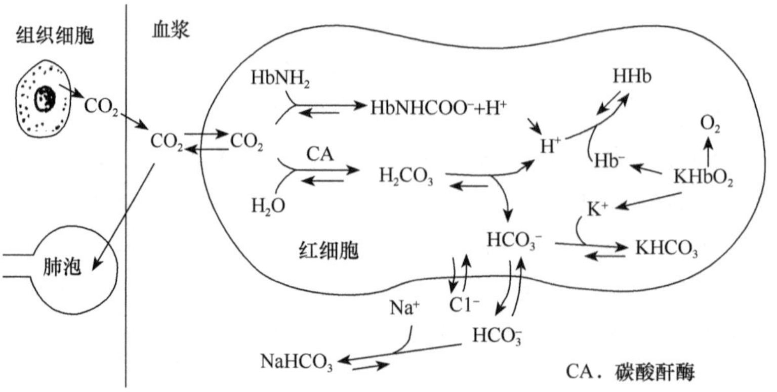

图 5-6　CO_2 在血液中的运输

第四节　呼吸运动的调节

呼吸运动是一种节律性活动。呼吸的深度和频率随机体状态的不同而改变以适应机体代谢的需要。呼吸运动的这种适应性变化主要依赖于中枢神经系统的调节和控制。

一、呼 吸 中 枢

呼吸中枢是指中枢神经系统内产生和调节呼吸运动的神经细胞群，分布在大脑皮质、脑干和脊髓等部位，各级中枢对呼吸运动的产生和调节起着不同作用，正常呼吸运动是在各级呼吸中枢的相互配合下实现的。

（一）脊髓

脊髓中支配呼吸肌的运动神经元位于脊髓前角，它们发出膈神经和肋间神经分别支配膈肌和肋间肌。动物实验证明，在动物的延髓和脊髓间横断，则呼吸停止。可见脊髓不能产生呼吸节律，它是联系上位脑与呼吸肌的中继站和整合某些呼吸反射的初级中枢。

（二）延髓

在延髓网状结构中存在支配呼吸运动的两组神经元。一组主要集中在延髓的背内侧，兴奋时产生吸气；另一组主要集中在延髓的腹侧，兴奋时产生呼气。故两者分别被称为吸气中枢和呼气中枢。动物实验证明，延髓破坏后呼吸运动立刻停止。这说明，延髓是呼吸运动的基本中枢。若破坏实验动物延髓以上脑组织，虽然呼吸运动仍可维持，但多是喘息样呼吸。表现为呼气时间延长，吸气突然发生，又突然停止。说明正常呼吸节律有赖于延髓以上呼吸中枢的参与。

（三）脑桥

若保留脑桥和延髓的动物，呼吸能基本维持正常节律和频率，所以脑桥是呼吸调整中枢，其作用是限制吸气，促使吸气向呼气转换，防止过深过长的吸气，加快呼吸频率，维持正常的呼吸节律。

由上述可知，正常呼吸节律的形成是延髓和脑桥呼吸中枢互相配合、共同作用的结果。

（四）大脑皮质对呼吸运动的调节

大脑皮质可以随意控制呼吸运动，如人在说话、唱歌、吹奏乐器、吞咽、排便时，都可在一定限度内随意屏气或加强、加快呼吸，以保证呼吸的同时完成其他相关活动。

◎考点提示：呼吸的基本中枢及各级呼吸中枢在调节呼吸运动中的作用

二、呼吸运动的反射性调节

呼吸运动可因机体受到各种刺激而发生反射性的加快、加强或是受到抑制。例如，伤害性刺激、冷刺激等都可反射性的影响呼吸运动。下面介绍几种重要的呼吸反射。

（一）化学感受性呼吸反射

动脉血、组织液或脑脊液中PO_2、PCO_2和H^+浓度变化时，通过化学感受器反射性地引起呼吸运动变化，称为化学感受性呼吸反射。化学感受器有两种：一类是位于颈动脉体和主动脉体，感受血液中PO_2、PCO_2和H^+浓度变化的叫外周化学感受器；另一类是位于延髓呼吸中枢附近，感受脑脊液中H^+浓度变化的叫中枢化学感受器。

1. CO_2对呼吸运动的调节　CO_2是调节呼吸运动的最重要生理刺激因素。在麻醉动物或人，动脉血中PCO_2降得很低时可发生呼吸暂停。当吸入气中CO_2在一定范围内（2%～4%）增加时，可使呼吸加深加快，肺通气量增加，使CO_2排出增加，保证动脉血中PCO_2接近正常水平；但当吸入气CO_2含量过高（超过7%）时，肺通气量不能相应增加，动脉血中PCO_2显著升高，导致中枢神经系统包括呼吸中枢抑制，引起呼吸困难、头痛、头晕，甚至昏迷。总之，在一定范围内，动脉血PCO_2的升高，可加强对呼吸的刺激作用，但超过一定限度则有抑制和麻醉效应。CO_2对呼吸的作用是通过中枢化学感受器和外周化学感受器两条途径实现的，但以中枢化学感受器的作用为主。当血液中PCO_2升高时，CO_2能通过血－脑屏障与脑脊液中的H_2O反应生成H_2CO_3，然后解离出H^+，刺激中枢化学感受器而兴奋呼吸中枢。

◎考点提示：CO_2对呼吸的影响

2. H^+对呼吸运动的调节　动脉血中H^+浓度升高时，呼吸运动加深加快，肺通气量增加；反之，则呼吸抑制。由于H^+不易透过血－脑屏障，限制了它对中枢化学感受器的作用，故血中H^+浓度升高引起呼吸增强主要是通过外周化学感受器发挥作用。

◎考点提示：H^+浓度对呼吸的影响

链接

陈－施呼吸的产生机制

陈－施呼吸又称潮式呼吸，其特点是呼吸逐渐增强增快又逐渐减弱减慢与呼吸暂停交替出现，每个周期约45秒到3分钟。产生原因是因为某种原因使呼吸受到刺激时（如心力衰竭或脑干损伤患者），肺通气量增加，呼出过多的CO_2，使肺泡、血液中PCO_2下降，此低PCO_2的血液进入脑部，使呼吸中枢抑制，呼吸变慢变浅甚至停止。呼吸的抑制又使CO_2排出减少，使肺泡、血中及脑部PCO_2升高，又刺激呼吸中枢，引起呼吸变快变深，再次使PCO_2下降，呼吸再次受到抑制。如此周而复始地进行，即是病理性的周期性呼吸。

3. 低氧对呼吸运动的调节　当动脉血中PO_2降至80mmHg以下时，可兴奋呼吸中枢，使呼吸加强。实验表明，低O_2对呼吸运动的调节完全是依靠外周化学感受器起作用。而低氧对呼吸中枢的直接作用是抑制。轻度缺O_2可以通过对外周化学感受器的刺激而兴奋呼吸中枢，但严重缺O_2时，外周化学感受器的兴奋作用对抗不了低 O_2 对呼吸中枢的直接抑制作用，可使呼吸减弱，甚至停止。

◎ 考点提示：低氧对呼吸的影响

链 接

吸氧必知

吸氧治疗是纠正缺氧的一项有效措施。氧气治疗的目的是提高肺泡内氧浓度或氧分压，改善机体缺氧状态。给缺氧患者吸氧时氧气浓度是越高越好吗？针对不同疾病需采取不同措施。急性呼吸衰竭如呼吸、心搏骤停、急性呼吸窘迫综合征、急性中毒（如一氧化碳中毒即煤气中毒）呼吸抑制等，必须分秒必争地使用高浓度或纯氧进行抢救。而慢性支气管炎、肺气肿、肺心病等，也称慢性阻塞性肺病的患者，常伴有低 O_2 和 CO_2 潴留。长时间的 CO_2 潴留使中枢化学感受器对 CO_2 的刺激作用产生耐受，而此时低 O_2 通过刺激外周化学感受器使呼吸中枢兴奋成为调节呼吸运动的主要因素。因此，这类患者吸氧时不能给纯氧，应低浓度持续给氧，以免突然解除低氧对呼吸的刺激导致呼吸抑制。

（二）肺牵张反射

在麻醉动物的实验中发现，肺扩张或向肺内充气可引起吸气活动抑制，而肺萎陷或从肺内抽气则可引起吸气活动加强。切断迷走神经后上述反应消失，说明该现象是由迷走神经参与的反射性反应。肺牵张反射是指由肺的扩张和缩小所引起的反射性呼吸调节。其反射过程是：当吸气时肺扩张，气道受到牵拉而随之扩张，使位于支气管和细支气管内的感受器兴奋，冲动沿迷走神经传入延髓呼吸中枢，抑制吸气神经元活动，使吸气转向呼气。当呼气时肺缩小，肺牵张感受器受到刺激减弱，传入冲动减少，吸气神经元抑制解除，吸气神经元再次兴奋，出现吸气。

肺牵张反射有种属差异，其中兔的肺牵张反射最明显，而人在平静呼吸时不明显，但在病理情况下，如肺水肿、肺纤维化时，肺的顺应性降低，肺牵张反射才会起作用。肺牵张反射的作用是：使吸气不致过长、过深，促使吸气及时转向呼气，属于负反馈调节。它的生理意义在于与脑桥的呼吸调整中枢共同调节呼吸的频率和深度，形成基本呼吸节律。

◎ 考点提示：肺牵张反射的概念和生理意义

（三）呼吸肌本体感受性反射

呼吸肌本体感受性反射是指当呼吸道阻力增大时，呼吸肌收缩阻力增加，使肌梭感受器兴奋，传入冲动使脊髓吸气肌运动神经元兴奋，引起呼吸运动加强。

（四）防御性呼吸反射

防御性呼吸反射是指当呼吸道受到机械性或化学性刺激时，可兴奋分布于呼吸道黏膜上皮内的感受器，而引起喷嚏反射、咳嗽反射等防御性反射，以清除刺激物，避免其进入肺泡。

目标检测

一、填空题

1. 人体的呼吸过程由外呼吸、______ 和 ______ 组成。
2. 外呼吸包括 ______ 和 ______ 两个方面。
3. 肺通气的直接动力是 ______，原动力是 ______。
4. 参与平静呼吸的呼吸肌有 ______ 和 ______。
5. 平静呼吸时，______ 是主动的，______ 是被动的。
6. 胸式呼吸以 ______ 舒缩为主，腹式呼吸以 ______ 舒缩为主。
7. 在吸气过程中，肺内压 ______ 大气压；胸内压

______ 大气压。

8. 肺泡表面活性物质是由 ______ 分泌的，其主要成分是 ______。
9. 肺泡表面活性物质能 ______ 肺泡表面张力，肺泡表面活性物质减少时，易发生 ______。
10. 肺弹性阻力有两个来源，即 ______ 和 ______。
11. 安静状态时，每分钟通气量等于 ______ 和 ______ 乘积。
12. 肺通气的阻力可分为 ______ 和 ______。
13. 功能残气量是 ______ 与 ______ 之和。
14. 决定每分钟肺泡通气量的因素有潮气量、______、______。
15. 正常人静息时，通气 / 血流比值为 ______，比值增大，说明换气效率 ______。
16. 如果毛细血管中去氧 Hb 含量超过 ______，黏膜、甲床或皮肤将呈紫蓝色，称为 ______。
17. 氧气在血液中的主要运输形式是 ______，二氧化碳在血液中的主要形式是 ______。
18. 调节呼吸运动的外周化学感受器是指 ______ 和 ______。
19. 当动脉血中二氧化碳浓度 ______，氧分压 ______ 时，均可使呼吸运动加强。
20. 呼吸运动的基本中枢在 ______，调整中枢在 ______。

二、单项选择题

A 型题

1. 广义的呼吸指（　　）
   A. 呼气和吸气之和
   B. 气体进出肺的过程
   C. 肺泡与血液间的气体交换过程
   D. 机体与环境之间的气体交换过程
   E. 血液与组织之间气体交换过程
2. 肺通气指（　　）
   A. 肺与血液之间的气体交换
   B. 外界环境与气道间的气体交换
   C. 肺与外环境之间的气体交换
   D. 外界 O_2 进入肺的过程
   E. 肺泡中 CO_2 排至外环境的过程
3. 实现肺通气的结构是（　　）
   A. 呼吸道　　B. 肺泡
   C. 胸廓　　D. 呼吸道和肺泡
   E. 呼吸道、肺泡和胸廓
4. 肺通气的直接动力是（　　）
   A. 呼吸运动
   B. 胸内压的变化
   C. 胸内压与肺内压之差
   D. 肋间内肌与外肌的收缩程度
   E. 肺泡与外界环境之间的压力差
5. 参与平静呼吸的肌肉是（　　）
   A. 膈肌与腹壁肌
   B. 肋间外肌与肋间内肌
   C. 肋间外肌与膈肌
   D. 肋间内肌与膈肌
   E. 肋间外肌与腹壁肌
6. 有关平静呼吸的叙述，错误的是（　　）
   A. 吸气时肋间外肌收缩
   B. 吸气时膈肌收缩
   C. 呼气时肋间内肌收缩
   D. 呼气时胸廓自然回位
   E. 吸气是主动的过程
7. 人工呼吸的原理是人为地造成（　　）
   A. 肺内压与胸膜腔内压的压力差
   B. 肺内压与大气压的压力差
   C. 腹内压与大气压的压力差
   D. 胸膜腔内压与大气压的压力差
   E. 肺内压与腹内压的压力差
8. 有关胸膜腔内压的叙述，正确的是（　　）
   A. 胸膜腔内存有少量气体
   B. 有利于胸腔内静脉血回流
   C. 在呼吸过程中胸膜腔内压无变化
   D. 胸膜腔内压大于肺回缩力
   E. 气胸时胸膜腔内压为负压
9. 胸膜腔负压形成的主要原因是（　　）
   A. 肺回缩力
   B. 肺泡表面张力
   C. 气道阻力
   D. 吸气肌收缩
   E. 无效腔的存在

10. 维持胸膜腔负压的必要条件是（　　）
A. 吸气肌收缩　B. 呼气肌收缩
C. 胸膜腔密闭　D. 肺内压高于大气压
E. 肺内压低于大气压

11. 平静呼吸过程中，胸膜腔负压最大值（绝对值）出现在（　　）
A. 呼气中　B. 呼气末
C. 吸气中　D. 吸气末
E. 吸气初

12. 平静呼气末胸膜腔内压（　　）
A. 高于大气压　B. 等于大气压
C. 低于大气压
D. 比吸气中期负压绝对值大
E. 比吸气末期负压绝对值大

13. 肺通气所遇到的弹性阻力来自（　　）
A. 胸廓　B. 肺的弹性纤维
C. 肺组织和胸廓　D. 肺泡表面张力
E. 气道

14. 下列关于肺泡表面活性物质的叙述，错误的是（　　）
A. 由肺泡Ⅱ型细胞合成和分泌
B. 有助于维持肺泡的稳定性
C. 减少时可引起肺不张
D. 增加时可引起肺弹性阻力增大
E. 可阻止血管内水分进入肺泡

15. 关于肺顺应性的叙述，错误的是（　　）
A. 表示为外力作用下肺的可扩展性
B. 容易扩张的肺，顺应性大
C. 可用单位压力引起的容积变化来衡量
D. 与弹性阻力呈反变关系
E. 与非弹性阻力成正变关系

16. 下列情况下能使肺的静态顺应性增加的是（　　）
A. 气道阻力减小　B. 气道阻力增加
C. 肺弹性阻力减小　D. 肺弹性阻力增加
E. 肺表面活性物质减少

17. 肺弹性阻力减小可见于（　　）
A. 肺充血　B. 肺组织纤维化
C. 肺表面活性物质减少　D. 肺水肿
E. 肺气肿

18. 肺的有效通气量是（　　）
A. 每分通气量　B. 肺活量
C. 每分肺泡通气量　D. 潮气量
E. 最大通气量

19. 新生儿肺表面活性物质缺乏常引起（　　）
A. 肺栓塞　B. 休克肺
C. 肺炎　D. 呼吸窘迫综合征
E. 肺泡蛋白质沉积症

20. 非弹性阻力主要来源于（　　）
A. 气道阻力　B. 肺泡表面张力
C. 组织黏滞阻力　D. 肺回缩力
E. 惯性阻力

21. 下列情况中能使呼吸道口径增大的是（　　）
A. 交感神经兴奋　B. 副交感神经兴奋
C. 组胺释放　D. 内皮素释放
E. 前列腺素 $F_{2\alpha}$ 释放

22. 能使气道平滑肌舒张的化学因素是（　　）
A. 乙酰胆碱　B. 内皮素
C. 组胺　D. 前列腺素 E_2
E. 慢反应物质

23. 尽力吸气后再做最大呼气所能呼出的气量是（　　）
A. 补吸气量　B. 补呼气量
C. 深吸气量　D. 残气量
E. 肺活量

24. 下列有关肺总量的叙述，错误的是（　　）
A. 其大小因年龄和性别而异
B. 其大小与体型、运动锻炼情况有关
C. 是指肺所能容纳的最大气量
D. 其大小因体位变化而异
E. 是肺活量与功能残气量之和

25. 某人的肺通气量为7500ml/min，呼吸频率为20/min，每分心输出量为5L，无效腔容量为150ml，其通气与血流比为（　　）
A. 100%　B. 120%
C. 90%　D. 64%
E. 30%

26. 肺活量等于（　　）

A. 补吸气量＋潮气量
B. 补呼气量＋潮气量
C. 深吸气量＋残气量
D. 补吸气量＋残气量
E. 深吸气量＋补呼气量

27. 能较好评价肺通气功能的指标是（　　）
A. 潮气量　　B. 功能残气量
C. 肺活量　　D. 补呼气量
E. 时间肺活量

28. 若呼吸频率从12/min增加到24/min，潮气量从500ml减少到250ml，则（　　）
A. 肺泡通气量减少　　B. 肺通气量减少
C. 肺泡通气量不变　　D. 肺泡通气量增加
E. 肺通气量增加

29. 单纯气道狭窄的病人，其（　　）
A. 肺活量和时间肺活量都减少
B. 肺活量和时间肺活量都增大
C. 肺活量减少而时间肺活量正常
D. 肺活量正常而时间肺活量减少
E. 肺活量和时间肺活量均不变

30. 生理无效腔等于（　　）
A. 解剖无效腔＋功能残气量
B. 解剖无效腔＋肺泡无效腔
C. 肺泡无效腔＋残气量
D. 肺泡无效腔＋气管与支气管容量
E. 肺泡无效腔＋鼻咽容量

31. 潮气量为600ml，呼吸频率为15/min，无效腔气量为150ml，则肺泡通气量为每分钟（　　）
A. 9.0L　　B. 42.0L
C. 24.0L　　D. 6.8L
E. 5.0L

32. 下列部位中，O_2分压最高的部位是（　　）
A. 动脉血　　B. 静脉血
C. 组织细胞　　D. 毛细血管
E. 肺泡气

33. PCO_2从低到高的顺序一般为（　　）
A. 呼出气＜组织细胞＜静脉血＜肺泡气
B. 呼出气＜肺泡气＜静脉血＜组织细胞
C. 呼出气＜肺泡气＜组织细胞＜静脉血
D. 静脉血＜呼出气＜肺泡气＜组织细胞
E. 肺泡气＜呼出气＜组织细胞＜静脉血

34. 下列各项中，PO_2最低的是（　　）
A. 呼出气　　B. 吸入气
C. 肺泡气　　D. 动脉血
E. 组织细胞

35. 决定肺部气体交换方向的主要因素是（　　）
A. 气体的溶解度
B. 气体与血红蛋白的亲和力
C. 气体的相对分子质量
D. 气体的分压差
E. 肺泡膜的通透性

36. 气体在1mmHg分压差作用下，每分钟通过呼吸膜扩散的气体毫升数称为（　　）
A. 肺泡通气量　　B. 潮气量
C. 肺扩散容量　　D. 最大通气量
E. 通气/血流比值

37. 关于影响肺换气的因素，错误的是（　　）
A. 气体扩散速率与呼吸膜厚度成反比
B. 气体扩散速率与呼吸膜面积成正比
C. 通气/血流比值增大有利于肺换气
D. 通气/血流比值减小不利于肺换气
E. 气体扩散速率与温度成正比

38. 设某人潮气量为500ml，无效腔容量为150ml，呼吸频率为12/min，心排血量为5L/min，其通气/血流比值为（　　）
A. 1.2　　B. 0.6
C. 0.84　　D. 1.8
E. 3.0

39. 经过肺泡气体交换后（　　）
A. 肺泡内氧含量增高
B. 静脉血中二氧化碳含量增高
C. 静脉血中氧含量减少
D. 动脉血变成静脉血
E. 静脉血变成动脉血

40. 造成肺换气效率下降的可能原因不包括（　　）
A. 肺泡融合　　B. 肺纤维化
C. 通气/血流比值小于0.84
D. 通气/血流比值大于0.84

E. 呼吸膜非常薄

41. 关于气体在血液中运输的叙述，错误的是（　　）

A. O_2 和 CO_2 都以物理溶解和化学结合两种形式存在于血液中

B. O_2 的结合形式是氧合血红蛋白

C. O_2 与血红蛋白结合快、可逆、需要酶催化

D. CO_2 主要以碳酸氢盐形式运输

E. CO_2 和血红蛋白的氨基结合不需酶的催化

42. 下列有关发绀的叙述，错误的是（　　）

A. 1L 血液中去氧血红蛋白量达 50g 以上时，可出现发绀

B. CO 中毒时不出现发绀

C. 贫血时一定出现发绀

D. 高原性红细胞增多症可出现发绀

E. 肺源性心脏病时可出现发绀

43. 基本的呼吸节律产生于（　　）

A. 脊髓　　B. 延髓

C. 脑桥　　D. 中脑

E. 大脑

44. 呼吸调整中枢位于（　　）

A. 脊髓　　B. 延髓

C. 脑桥　　D. 中脑

E. 间脑

45. 横断后仍能保持正常呼吸节律的平面是(　　)

A. 脊髓与延髓之间　　B. 延髓与脑桥之间

C. 脑桥中、下部之间　　D. 脑桥上、中部之间

E. 脑桥与中脑之间

46. 脑桥呼吸调节中枢（PBKF 核群）的主要功能是（　　）

A. 限制吸气，促使吸气向呼气转换

B. 激活延髓呼吸中枢

C. 作为肺牵张反射的中枢

D. 形成基本的呼吸节律

E. 接受迷走神经传入的信息

47. 在脑桥和延髓之间切断脑干，对呼吸的影响是（　　）

A. 对呼吸无影响　　B. 呼吸停止

C. 出现长吸式呼吸　　D. 出现喘息样呼吸

E. 出现急快呼吸

48. 在脑桥的上、中部之间切断脑干，对呼吸的影响是（　　）

A. 对呼吸无影响　　B. 呼吸停止

C. 出现深慢呼吸　　D. 出现喘息样呼吸

E. 出现急快呼吸

49. 贫血患者 Hb 浓度降低，但一般并不出现呼吸加强，这是因为（　　）

A. 颈动脉体血流量代偿性增加

B. 动脉血氧容量正常

C. 动脉血氧含量正常

D. 动脉血 PO_2 正常

E. 颈动脉体化学感受器发生适应

50. 生理情况下，血液中调节呼吸的最重要因素是（　　）

A. CO_2　　B. H^+

C. O_2　　D. OH^-

E. $NaHCO_3$

51. 慢性肺心病患者若吸入纯 O_2 可致呼吸暂停，是因为其呼吸中枢兴奋性的维持主要靠(　　)

A. 高 CO_2 刺激外周化学感受器

B. 高 CO_2 刺激中枢化学感受器

C. 缺 O_2 刺激中枢化学感受器

D. 缺 O_2 刺激外周化学感受器

E. 缺 O_2 直接刺激呼吸中枢

52. 实验中，切断家兔的双侧迷走神经，呼吸运动表现为（　　）

A. 幅度加大，频率减慢

B. 幅度加大，频率加快

C. 幅度减小，频率减慢

D. 幅度减小，频率加快

E. 幅度和频率均无明显变化

53. CO 中毒时，可携带氧的血红蛋白减少，但一般不出现呼吸加强，这是因为（　　）

A. 颈动脉体血流量正常

B. 动脉血氧容量正常

C. 动脉血氧含量正常

D. 动脉血氧分压正常

E. 颈动脉体化学感受器发生适应

54. 下列反射中，与肺顺应性降低时呼吸浅快密切

相关的是（ ）

A. 肺扩张反射 B. 肺萎陷反射

C. 减压反射 D. 化学感受性反射

E. 呼吸肌本体感受性反射

55. 中枢化学感受器（ ）

A. 存在于脑桥呼吸中枢

B. 对脑脊液中氧分压变化敏感

C. 对血液中 H^+浓度变化敏感

D. 可直接感受 CO_2 的变化

E. 可直接感受脑脊液中 H^+浓度变化

56. 动脉血二氧化碳分压缓慢增高对呼吸的兴奋主要通过（ ）

A. 直接刺激呼吸中枢

B. 刺激中枢化学感受器

C. 刺激颈动脉体、主动脉体化学感受器

D. 刺激颈动脉窦、主动脉弓压力感受器

E. 直接兴奋呼吸肌

57. 动脉血中 H^+浓度兴奋呼吸的作用主要是通过（ ）

A. 直接刺激呼吸中枢

B. 刺激中枢化学感受器

C. 刺激颈动脉体、主动脉体化学感受器

D. 刺激颈动脉窦、主动脉弓压力感受器

E. 刺激肺血管化学感受器

58. 人过度通气后可发生呼吸暂停，其主要原因是（ ）

A. 呼吸肌过度疲劳 B. 血中 O_2 分压升高

C. 血中 CO_2 分压降低 D. 血液 pH 过低

E. 血中 O_2 分压降低

B 型题

A. 肺与外界环境之间的气体交换过程

B. 肺泡与肺毛细血管血液之间的气体交换过程

C. 组织毛细血管血液与组织细胞之间的气体交换过程

D. 机体与外界环境之间的气体交换过程

E. 气道与外界环境之间的气体交换过程

1. 肺换气指（ ）

2. 组织换气指（ ）

A. 呼吸肌的舒缩活动

B. 胸膜腔负压的抽吸作用

C. 外界环境与肺泡气之间的压力差

D. 外界环境与血液之间的气体分压差

E. 肺泡气与肺毛细血管血液间的气体分压差

3. 肺换气的动力是（ ）

4. 肺通气的原动力是（ ）

A. 吸气初和呼气初 B. 吸气末和呼气初

C. 呼气初和呼气末 D. 吸气初和吸气末

E. 吸气末和呼气末

5. 肺内压等于大气压的时相是（ ）

6. 胸膜腔负压值最大的时相是（ ）

A. 气道口径增大，肺内压先下降后逐渐升高，胸膜腔内压负值增大

B. 气道口径增大，肺内压先升高后逐渐下降，胸膜腔内压负值减小

C. 气道口径变小，肺内压先下降后逐渐升高，胸膜腔内压负值增大

D. 气道口径变小，肺内压先升高后逐渐下降，胸膜腔内压负值减小

E. 气道口径增大，肺内压先下降后逐渐升高，胸膜腔内压负值减小

7. 吸气过程中（ ）

8. 呼气过程中（ ）

A. 肺的弹性阻力增加，顺应性降低，表现为吸气困难

B. 肺的弹性阻力减小，顺应性增大，表现为吸气困难

C. 肺的弹性阻力增加，顺应性降低，表现为呼气困难

D. 肺的弹性阻力和顺应性均增大，表现为呼气困难

E. 肺的弹性阻力减小，顺应性增大，表现为呼气困难

9. 肺组织纤维化时（ ）

10. 肺气肿时（ ）

A. 补呼气量 B. 深吸气量

C. 时间肺活量 D. 肺泡通气量

E. 功能残气量

11. 能衡量肺最大通气潜力的指标是（ ）

12. 肺的有效通气量是（　　）
    A. 100ml 血液中 O_2 溶解在血浆中的量
    B. 100ml 血液中 Hb 所能结合的最大 O_2 量
    C. Hb 氧含量与氧容量的百分比
    D. 100ml 血液中 O_2 的扩散总量
    E. 100ml 血液中 Hb 实际结合的 O_2 量
13. Hb 的氧含量（　　）
14. Hb 的氧容量（　　）
15. Hb 的氧饱和度（　　）
    A. 血液 PO_2 和 PCO_2 正常
    B. 血液 PO_2 和 PCO_2 均升高
    C. 血液 PO_2 降低，PCO_2 升高
    D. 血液 PO_2 升高，PCO_2 降低
    E. 血液 PO_2 和 PCO_2 均降低
16. 初到高原时（　　）
17. 无效腔增大时（　　）
18. 贫血时（　　）
    A. 呼出气、肺泡气、静脉血、组织细胞
    B. 静脉血、呼出气、肺泡气、组织细胞
    C. 肺泡气、静脉血、组织细胞、呼出气
    D. 组织细胞、静脉血、肺泡气、呼出气
    E. 呼出气、组织细胞、静脉血、肺泡气
19. PCO_2 由高至低的顺序通常是（　　）
20. PO_2 由高至低的顺序通常是（　　）

三、多项选择题

1. 在平静呼吸过程中，肺内压等于大气压的时相有（　　）
    A. 呼气初　B. 吸气初
    C. 呼气过程中　D. 呼气末
    E. 吸气末
2. 膈肌收缩时可引起（　　）
    A. 肺内压升高　B. 胸腔的上下径增大
    C. 胸腔容积增大　D. 肺容积增大
    E. 腹腔容积增大
3. 一侧开放性气胸的病人可出现（　　）
    A. 吸气困难　B. 呼气困难
    C. 回心血量减少　D. 淋巴回流减少
    E. 吸气时纵隔移向健侧
4. 有关肺内压的描述，正确的是（　　）
    A. 指肺泡内的压力
    B. 肺内压的变化与呼吸的深浅和气道是否通畅有关
    C. 平静呼吸时肺内压总是低于大气压
    D. 呼气受阻时可升高
    E. 用力吸气时肺内压变化极小
5. 吸气时（　　）
    A. 胸膜腔负压增大　B. 肺内压不变
    C. 气道口径变小　D. 静脉回流量增加
    E. 淋巴回流量增加
6. 通气的阻力有（　　）
    A. 肺弹性阻力　B. 惯性阻力
    C. 气道阻力　D. 黏滞阻力
    E. 胸廓的弹性阻力
7. 肺泡表面活性物质减少时（　　）
    A. 肺回缩力增大　B. 肺弹性阻力增加
    C. 肺顺应性降低　D. 肺泡表面张力增大
    E. 肺泡内易生成组织液
8. 关于气道阻力，正确的是（　　）
    A. 主要发生于直径 2mm 以下的细支气管
    B. 气流速度越快，阻力越大
    C. 气流为湍流时，阻力增大
    D. 气道口径越小，阻力越小
    E. 一般吸气时阻力小于呼气时
9. 能使呼吸道口径增大的是（　　）
    A. 交感神经兴奋
    B. 跨气道壁压变小
    C. 胸膜腔负压绝对值增大
    D. 乙酰胆碱
    E. 呼气时
10. 肺表面活性物质的作用主要有（　　）
    A. 降低肺顺应性　B. 降低肺泡表面张力
    C. 减少吸气阻力　D. 减少肺通气量
    E. 防止肺泡毛细血管中液体渗入肺泡
11. 若潮气量从 600ml 减至 300ml，呼吸频率从 12/min 增加到 24/min，则（　　）
    A. 肺泡通气量减少　B. 肺通气量减少
    C. 肺通气量不变　D. 肺泡通气量不变
    E. 无效腔气量减少

12. 使肺换气量增加的因素有（　　）

A. 肺泡与肺毛细血管血液间气体分压差增大

B. 呼吸膜有效面积增大

C. 无效腔增大

D. 通气/血流比值大于0.84

E. 肺残气量增多

13. 能使气体扩散速率增加的是（　　）

A. 通气/血流比值减少

B. 气体分压差增加

C. 肺水肿

D. 体温升高

E. 肺血流减少

14. Hb与O_2结合的特征有（　　）

A. 反应快，可逆，不需酶的催化

B. Fe^{2+}与O_2的结合是氧合不是氧化

C. 受PO_2的影响

D. 1分子Hb可结合4分子O_2

E. Hb与O_2的结合或解离曲线呈S形，与Hb的变构效应有关

15. 可使氧解离曲线右移的因素是血液的（　　）

A. pH降低　B. 二氧化碳分压升高

C. 温度升高　D. 2，3-DPG增多

E. H^+浓度升高

16. CO中毒时，主要影响动脉血中的（　　）

A. 氧含量　B. 氧饱和度

C. 携氧能力　D. PO_2

E. PCO_2

17. 可引起血液中氧含量增加的因素有（　　）

A. 血氧分压增高

B. 血液二氧化碳分压增高

C. 血液pH增高

D. 红细胞2，3-DPG浓度增高

E. 体温降低

18. 贫血患者可致（　　）

A. 动脉血PO_2降低　B. 血氧容量降低

C. 血氧含量降低　D. 血氧饱和度降低

E. 发绀

19. 下列因素中，有助于组织获得更多O_2的是（　　）

A. 组织氧分压降低　B. 组织pH升高

C. 组织二氧化碳分压升高

D. 红细胞2，3-DPG含量降低

E. 组织温度升高

20. 肺扩张反射的生理作用是（　　）

A. 抑制吸气　B. 兴奋吸气过程

C. 增快呼吸频率　D. 加快吸气向呼气转化

E. 防止肺不张

四、名词解释

1. 肺通气
2. 肺内压
3. 潮气量
4. 肺活量
5. 时间肺活量
6. 肺通气量
7. 肺泡通气量
8. 通气/血流比值
9. 血液氧容量
10. 血液氧含量
11. 血液氧饱和度
12. 氧解离曲线

五、简答题

1. 简述呼吸的全过程及生理意义。
2. 简述胸膜腔负压的形成及意义。
3. 在平静呼吸过程中，肺内压和胸膜腔内压是如何变化的？
4. 简述肺表面活性物质的来源、成分及生理作用。
5. 某人潮气量为500ml，呼吸频率为14/min，心率为75/min，无效腔气量50ml，计算肺通气量和肺泡通气量。
6. 简述影响肺部气体交换的因素及效应。
7. 肺泡气氧分压降至60mmHg时，机体是否会发生明显的低氧血症？为什么？
8. 简述氧解离曲线的影响因素。
9. 过度肺通气后呼吸运动有何变化？为什么？
10. 切断家兔双侧迷走神经后对呼吸有何影响？为什么？

（王　缙　赵　波）

第6章 消化与吸收

案例 6-1 女性，36 岁。周期性上腹疼痛 5 年。腹痛位于上腹部偏左，多为钝痛，一般较轻，能忍受，呈反复发作，伴有反酸、嗳气等症状，多在春秋季节发作，精神紧张或服用阿司匹林等药物也可诱发。疼痛多在餐后半小时出现，持续 1～2 小时后逐渐消失，直至下次进餐后重复上述症状。每次发作短则数天，长则数月，经治疗后好转或自行缓解。发作期与缓解期交替出现。

检查结果：胃镜检查显示胃小弯处黏膜溃疡，基底部有白色或灰白色厚苔，边缘整齐，周围黏膜充血、水肿、易出血。病检证实为良性溃疡，幽门螺杆菌检测阳性，粪便潜血阳性。

诊断：胃溃疡。

问题：1. 消化液有几种？它们各自的成分及其作用是什么？

2. 胃酸分泌过多对机体有何危害？

3. 胃黏膜如何保护自身免受胃液的侵蚀？

人体的消化系统是由消化管和消化腺组成，消化管自上而下由口腔、咽、食管、胃、小肠和大肠组成，消化腺主要有唾液腺、肝、胰和散在分布于消化道壁内的无数小腺体。消化系统的主要功能是对食物进行消化和吸收，为机体新陈代谢提供物质和能量来源。此外，消化器官能够排泄某些代谢产物，并且还具有重要的内分泌和免疫功能。

第一节 概　　述

食物是生命的能源。食物中的水、无机盐和维生素是小分子物质，能够被机体直接吸收利用，而糖类、脂肪和蛋白质等结构复杂的大分子物质，必须在消化道内分解成结构简单的小分子物质，如葡萄糖、甘油、脂肪酸和氨基酸等，才能被机体吸收、利用。消化（digestion）是指食物在消化道内被分解为可以吸收的小分子物质的过程。消化的方式有两种，即机械性消化和化学性消化。机械性消化（mechanical digestion）是指通过消化管肌肉舒缩运动，将食物磨碎，并与消化液充分混合，同时向消化道远端推送的过程。化学性消化（chemical digestion）是指通过消化液中消化酶将大分子物质分解为小分子物质的过程。吸收（absorption）是指食物经消化后形成的小分子物质以及维生素、无机盐和水透过消化道黏膜进入血液或淋巴的过程。消化是吸收的前提，两者是相辅相成、紧密联系的过程。不能被消化和吸收的食物残渣，最后以粪便的形式排出体外。

◎ 考点提示：消化、吸收的概念及消化的两种方式

一、消化道平滑肌的生理特性

在消化道中，除口腔、咽、食管上端的肌肉和肛门外括约肌为骨骼肌之外，其余部分均由消化道平滑肌组成。平滑肌细胞之间通过缝隙连接进行同步性活动。平滑肌的舒缩活动与食物的机械性消化、化学性消化以及吸收过程是密切相关的，消化道平滑肌具有肌肉组织的共同特性，如兴奋性、传导性和收缩性，同时又具有其自身的特点。

（一）消化道平滑肌的一般生理特性

1. 自动节律性　在适宜的环境中，离体的消化道平滑肌在无外来刺激情况下能够自动产生节律性收缩，但收缩缓慢，且不规则。通常每分钟数次至十余次，远不如心肌那样规则。

2. 富有伸展性　消化道平滑肌具有较大的伸展性。胃的伸展性尤其明显，进食后，大量食物暂时储存于胃内而不发生明显的压力改变，因而具有重要意义。

3. 具有紧张性　消化道平滑肌经常保持一种微弱的持续收缩状态，称为平滑肌的紧张性。消化道各种不同形式的运动也都是在此紧张性的基础上进行的。

4. 兴奋性较低，舒缩缓慢　消化道平滑肌的兴奋性较骨骼肌低，收缩的潜伏期、收缩期和舒张期所占的时间比骨骼肌长得多，且变异较大。消化道平滑肌的一次舒缩过程可达 20 秒以上。

5. 对不同理化刺激敏感性不同　消化道平滑肌对电刺激不敏感，但对牵张、温度和化学刺激特别敏感。例如，轻度牵拉、温度升高、微量的乙酰胆碱等均可引起消化道平滑肌明显收缩，而微量的肾上腺素则使其舒张。

（二）消化道平滑肌的电生理特性

消化道平滑肌与其他可兴奋组织一样，也有生物电活动。主要有三种电变化，即静息电位、慢波电位和动作电位（图 6-1）。

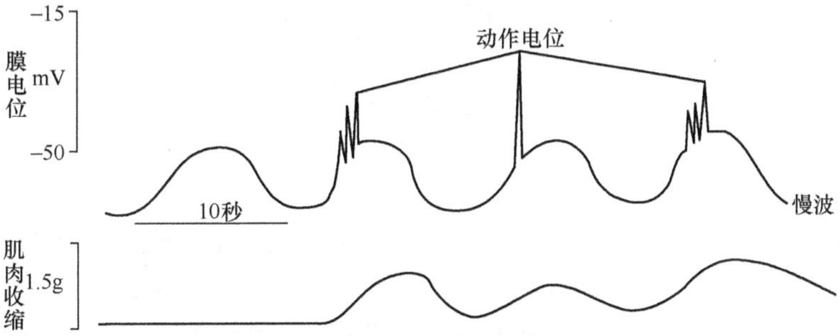

图 6-1　消化道平滑肌的电活动

1. 静息电位　在静息状态下，消化道平滑肌正常的静息电位为 −60～−50mV，其特点是电位较低，电位不稳定，波动较大。静息电位的产生机制主要是 K^+ 由膜内向膜外扩散和生电性钠泵的活动所形成的（第 2 章）。此外，少量的 Na^+、Ca^{2+} 向膜内扩散和膜内 Cl^- 向膜外扩散也起一定的作用。

2. 慢波电位　消化道平滑肌在静息电位的基础上，可自发地产生周期性的去极化和复极化，形成缓慢的节律性电位波动，由于其频率较慢，因而称为慢波（slow wave）。慢波可决定消化道平滑肌的收缩节律，故又称基本电节律（basic electrical rhythm，BER）。慢波的幅度为 5～15mV，持续时间为数秒至十几秒。慢波的频率变动在每分钟 3～12 次，随所在消化道部位的不同而异。

目前认为，节律性慢波起源于广泛存在于胃体、胃窦及幽门部的环形肌和纵行肌之间的 Cajal 间质细胞，以电紧张形式扩布到周围的平滑肌细胞。它本身不能引起平滑肌收缩，其产生的除极可使膜电位达到阈电位水平，从而触发动作电位。关于慢波产生的离子基础，目前尚不十分清楚。它可能与细胞膜上生电性钠泵活动的周期性减弱或停止有关，用哇巴因抑制钠泵活动后，消化道平滑肌的慢波随即消失。

3．动作电位　消化道平滑肌在慢波的基础上可产生动作电位。动作电位可单个或成簇出现，其去极相主要和 Ca^{2+} 内流有关，复极相与 K^+ 外流有关。每个慢波电位上叠加动作电位的数目越多，肌收缩的幅度也就越大。

消化道平滑肌的慢波、动作电位和平滑肌收缩三者之间是紧密联系的。在慢波去极化的基础上产生动作电位，由动作电位再引起平滑肌收缩，动作电位频率较高时引起的平滑肌收缩也较强。慢波虽然不能直接触发平滑肌的收缩，但它是决定肌肉收缩频率、传播速度和方向的控制波。

二、消化腺的分泌功能

消化道黏膜内散在分布许多大小不等的腺体，在消化道的附近还有唾液腺、胰和肝，它们向消化道内分泌多种消化液，包括唾液、胃液、胰液、胆汁、小肠液和大肠液等。成年人每日由各种消化腺分泌的消化液总量达 6～8L，其主要成分是水、无机盐和多种有机物，其中最重要的是多种消化酶，食物的化学性消化就由它们来完成。消化液的主要功能：①水解大分子营养物质，有利于吸收；②为各种消化酶提供适宜的 pH 环境；③稀释食物，使消化道内容物的渗透压与血浆渗透压接近，有利于营养物质的吸收；④保护消化道黏膜，免受各种理化因素的损伤。

第二节　消　化

一、口腔内消化

（一）唾液

唾液是由口腔内的腮腺、下颌下腺和舌下腺及众多散在的小唾液腺所分泌的混合液。

1．唾液的性质和成分　唾液是无色、无味、近于中性的低渗液体。正常成人每日分泌量为 1.0～1.5L，其中水分约占 99%。有机物主要是唾液淀粉酶、溶菌酶、黏蛋白、黏多糖、免疫球蛋白等。无机物有 Na^+、K^+、HCO_3^-、Cl^- 等。

2．唾液的作用　主要生理作用：①湿润口腔、溶解食物，利于咀嚼、吞咽，引起味觉。②清洁和保护口腔，唾液可冲洗和清除口腔中的食物残渣，减少细菌繁殖。溶菌酶和免疫球蛋白有杀灭细菌和病毒的作用。③分解淀粉，唾液淀粉酶可将淀粉分解为麦芽糖，故淀粉类食物在口腔内被细嚼时会感到甜味。

◎ 考点提示：唾液的主要作用

3．唾液分泌的调节　唾液分泌的调节完全是反射性调节，包括非条件反射和条件反射。进食之前，食物的形状、颜色、气味、进食的环境以及语言文字的描述引起唾液分泌，都是条件反射性分泌，如望梅止渴、谈论美食引起的唾液分泌。进食时，食物对口腔黏膜的机械、温度和化学刺激所引起的唾液分泌为非条件反射性分泌。这些刺激可经过Ⅴ、Ⅶ、Ⅸ、Ⅹ对脑神经传入延髓，再通过副交感神经和交感神经到达唾液腺，调节唾液分泌。

（二）咀嚼和吞咽

1．咀嚼　咀嚼是由咀嚼肌群的顺序舒缩所完成的节律性动作。咀嚼的作用：①带动牙齿将大块的食物切碎、研磨、搅拌，使之与食物混合形成食团，便于吞咽；②使食物与唾液淀粉酶充分接触有利于化学性消化；③加强食物对口腔内各种感受器的刺激，反射性地引起胃、胰、肝、胆囊等活动加强，为食物的进一步消化做好准备。因此，“细嚼慢咽”有利于消化。

2. 吞咽　吞咽是由一系列复杂动作组成的反射活动，它是由口腔和舌协调运动将食团经咽和食管送入胃内的过程。根据食团经过的部位，可将吞咽过程分为三期。①口腔期：指食团从口腔进入咽。主要通过舌肌和下颌舌骨肌的顺序收缩，将食团推至咽部。这是在大脑皮质控制下的随意动作。②咽期：指食团从咽进入食管上端。食团刺激咽部感受器，反射性地引起咽部肌群收缩，使软腭上升，咽后壁前压，封闭鼻咽通道；喉头上升贴紧会厌，封闭气管开口；食管上口张开，使咽与食管通道开放，食团从咽被推入食管。这一过程是软腭受到刺激引起的急速而不随意的反射动作。③食管期：食团进入食管后，通过食管蠕动，将食团推送入胃（图 6-2）。蠕动是消化道平滑肌共有的运动形式，是一种由环形肌舒缩为主向前推进的波形运动。表现为食团上端平滑肌收缩，下端平滑肌舒张，收缩波与舒张波形成蠕动波依次下行，同时反射性地引起食管贲门括约肌舒张，食团被推送入胃。

◎ 考点提示：蠕动是消化道共有的运动形式

吞咽是在中枢神经系统的调节下完成的。临床上深度麻醉、昏迷或脑神经功能障碍（如偏瘫）的患者，延髓抑制导致吞咽反射障碍，进食时食物（尤其是流质）易误入气管，发生窒息，因此，应加强对这些患者的口腔护理。

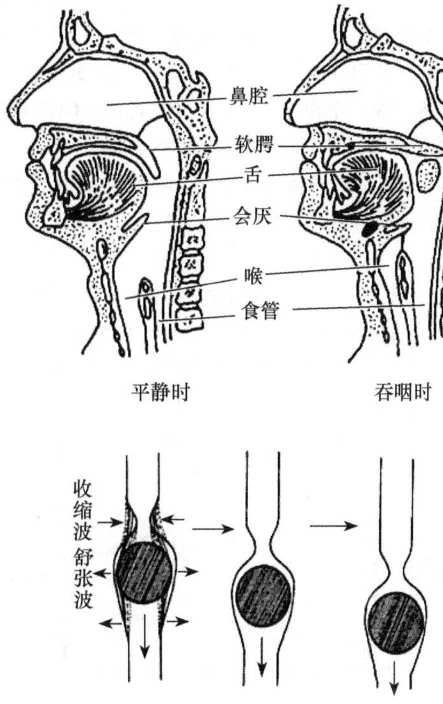

图 6-2　吞咽的过程

二、胃 内 消 化

胃是消化道中最膨大的部分，具有暂时储存食物和消化食物的功能。成人胃的容量为 1～2L。食物在胃内经过机械性消化和化学性消化，食团变成食糜，部分蛋白质可初步分解，然后逐渐、分批排入十二指肠。

（一）胃液的分泌

胃液是由胃腺（贲门腺、泌酸腺、幽门腺）和胃黏膜上皮细胞分泌的。正常成人每日分泌量为 1.5～2.5L。

1. 胃液的性质、成分和作用　纯净的胃液是一种无色强酸性液体，pH 为 0.9～1.5，正常成人每日分泌量 1.5～2.5L。胃液的成分除含大量水和无机盐外主要有盐酸、胃蛋白酶原、内因子、黏液和碳酸氢盐。

（1）盐酸：又称胃酸，由泌酸腺的壁细胞所分泌。胃液中的盐酸有两种形式：一种呈游离状态，即游离酸；另一种与蛋白质结合，称为结合酸。两者酸度的总和称总酸。胃液中盐酸含量通常以单位时间内分泌的毫摩尔（mmol）数表示，称为盐酸排出量。正常人空腹时盐酸的排出量称为基础酸排出量，为 0～5mmol/h。在食物或某些药物（如胃泌素或组胺等）的刺激下，盐酸分泌量明显增加，最大酸排出量可达 20～25mmol/h。男性的酸分泌高于女性，50 岁后其分泌量有所降低。盐酸的排出量反应胃的能力，它主要取决于壁细胞的数量，但也与壁细胞的功能状态有关。

链 接

盐酸的分泌

胃液中的盐酸是由壁细胞逆着巨大的浓度梯度主动分泌的。现已证明，H^+是壁细胞内的水解离生成的，H^+借助于壁细胞分泌小管膜上的 H^+、K^+–ATP 酶（质子泵）主动转运入分泌小管腔。而留在胞质中的 OH^- 和 CO_2 在碳酸酐酶的催化下形成 HCO_3^-。胞质内的 HCO_3^- 通过壁细胞的基底侧膜上的 Cl^-–HCO_3^- 逆向转运体，被转运至细胞外进入血液，与 Na^+结合生成 $NaHCO_3$，使血和尿的 pH 升高出现“餐后碱潮”。盐酸中 Cl^- 来自血浆，血浆中的 Cl^- 靠载体顺浓度差转运入细胞，再通过小管膜上氯泵主动转运入小管内。这样，H^+和 Cl^- 在小管内形成 HCl，然后再分泌入管腔（图 6-3）。

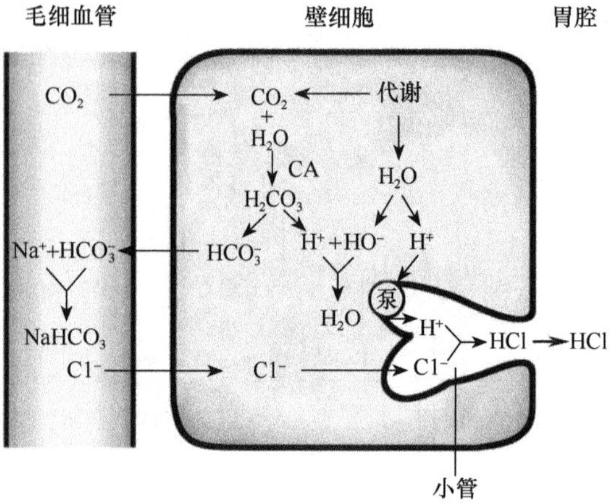

图 6-3　壁细胞分泌盐酸的过程

盐酸的生理作用：①可将无活性的胃蛋白酶原激活为有活性的胃蛋白酶，并为胃蛋白酶提供适宜的酸性环境；②可使食物中的蛋白质变性易于被消化；③可杀灭随食物进入胃内的细菌；④可促进小肠对 Ca^{2+}和 Fe^{2+}的吸收；⑤进入小肠内可促进胰液、胆汁和小肠液的分泌。

当胃酸分泌过少或缺乏时，胃内的细菌容易繁殖，细菌可使食物发酵、腐败，产生气体或有害物质，使人体出现嗳气、腹胀等消化不良的症状。盐酸分泌过多对胃和十二指肠黏膜有侵蚀作用，使黏膜层受损，是导致胃和十二指肠溃疡的原因之一。

（2）胃蛋白酶原：由泌酸腺的主细胞合成和分泌，是胃液中最重要的消化酶。迷走神经兴奋、进餐等刺激可引起其释放。胃蛋白酶原进入胃腔后，在盐酸或已激活的胃蛋白酶的作用下，转变为具有活性的胃蛋白酶。在酸性环境下，胃蛋白酶能使食物中的蛋白质水解为脲和胨以及少量的多肽和氨基酸。胃蛋白酶的最适 pH 为 2.0～3.5，当 pH超过6.0 时胃蛋白酶活性消失。因此，由于胃酸分泌不足而导致蛋白质消化不良时，可服用胃蛋白酶和稀盐酸合剂治疗。

（3）内因子：是由壁细胞分泌的一种糖蛋白，它可与进入胃内的维生素 B_{12} 结合形成复合物，以保护维生素 B_{12} 不被消化酶破坏，并促进维生素 B_{12} 的吸收。因此内因子缺乏时，将引起维生素 B_{12} 的吸收障碍，影响红细胞的生成，出现巨幼红细胞贫血。

（4）黏液和碳酸氢盐：胃内黏液是由胃黏膜表面的上皮细胞、胃腺的黏液细胞、贲门腺和幽门腺共同分泌的，主要成分为糖蛋白。黏液分泌后覆盖在胃黏膜表面，形成一凝胶状的保护层，具有润滑作用，可减少粗糙的食物对胃黏膜的机械与化学性损伤。碳酸氢盐（HCO_3^-）主要由胃黏膜上皮细胞分泌，它与胃黏液一起共同构成一个抗胃黏膜损伤的屏障即黏液－碳酸氢盐屏障（mucus bicarbonate barrier）（图 6-4）。该屏障将胃蛋白酶与胃黏膜相隔离，并中和 H^+，减缓 H^+向黏膜的弥散，从而防止胃酸和胃蛋白酶对胃黏膜的侵蚀，起到有效保护胃黏膜的作用。

◎ 考点提示：胃液的主要成分及其作用

除黏液－碳酸氢盐屏障外，由胃黏膜上皮细胞膜和细胞间的紧密连接所构成的胃黏膜屏障，能防止胃腔内H^+向胃黏膜内扩散。这样既能使盐酸在胃腔内适应消化的需要，又能使胃壁各层免遭H^+逆向扩散的损害。许多因素如乙醇、胆盐、阿司匹林类药物以及幽门螺杆菌感染等，均可破坏或削弱胃黏膜的屏障作用，导致H^+侵入胃黏膜，引起胃炎或胃溃疡。

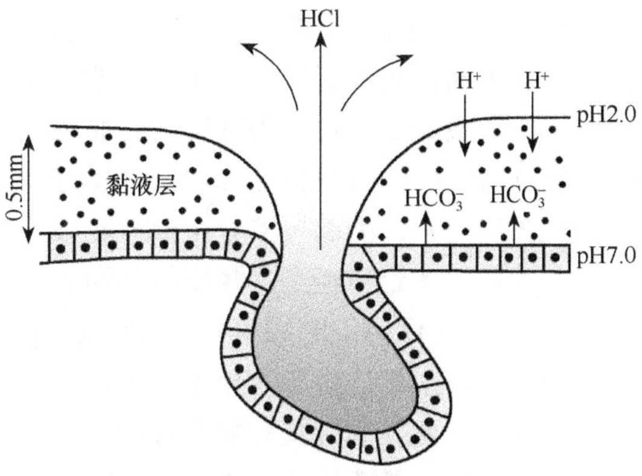

图 6-4　胃黏液－碳酸氢盐屏障

链　接

幽门螺杆菌与消化性溃疡的关系

1982年，澳大利亚学者巴里·马歇尔和罗宾·沃伦发现了幽门螺杆菌，并证明该细菌感染胃部会导致胃炎、胃溃疡和十二指肠溃疡。这一研究成果打破了当时流行的医学教条，最终于20多年后帮助两位科学家赢取了2005年诺贝尔奖。

大量研究表明，超过90%的十二指肠溃疡和80%左右的胃溃疡，都是由幽门螺杆菌感染所致。目前，消化科医生已经可以通过内镜检查和呼气试验等诊断幽门螺杆菌感染。抗生素的治疗方法已被证明能够根治胃溃疡等疾病。马歇尔和沃伦的发现，革命性地改变了世人对胃病的认识，大幅度提高了胃溃疡等患者获得彻底治愈的机会，为改善人类生活质量做出了贡献。

2．胃液分泌的调节　人在空腹时胃液分泌很少，称为基础胃液分泌或非消化期胃液分泌。进食时或进食后，在神经和体液因素的调节下，胃液大量分泌称为消化期胃液分泌。根据消化道感受食物刺激的部位不同，人为地将消化期胃液分泌分为头期、胃期和肠期（图6-5）。实际

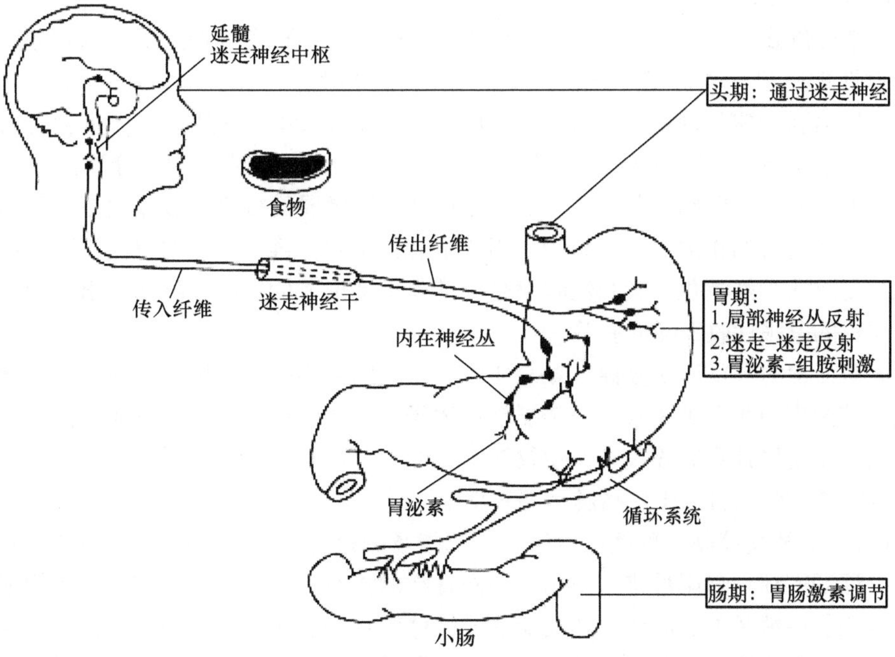

图 6-5　消化期胃液分泌的时相及其调节

上，这三个时期几乎是同时开始，互相重叠的。

（1）头期：头期胃液分泌是指食物刺激头面部感受器（如眼、鼻、耳、口腔、咽和食管）所引起的胃液分泌，包括条件反射和非条件反射。食物的形、色、味、声等刺激了眼、鼻、耳等感觉器官，引起胃液分泌称为条件反射。当咀嚼和吞咽时，食物直接刺激了口腔、咽部的化学和机械感受器，引起胃液分泌称为非条件反射。反射中枢位于延髓、下丘脑、边缘叶和大脑皮质等部位，迷走神经是这些反射共同的传出神经。迷走神经兴奋时，一方面通过其神经末梢释放 ACh 直接作用于壁细胞引起胃液分泌；另一方面还可作用于胃窦部的 G 细胞引起促胃液素分泌，从而间接促进胃液分泌。头期胃液分泌的特点：胃液分泌量多，占整个消化期胃液分泌量的 30%，酸度和胃蛋白酶原含量都很高，因而消化力强。

（2）胃期：胃液分泌是指食物入胃后，通过对胃的机械性和化学性刺激，继续引起的胃液分泌。胃期胃液的分泌持续时间长，可达 3～4 小时，其特点是：分泌量最多，约占整个消化期胃液分泌量的 60%，酸度高，但胃蛋白酶原的含量比头期少，故消化力比头期弱。

（3）肠期：肠期胃液分泌是指食物进入小肠后，对十二指肠和空肠上部的化学和扩张刺激，使十二指肠黏膜的 G 细胞分泌促胃液素，引起胃液分泌。肠期胃液分泌的特点：胃液分泌量较少，约占胃液分泌总量的 10%，总酸度和胃蛋白酶原含量均较低。

◎ 考点提示：各期胃液分泌的特点

进食过程中，胃液分泌除上述兴奋性因素调节外，还受到各种抑制性因素的调节，可防止胃酸过度分泌，保护胃黏膜。盐酸、脂肪和高渗溶液，分别通过神经和体液途径，抑制胃液分泌。

（二）胃的运动

胃运动的主要作用是将食糜进一步研磨、粉碎并与胃液充分混合，加快食物的排空。

1. 胃运动的形式

（1）容受性舒张：当咀嚼和吞咽时，食物对口腔、咽、食管等处感受器的刺激，可通过迷走神经反射性地引起胃底和胃体平滑肌的舒张，称为容受性舒张（receptive relaxation）。这种舒张可使胃腔容量由空腹时的 50ml 左右增加到进食后的 1.5L，它适应于大量食物的涌入，而保持胃内压基本不变，从而防止食糜过早排入小肠，有利于食物在胃内充分消化。

（2）紧张性收缩：胃壁平滑肌经常处于一种缓慢、微弱而持续的收缩状态，称为紧张性收缩。其作用是保持胃的正常形态和位置，不致出现胃下垂。维持一定的胃内压，有助于胃液渗入食物内，促进化学性消化。紧张性收缩是胃其他运动形式的基础。临床上出现的胃下垂或胃扩张，都与胃的紧张性收缩降低有关。

（3）蠕动：食物入胃后 5 分钟，胃便开始蠕动。蠕动起始于胃体的中部，有节律地向幽门方向推进，其频率为每分钟 3 次，一个蠕动波约需 1 分钟到达幽门，所以通常是一波未平，一波又起。其作用是搅拌和磨碎食物，使胃液与食物充分混合，形成粥样食糜，有利于化学性消化，推动食糜通过幽门排入十二指肠（图 6-6）。

2. 胃的排空及其控制　食糜由胃排入十二指肠的过程称为胃排空（gastric emptying）。食糜入胃 5 分钟即有部分食糜被排入小肠。不同食物的排空速度不同，这和食物的物理性状和化学组成都有关。一般稀的、流体食物比稠的或固体食物排空快；切碎的、颗粒小的食物比大块的食物排空快；等渗液体比非等渗液体快。三大营养物质中，糖类排空最快，蛋白质次之，脂

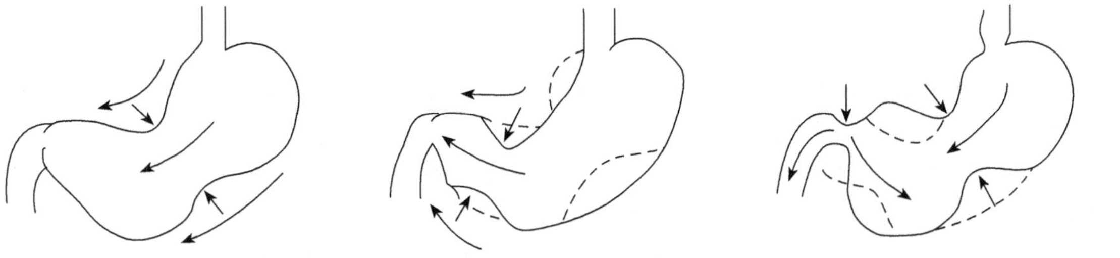

图 6-6 胃的蠕动

胃的蠕动起始于胃的中部，向幽门方向推进（A）；并可将食糜推入十二指肠（B）；
强有力的收缩波还可将部分食糜反向推回到近侧胃窦或胃体，使食糜在胃内进一步被磨碎（C）

肪最慢。普通的混合食物排空需4～6小时。胃排空的动力是胃运动时产生的胃内压与十二指肠内压之差。因此，胃排空受来自胃和十二指肠两方面因素的控制。

（1）胃内促进排空的因素：食物对胃的扩张刺激可通过迷走-迷走反射或壁内神经反射，引起胃运动加强；食物的化学和扩张刺激还可直接或间接地刺激胃窦部G细胞释放促胃液素，促胃液素对胃的运动有中等程度的兴奋作用。

（2）十二指肠内抑制胃排空的因素：当食糜进入十二指肠后，食糜中的酸、脂肪和高渗性溶液均可刺激十二指肠壁上的化学、渗透压和机械感受器，反射性抑制胃的运动使胃排空减慢，这种反射称为肠-胃反射；另外，当大量食糜，特别是酸或脂肪进入十二指肠后，可刺激小肠黏膜释放促胰液素、缩胆囊素、抑胃肽等，这些激素可抑制胃的运动，从而抑制胃的排空。

3．呕吐 是将胃及上段小肠内容物从口腔强力驱出体外的动作，是一个复杂的反射过程，其中枢位于延髓。呕吐是一种具有保护意义的防御反射，它可把摄入胃内的有害物质排出。但长期剧烈的呕吐会影响进食和正常消化活动，并使大量的消化液丢失，造成体内水电解质和酸碱平衡的紊乱。

三、小肠内消化

小肠内消化是整个消化过程中最重要的阶段。在这里，食糜受到小肠内胰液、胆汁和小肠液的化学性消化及小肠运动的机械性消化后，消化过程基本完成。同时，许多营养物质也都在这里被吸收，未被吸收的食物残渣则进入大肠。食物在小肠停留的时间与食物的性质有关，一般混合性食物在小肠内停留的时间为3～8小时。

案例 6-2 患者男性，42岁。上腹部疼痛6小时。自述在饱餐、饮酒后约3小时突然发作上腹疼痛，呈持续性，伴阵发性加重，向后腰背放射，取前倾位可缓解疼痛；伴有恶心、呕吐，吐出物含有胆汁；中等度发热，无冷汗。

检查结果：轻微黄疸，中度腹胀，腹壁紧张，但腹式呼吸尚存。上腹部有压痛和反跳痛。肝浊音界可叩出，肠鸣音减少。血中性粒细胞比例明显增高，尿淀粉酶320U，血清淀粉酶超过500%（Somogyi法）。超声检查发现胰腺中度肿大。

诊断：急性胰腺炎。

问题：1. 为什么胰液是最重要的消化液？

2. 胰液中的蛋白酶均以酶原形式储存和分泌，有何意义？

3. 为什么急性胰腺炎发病与胆结石、胆囊炎、暴饮暴食和酗酒等因素有关？

（一）胰液

胰腺兼有外分泌和内分泌双重功能。胰腺的外分泌部分由腺泡及导管所组成，它们所分泌的胰液具有很强的消化能力，是最重要的消化液。

胰液是无色透明的碱性液体，pH 为 7.8～8.4，正常成人每日分泌胰液量 1～2L。胰液中的无机物主要由胰腺小导管上皮细胞分泌，包括大量水分以及 HCO_3^-、Na^+、K^+、Cl^- 等。有机物主要由胰腺腺泡细胞分泌的各种消化酶，如胰淀粉酶、胰蛋白酶、糜蛋白酶、胰脂肪酶等。

1．碳酸氢盐　主要作用是中和进入十二指肠的胃酸，使肠黏膜免受强酸的侵蚀；同时提供小肠内多种消化酶活动的适宜的碱性环境（pH7～8）。

2．胰淀粉酶　胰淀粉酶以活性形式分泌，最适 pH 为 6.7～7.0，可将淀粉、糖原及多数其他碳水化合物水解为糊精、麦芽糖及麦芽寡糖。胰淀粉酶水解淀粉的效率很高，与淀粉接触 10 分钟即可将其完全水解。

3．胰脂肪酶　是消化脂肪的主要消化酶，可将脂肪分解为甘油、甘油一酯及脂肪酸，其最适 pH 为 7.5～8.5，但需在辅脂酶的存在下才能充分发挥作用。

4．胰蛋白酶和糜蛋白酶　两者均以无活性的酶原形式存在，当进入小肠后，在肠激酶的作用下胰蛋白酶原激活为胰蛋白酶。此外，盐酸、胰蛋白酶本身以及组织液也能使胰蛋白原活化。糜蛋白酶原在胰蛋白酶作用下转化为有活性的糜蛋白酶。胰蛋白酶和糜蛋白酶作用相似，都能将蛋白质分解为脲和胨，当两者协同作用时，可将蛋白质进一步分解为小分子的多肽和氨基酸。

由于胰液中含有消化三种主要营养物质的消化酶，因而胰液是消化液中消化食物最全面、消化能力最强的一种消化液。当胰液分泌缺乏时，会严重影响蛋白质和脂肪的消化和吸收，但对糖的消化和吸收影响不大。

◎ 考点提示：胰液是体内消化最全面、消化力最强的消化液

（二）胆汁

胆汁是肝细胞分泌的一种具有苦味的液体。正常成人每日分泌量为 800～1000ml，胆汁呈金黄色（pH7.8～8.6）。在非消化期，肝胆汁大部分流入胆囊储存，因被浓缩而颜色变深，因碳酸氢盐被吸收而呈中性或弱酸性（pH7.0～7.4）；在消化期间，胆汁可直接由肝脏及胆囊排入十二指肠。胆汁的成分复杂，除水和无机盐外，有胆盐、胆色素、胆固醇、脂肪酸、磷脂酰胆碱和糖蛋白。此外，还含有少量的离子，如 Cu^{2+}、Zn^{2+}、Mn^{2+}、Al^{3+}等。

胆汁中不含消化酶，但对脂肪的消化和吸收具有重要意义，这主要依赖于胆盐的作用。胆汁的主要作用：①胆盐、胆固醇和卵磷脂等都可作为乳化剂，使脂肪乳化成微滴，增加了胰脂肪酶的作用面积，促进脂肪的消化；②胆盐可与脂肪的分解产物，如脂肪酸、甘油一酯等形成水溶性复合物（混合微胶粒），促进脂肪的吸收；③胆盐与脂溶性维生素（A、D、E、K）结合，促进脂溶性维生素的吸收。此外，胆盐通过肠－肝循环被吸收后可直接刺激肝细胞合成和分泌胆汁，称为胆盐的利胆作用。在正常情况下，胆汁中的胆盐、胆固醇和卵磷脂的适当比例是维持胆固醇成溶解状态的必要条件。当胆固醇分泌过多，或胆盐、卵磷脂合成减少时，胆固醇就容易沉积下来，形成胆结石。

（三）小肠液

小肠液是由十二指肠腺和小肠腺分泌的一种弱碱性黏稠液体，pH 约 7.6。成人每日分泌量为 1～3L。

小肠液中除水和无机盐外，还有肠激酶（肠致活酶）、黏蛋白等。其主要作用：①保护作用，碱性黏稠液体可保护十二指肠黏膜免受胃酸的侵蚀；②消化作用，肠致活酶可激活胰蛋白酶原，从而促进蛋白质的消化；③稀释作用，稀释消化产物，降低肠腔内容物的渗透压，有利于水和营养物质的吸收。此外，小肠上皮细胞内存在多种消化酶，如分解多肽的肽酶，分解中性脂肪的脂肪酶和四种分解双糖的酶，如蔗糖酶、麦芽糖酶、异麦芽糖酶和乳糖酶。这些消化酶可随脱落的细胞进入肠腔内，但对小肠内的消化不起作用。

（四）小肠的运动

1．小肠的运动形式

（1）紧张性收缩：是指小肠平滑肌经常处于一种持续微弱的收缩状态，空腹和进食时均存在，且进食后显著增强。当小肠紧张性降低时，肠腔易于扩张，肠内容物的混合和转运减慢；相反，当小肠紧张性升高时，食糜在小肠内的混合和转运就加快。主要作用使小肠保持一定的形状和位置，维持肠腔内一定的压力，也是小肠进行其他各种运动的基础。

（2）分节运动：是一种以肠壁环形肌为主的节律性收缩和舒张运动，是小肠特有的运动形式。食糜所在的一段肠管，环形肌在许多部位同时收缩，把食糜分割成许多节段。随后，原来收缩处舒张，而原先舒张处收缩，将原先的食糜分成两半，而相邻的两半则合成为一个新的节段。如此反复交替进行，使食糜不断分开又不断混合（图 6-7）。分节运动的推动作用很小，它的主要作用在于，使食糜与消化液充分混合，有利于化学性消化的进行；同时能增强食糜与肠壁紧密接触，并促进血液和淋巴的回流，为吸收创造良好的条件。

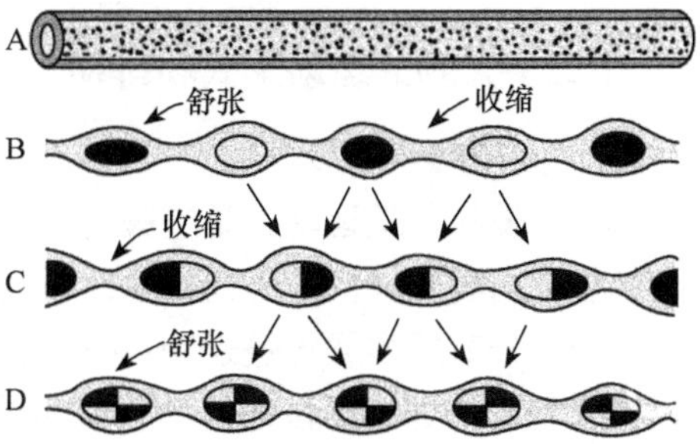

图 6-7　小肠分节运动

（3）蠕动：小肠的任何部位都可发生蠕动，但小肠蠕动波的传播速度较慢，每秒仅 0.5～2cm，近端小肠的蠕动速度大于远端。蠕动的意义在于，使经过分节运动作用的食糜向前推进，到达新的肠段，再开始新的分节运动。此外，吞咽动作或食糜进入十二指肠还可引起小肠产生一种速度快（25cm/s）、传播距离较远的蠕动，称蠕动冲。它可把食糜从小肠始端一直推送到小肠末端。

2．回盲括约肌的功能　在回肠末端与盲肠交界处的环行肌显著加厚，称为回盲括约肌，回盲括约肌经常保持一定的收缩状态。进食后，当蠕动波到达回肠末端时，回盲括约肌舒张，有 3～4ml 食糜被排入结肠，正常情况下，每日有 450～500ml 食糜进入大肠，而当进入大肠的食糜刺激盲肠时，可通过内在神经丛的局部反射引起回盲括约肌收缩，限制食糜通过。因此，回盲括约肌的作用是防止食糜过快进入大肠。此外，回盲括约肌还具有活瓣样作用，可阻止大肠内容物倒流入回肠。

◎ 考点提示：小肠特有的运动形式

四、大肠的功能

大肠没有重要的消化活动。其主要功能在于吸收水、无机盐及由大肠内细菌产生的B族维生素和维生素K，并能储存食物残渣、形成和排出粪便。

（一）大肠液

大肠液是由大肠黏膜的柱状上皮细胞和杯状细胞分泌。其主要成分是黏液和碳酸氢盐，pH为8.3～8.4。大肠液的主要作用在于其中的黏液蛋白，它能保护肠黏膜和润滑粪便。

（二）大肠内细菌的作用

大肠内有大量的细菌，主要是大肠杆菌、葡萄球菌等。细菌主要来自空气和食物，大肠内的酸碱度和温度等对上述细菌的生长极为适宜，因此细菌在此繁殖，细菌体内的酶对食物残渣进行分解。糖和脂肪的分解叫发酵，其产物有乳酸、醋酸、CO_2、脂肪酸、甘油、胆碱等。蛋白质的细菌分解叫腐败，其产物有胨、氨基酸、氨、硫化氢、组胺、吲哚等，其中有的成分经肠壁吸收到肝脏中解毒。大肠内细菌利用较简单的物质合成维生素B复合物和维生素K，经肠内吸收后对人体有营养作用。若长期使用肠道抗菌药物，肠内细菌被抑制，造成肠道内菌群失调，引起肠道功能紊乱，导致B族维生素和维生素K的缺乏。

（三）大肠的运动形式和排便

1．大肠的运动形式

（1）袋状往返运动：是空腹时最多见的一种运动形式，由环形肌无规律地收缩引起，它使结肠袋中内容物向两个方向做短距离的位移，但并不向前推进。这种运动有助于水的吸收。

（2）分节或多袋推进运动：分节推进运动是指环形肌有规则的收缩，将一个结肠袋的内容物推移到下一邻近肠段的运动，收缩结束后，肠内容物不返回原处。如果一段结肠上同时发生多个结肠袋状收缩，并将其内容物向下推移，称为多袋推进运动。人在餐后或副交感神经兴奋时这种运动形式增强。

（3）蠕动：大肠的蠕动是一些稳定向前的收缩波所组成。蠕动速度较慢，有利于大肠吸收水分和储存粪便。此外，在大肠还有一种进行快速，推进距离很远的蠕动，称集团蠕动。它通常开始于横结肠，可将一部分大肠内容物推送至降结肠或乙状结肠。集团蠕动常见于进食后，最常发生在早餐后60分钟之内，可能是胃内食物进入十二指肠，由十二指肠－结肠反射引起。

2．排便　食物残渣在大肠内一般停留10小时以上。绝大部分水、无机盐和维生素被大肠黏膜吸收，其余部分形成粪便。粪便中除食物残渣外，还包括脱落的肠上皮细胞、大量的细菌等。

排便是一种反射活动。正常人的直肠中平时没有粪便，当大肠蠕动将粪便推入直肠时，刺激直肠壁内的感受器，冲动沿盆神经和腹下神经传入脊髓腰骶段的初级排便中枢，同时上传到大脑皮质，引起便意和排便反射。当环境条件允许时，传出冲动沿盆神经下传，使降结肠、乙状结肠和直肠收缩，肛门内括约肌舒张；同时阴部神经冲动减少，使肛门外括约肌舒张，将粪便排出体外，发生排便反射。在排便时，腹肌和膈肌收缩，使腹内压增加，促进粪便的排出（图6-8）。

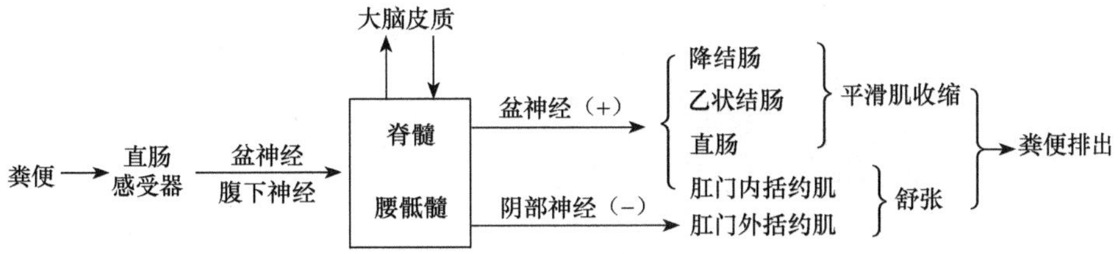

图 6-8　排便反射过程

排便反射受大脑皮质的意识控制，昏迷或脊髓高位损伤时，初级中枢失去了大脑皮质的意识控制，可发生排便失禁。如果环境不允许排便，粪便在大肠内滞留过久，水分吸收过多而干硬，可引起排便困难和排便次数减少，称为便秘，是引起痔疮和肛裂等疾病的主要原因。此外，直肠黏膜由于炎症而敏感性提高，即使肠内只有少量粪便和黏液，也可引起便意及排便反射，并在便后有排便未尽的感觉，称为“里急后重”，常见于肠炎或痢疾。

第三节　吸　　收

一、吸收的部位、途径及机制

消化道不同部位的吸收能力和吸收速度是不同的，这主要取决于各部分消化道的组织结构以及食物在各部位被消化的程度和停留的时间。在口腔和食管内，食物几乎不被吸收。在胃内仅吸收少量水分、酒精和某些药物。糖类、蛋白质和脂肪的消化产物大部分是在十二指肠和空肠吸收的，回肠有其独特的功能，即主动吸收胆盐和维生素 B_{12}（图 6-9）。大肠主要吸收水分和无机盐。

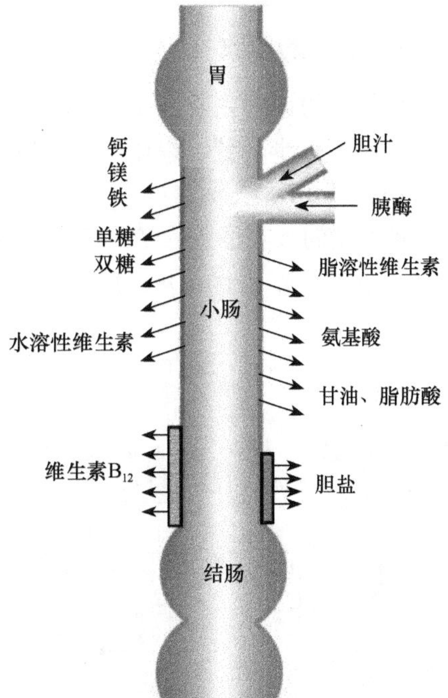

图 6-9　各种营养物质在消化道中的吸收部位

营养物质在小肠的吸收主要通过跨细胞途径和细胞旁途径来实现。前者指肠腔内的物质由肠上皮细胞顶端膜进入细胞，再经基底膜进入细胞外间隙的过程；后者指肠腔内物质通过上皮细胞间的紧密连接进入细胞外间隙的过程。营养物质的吸收机制有被动转运和主动转运。

小肠之所以是吸收的主要部位，是因为：①吸收面积大。人的小肠长 4～6m，它的黏膜具有环形皱褶，皱褶上有大量的绒毛，肠绒毛上又有微绒毛，最终使小肠的吸收面积达到 $200m^2$ 左右。②食物在小肠内停留的时间较长，一般为 3～8 小时。③食物在小肠内已被消化成可吸收的小分子物质。④小肠绒毛的特殊结构和运动，绒毛内有丰富的毛细血管、淋巴管、平滑肌和神经纤维网等结构，有利于吸收（图 6-10）。

◎ 考点提示：小肠是吸收的主要部位

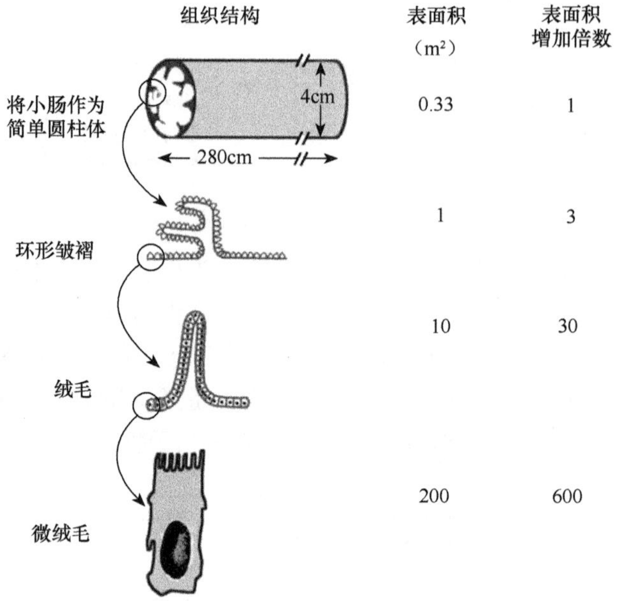

图 6-10　小肠黏膜环状皱襞、绒毛和微绒毛结构

二、主要营养物质的吸收

（一）糖的吸收

食物中的糖类主要是淀粉，必须分解为单糖才能被小肠上皮细胞所吸收。肠道中的单糖主要是葡萄糖、半乳糖、果糖。各种单糖的吸收速度有很大差别，其中以半乳糖和葡萄糖的吸收为最快，果糖次之。

葡萄糖的吸收是逆浓度梯度进行的主动转运过程，其能量来自钠泵的活动，属于继发性主动转运（第 2 章）。在肠上皮细胞顶端膜上的 Na^+- 葡萄糖同向转运体，可将 2 个 Na^+和 1 分子葡萄糖分子同时转运入胞内。基底侧膜上的钠泵可将胞内的 Na^+主动转运出细胞，以维持胞内低 Na^+，从而保证转运体不断转运 Na^+入胞，同时也为葡萄糖的转运提供动力，使之能逆浓度差转入细胞内。进入细胞的葡萄糖则通过基底侧膜上的另一种非 Na^+依赖性的葡萄糖转运体，以易化扩散的方式转运到细胞间隙而入血（图 6-11）。

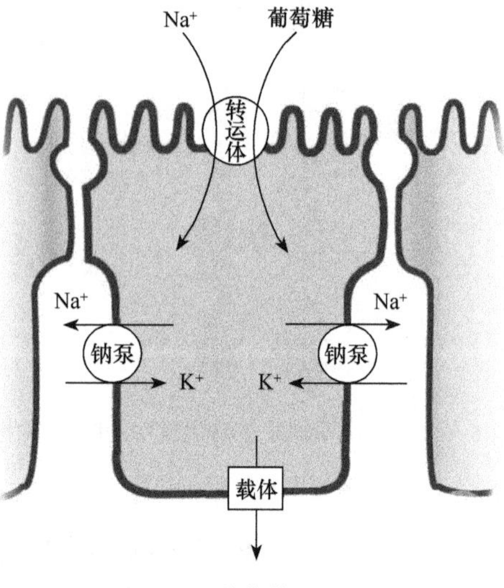

图 6-11　葡萄糖吸收途径

（二）蛋白质的吸收

蛋白质吸收的主要形式是氨基酸。氨基酸的吸收与葡萄糖的吸收相似，即通过继发性主动转运而吸收。氨基酸及少量未水解的二肽、三肽吸收进入小肠上皮细胞，再进入血液。少量的食物蛋白可完整地进入血液，由于吸收的量很少，从营养角度来看是无意义的，相反，它们常可作为抗原而引起过敏反应或中毒反应，对人体不利。

（三）脂肪的吸收

在小肠内，脂肪的消化产物脂肪酸、甘油一酯、胆固醇等很快与胆盐形成混合微胶粒。由于胆盐有亲水性，能携带脂肪的消化产物通过覆盖在小肠绒毛表面的非流动水层到达微绒毛。在这里甘油一酯、脂肪酸和胆固醇等又逐渐地从混合微胶粒中释出，并通过微绒毛的脂蛋白膜而进入肠黏膜上皮细胞，胆盐则被遗留于肠腔内，形成新的混合微胶粒，反复转运脂类的消化产物，最后在回肠被吸收。进入上皮细胞的中、短链脂肪酸由于水溶性高，可直接经肠上皮细胞扩散进入绒毛内的毛细血管。长链脂肪酸及甘油一酯被吸收后，在肠上皮细胞的内质网中大部分被重新合成为甘油三酯，并与细胞中生成的载脂蛋白结合成乳糜微粒以出胞的形式被释出胞外，进入细胞外组织间隙，再扩散入淋巴（图 6-12）。由于人类膳食中的动、植物油以长链脂肪酸较多，所以脂肪的吸收途径以淋巴为主。

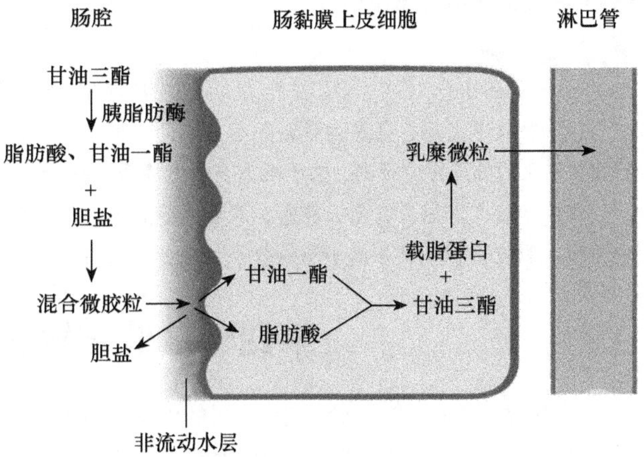

图 6-12　脂肪吸收过程

（四）水的吸收

水的吸收是被动的，主要依靠溶质吸收产生的渗透作用来完成。在小肠吸收营养物质及电解质的同时，水顺渗透压梯度进入血液，各种溶质尤其是 NaCl 是水吸收的主要动力。人体每日从胃肠道吸收的水分大约 8L，主要包括消化液中的水和饮食中的水。严重的呕吐、腹泻可使人体丢失大量的水和电解质，从而导致水、电解质和酸碱平衡紊乱。

（五）无机盐的吸收

1. 钠的吸收　成人每日摄入的钠为 5～8g，由消化腺分泌入消化液中的钠为 20～30g，而每日吸收的钠为 25～35g，说明有 95%～99% 的钠由肠道吸收。钠的吸收是主动的，原动力来自肠黏膜上皮细胞基底侧膜上的钠泵。钠的吸收可为葡萄糖、氨基酸和水的吸收提供动力，其中空肠对钠的吸收能力较强。

2. 铁的吸收　人体每日吸收的铁量约为 1mg，仅为食物中含铁量的 5%～10%。其吸收量的多少与人体对铁的需求量有关。铁的吸收是主动过程，吸收的主要部位在十二指肠和空肠上段。食物中的二价铁（Fe^{2+}）容易吸收，三价铁（Fe^{3+}）不易被吸收，维生素 C 能将其还原成 Fe^{2+}，促进铁的吸收；盐酸有利于铁的溶解，也可促进铁的吸收。胃大部分切除或胃酸分泌减少的病人，影响铁的吸收可导致缺铁性贫血。

3. 钙的吸收　从食物中摄入的钙仅有一小部分被吸收，大部分随粪便排出。钙的吸收是主动过程，吸收的主要部位在十二指肠。维生素 D 能促进小肠对钙的吸收，盐酸、脂肪酸等也可促进钙的吸收，氯化钙、葡萄糖酸钙等可溶性的钙更易吸收。由于食物中的草酸和植酸与钙结合后可形成不溶性的钙盐，故妨碍钙的吸收。

（六）维生素的吸收

维生素分为脂溶性维生素和水溶性维生素两类。大部分维生素在小肠上段被吸收，但维生素 B_{12} 在回肠被吸收。水溶性维生素主要通过依赖于 Na^+ 的同向转运体被吸收，但维生素 B_{12} 必须与内因子结合形成水溶性复合物才能在回肠被吸收。脂溶性维生素（A、D、E、K）的吸收机制与脂肪吸收相似。

链 接

小肠吸收不良综合征

小肠吸收不良综合征是由多种原因引起的小肠消化、吸收功能障碍，营养物质不能正常吸收，导致人体营养物质缺乏的临床综合征群。由于病人多伴有腹泻，粪便稀薄而量多，且含有较多油脂，故临床又称为脂肪泻。

胃肠术后，胃肠的炎症、肿瘤，肝胆或胰腺疾病；小肠运动障碍，小肠血液、淋巴循环障碍，小肠本身绒毛变短、吸收面积减少等是小肠吸收不良综合征的常见病因。

第四节　消化器官活动的调节

消化系统的各个部分具有不同的结构和功能特点，它们相互配合、协调一致地进行活动，同时又能与整体活动相适应，以达到消化食物和吸收营养物质的目的。这些都是在神经和体液因素共同调节下实现的。

一、消化道的神经支配

消化器官的神经支配分为外来神经系统和内在神经系统两大部分，两者相互协调，共同完成对消化管运动和消化腺分泌的调节。外来神经包括交感神经和副交感神经；内在神经是指分布在食管中段至肛门的消化道管壁内的神经结构，称为壁内神经丛。

（一）交感神经和副交感神经

除口腔、咽、食管上端的肌肉及肛门外括约肌由躯体运动神经支配外，其余部分主要接受自主神经系统的支配，其中副交感神经对消化功能的影响更大（图 6-13）。

1. 副交感神经　支配消化器官的副交感神经主要是迷走神经和盆神经。副交感神经兴奋时，节后纤维末梢释放乙酰胆碱，作用于消化腺和消化道平滑肌的 M 受体。促进消化腺的分泌，使消化液分泌增加；促进消化道的运动，使胃肠的紧张性增加，蠕动加快加强，但括约肌松弛，胃肠内容物推进加速；促进胆囊收缩，胆汁排放。

2. 交感神经　起源于脊髓的第 5 胸节至第 2 腰节侧角，在神经节换元后，节后纤维末梢释放去甲肾上腺素作用于胃肠道平滑肌。交感神经兴奋时，除能使少数唾液腺（如下颌下腺）增加分泌外，对其他消化腺的分泌和胃肠运动都起抑制作用，使胆囊舒张，括约肌收缩。因此，交感神经的作用是使消化过程减弱。

◎ 考点提示：副交感神经和交感神经兴奋时对胃肠道的调节作用

（二）壁内神经丛

壁内神经丛包括位于黏膜下层的黏膜下神经丛和位于环行肌和纵行肌之间的肌间神经丛两类（图 6-14）。它们由神经元和神经纤维组成复杂的神经网络，神经元之间的传导递质有乙酰胆碱

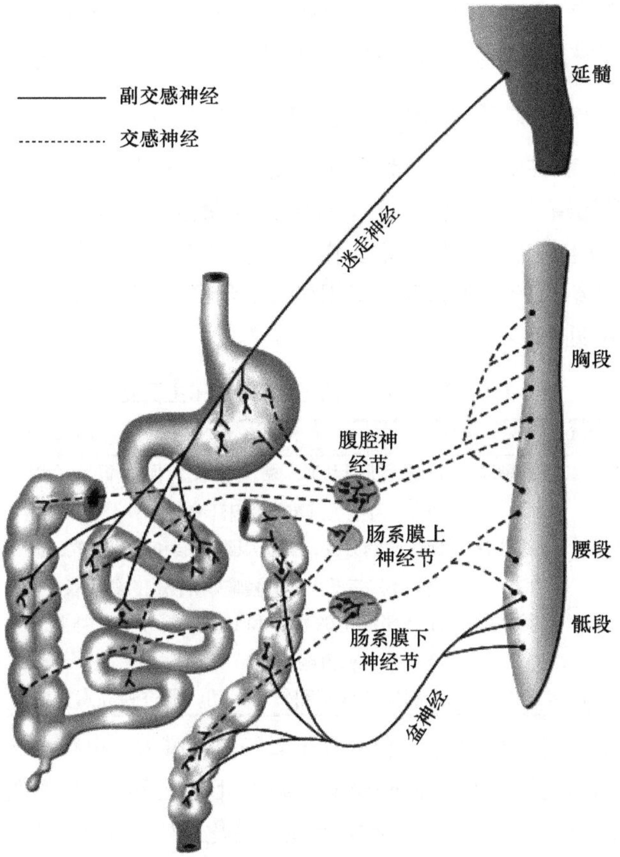

图 6-13 胃肠的神经支配

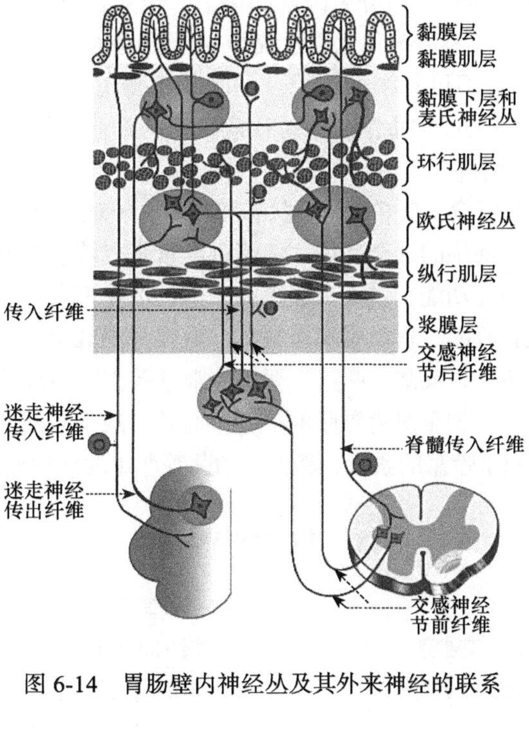

图 6-14 胃肠壁内神经丛及其外来神经的联系

（ACh）、缩胆囊素、去甲肾上腺素（NE）、血管活性肠肽等。壁内神经丛可以独立完成消化腺分泌、消化道运动及血管舒缩等局部反射。但在整个机体内，壁内神经丛常受外来神经的控制。

二、消化道的内分泌功能

在胃肠道黏膜内，散在分布着数十种内分泌细胞，且数量很大，也是体内最大最复杂的内分泌器官。由消化道内分泌细胞合成和释放的激素，统称为胃肠激素（gastrointestinal hormone）。胃肠激素的生理作用广泛，主要作用：①调节消化腺的分泌和消化道的运动；②营养作用，即刺激消化道组织的代谢和促进组织生长；③调节其他激素的释放。其中最主要的四种胃肠激素的生理作用见表 6-1。

表 6-1　四种胃肠激素的分泌部位和主要生理作用

激素名称	分泌部位	主要生理功能	引起释放的因素
促胃液素（胃泌素）	胃窦、十二指肠黏膜	促进胃肠运动、黏膜生长，促进胃液（以 HCl 为主）、胰液和胆汁分泌	迷走神经、蛋白质消化产物
缩胆囊素（促胰酶素）	十二指肠、空肠黏膜	促进胰酶分泌，促进胆囊收缩和胆汁排放，促进小肠运动，促进胰腺外分泌组织生长	蛋白质的消化产物、脂肪酸
促胰液素（胰泌素）	十二指肠、空肠黏膜	促进胰液中的水分和 HCO_3^- 的分泌，抑制胃液分泌和胃肠运动	盐酸、脂肪酸
抑胃肽	十二指肠、空肠黏膜	抑制胃液分泌和胃的运动，促进胰岛素分泌	脂肪酸、葡萄糖、氨基酸

另外，经研究证明，多种胃肠激素不仅存在于胃肠道黏膜内，也存在于中枢神经系统中，这些双重分布的肽类物质统称为脑 - 肠肽（brain-gut peptides）。目前已知的脑 - 肠肽有促胃液素、缩胆囊素、P 物质、胃动素等。脑 - 肠肽的提出揭示了神经系统与消化系统之间存在着紧密的内在联系。

三、社会、心理因素对消化功能的影响

消化、吸收功能不仅受神经、内分泌因素的调节，也受社会、心理因素的影响。社会、心理因素可通过神经系统、内分泌系统和免疫系统影响胃肠运动、消化腺分泌及黏膜血管状态等，在胃肠功能调节方面发挥着不可忽视的作用。同时，胃肠道也是最能表现情绪变化的一种器官，生活应激事件常常会诱发或加重消化系统疾病，而神经质、情绪化等人格特征则明显影响消化科患者的就诊率和症状程度。

研究显示，和谐的社会环境、良好的精神状态和稳定、乐观的情绪，可使消化器官活动旺盛，从而促进食欲，有益健康。动荡的社会环境、情绪过度紧张或精神抑郁则会干扰大脑高级神经系统的正常活动，影响自主神经功能，进而引起食欲减退，消化不良。例如：人处于激动和对抗情绪时，交感神经兴奋、血管收缩、胃黏膜缺血缺氧、胃腺分泌减少、肌肉松弛、运动减弱、胃排空障碍，出现上腹部饱胀不适、反酸、嗳气、恶心、呕吐等消化道症状；反之，消沉失落时副交感神经兴奋、胃酸分泌增多，加重对胃黏膜的损害。此外，战争时期溃疡病（应激性溃疡）的发病率明显增高，这显然与战争带来的紧张、恐惧、动荡等严重的精神创伤和心理改变有密切关系。

目标检测

一、名词解释

1. 消化　2. 吸收　3. 胃排空
4. 分节运动　5. 黏液 - 碳酸氢盐屏障

二、填空题

1. 消化的方式有两种，即______和______。
2. 胃的运动形式有______、______和______。

3. 含消化酶种类最多的消化液是 ______。
4. 胆汁中促进脂肪消化和吸收的主要物质是 ______。
5. 胰液中的水和 HCO_3^- 是由 ______ 细胞分泌的，消化酶是由 ______ 细胞分泌的。
6. 三大营养物质的消化产物主要是在 ______ 和 ______ 内吸收的。维生素 B_{12} 在 ______ 吸收。
7. 淀粉被水解为 ______ 后才能被小肠黏膜吸收，蛋白质需分解成 ______ 才能被吸收。
8. 胃液中的盐酸是由 ______ 细胞分泌的，胃液主要对食物中 ______ 的成分进行化学消化。
9. 小肠特有的运动形式是 ______，______ 是胃肠共有的运动形式。
10. 大肠内的细菌可合成对人体有营养作用的维生素 ______ 和 ______。

三、选择题

A1 型题

1. 消化管平滑肌对下列哪种刺激不敏感（　　）
   A. 电刺激　　B. 温度
   C. 化学物质　　D. 牵拉
   E. 缺血
2. 不是消化管平滑肌一般生理特性的是（　　）
   A. 富有伸展性　　B. 自动节律性
   C. 较高兴奋性　　D. 持续地紧张性
   E. 敏感性
3. 人唾液中含有的酶是（　　）
   A. 脂肪酶和蛋白酶　　B. 脂肪酶和溶菌酶
   C. 淀粉酶和溶菌酶　　D. 淀粉酶和脂肪酶
   E. 蛋白酶和溶菌酶
4. 下列哪项不是唾液的生理作用（　　）
   A. 湿润和溶解食物　　B. 清洁和保护口腔
   C. 杀菌　　D. 部分消化蛋白质
   E. 部分消化淀粉
5. 胃蛋白酶原转变为胃蛋白酶的激活物是（　　）
   A. 内因子　　B. 黏液
   C. HCl　　D. 维生素 B_{12}
   E. 维生素 D
6. 对胃黏膜屏障的描述错误的是（　　）
   A. 胃黏膜屏障可防止侵入黏膜 Na^+
   B. 胃黏膜上皮细胞更新很快，小的损伤可及时弥补
   C. 酒精、胆盐、阿司匹林等可破坏屏障作用
   D. 进入黏膜的 H^+，可引起组胺释放，加重黏膜损伤
   E. 胃黏膜屏障的破坏，在胃溃疡的发病中有重要作用
7. 肠胃反射可（　　）
   A. 促进胃的排空，抑制胃酸分泌
   B. 促进胃的排空，促进胃酸分泌
   C. 抑制胃的排空，抑制胃酸分泌
   D. 抑制胃的排空，促进胃酸分泌
   E. 对胃排空和胃酸分泌无影响
8. 关于头期胃液分泌的叙述，正确的是（　　）
   A. 只有食物直接刺激口腔才能引起
   B. 是纯神经调节　　C. 不包括条件反射
   D. 传出神经是迷走神经
   E. 酸度低、消化力弱
9. 混合食物由胃完全排空通常需要（　　）
   A. 1～1.5 小时　　B. 2～3 小时
   C. 4～6 小时　　D. 7～8 小时
   E. 12～24 小时
10. 胃排空的动力是（　　）
    A. 胃的运动　　B. 胃内容物的体积
    C. 十二指肠的酸性食糜刺激
    D. 幽门括约肌的活动
    E. 食物的理化性状和化学成分
11. 胃特有的运动形式是（　　）
    A. 蠕动　　B. 逆蠕动
    C. 容受性舒张　　D. 紧张性收缩
    E. 分节运动
12. 三种食物在胃内排空的速度由快到慢依次顺序是（　　）
    A. 蛋白质、糖、脂肪
    B. 糖、脂肪、蛋白质
    C. 糖、蛋白质、脂肪
    D. 脂肪、糖、蛋白质
    E. 蛋白质、脂肪、糖
13. 不含有消化酶的消化液是（　　）
    A. 胃液　　B. 胆汁

D．脂肪、糖、蛋白质
E．蛋白质、脂肪、糖

13．不含有消化酶的消化液是（　　）
A．胃液　　B．胆汁
C．胰液　　D．小肠液
E．唾液

14．含消化酶种类最多、消化能力最强的消化液是（　　）
A．胰液　　B．胆汁
C．唾液　　D．小肠液
E．胃液

15．营养物质吸收的主要部位是（　　）
A．食管　　B．胃
C．小肠　　D．大肠
E．口腔

16．小肠特有的运动形式是（　　）
A．蠕动　　B．分节运动
C．容受性舒张　　D．集团蠕动
E．蠕动冲

17．在小肠黏膜细胞内，甘油三酯与载脂蛋白形成（　　）
A．微胶粒　　B．混合微胶粒
C．卵磷脂　　D．乳脂
E．乳糜微粒

18．大肠内细菌合成（　　）
A．维生素 A　　B．维生素 C
C．维生素 D　　D．维生素 E
E．维生素 K

19．吸收胆盐和维生素 B_{12} 的主要部位是（　　）
A．空肠　　B．回肠末端
C．结肠上段　　D．十二指肠
E．结肠上段

20．排便反射的初级中枢位于（　　）
A．脊髓腰骶段　　B．中脑
C．延髓　　D．脑桥
E．脊髓胸段

A2 题型

21．男性，42 岁。胃大部分切除术后，出现严重贫血，表现为外周巨幼红细胞增多，其主要原因是下列哪种物质减少（　　）
A．盐酸　　B．黏液
C．胃蛋白酶原　　D．内因子
E．HCO_3^-

22．医生不轻易切除小肠，尤其是十二指肠和空肠，即使切除也不超过 50%，原因是？（　　）
A．小肠回盲瓣的功能
B．小肠具有移行性复合运动
C．十二指肠腺和小肠腺是重要部位
D．小肠是食物消化和吸收的重要部位
E．小肠液含有胰液和胆汁

A3 题型

患者女性，50 岁。间歇性上腹部疼痛 2 年，伴腹胀，3 个月来症状加重，厌食明显，体重下降。查体：贫血貌，上腹部轻压痛，肝肋下 1.5cm 可触及，脾未触及，化验：血红蛋白 70g/L。镜检提示大细胞性贫血，大便潜血（－）。诊断为萎缩性胃体胃炎。

23．该患者的贫血症状与下列哪项因素有关（　　）
A．营养不良　　B．消化道出血
C．维生素 B_{12} 的吸收障碍
D．铁吸收障碍　　E．叶酸吸收障碍

24．维生素 B_{12} 的吸收部位是（　　）
A．胃　　B．十二指肠
C．空肠　　D．回肠
E．结肠

25．维生素 B_{12} 的吸收需下列哪项因素的参与（　　）
A．盐酸　　B．胃蛋白酶
C．黏液　　D．内因子
E．促胃液素

26．合成内因子的细胞是（　　）
A．胃黏膜壁细胞　　B．胃黏膜主细胞
C．黏液细胞　　D．胃黏膜上皮细胞
E．胃壁平滑肌细胞

（江　慧）

第7章 能量代谢和体温

案例 7-1 患者女性，节食减肥1个月。某日上班后感觉心慌、无力、出冷汗，随即昏迷。诊断为低血糖昏迷，立即静脉推注 50% 葡萄糖 60ml，患者逐渐苏醒。

问题：

1. 请分析患者发生低血糖的原因。
2. 请分析患者无力和昏迷的原因。

第一节 能量代谢

能量代谢是新陈代谢不可分割的组成部分，是伴随物质代谢过程发生能量的释放、转移、储存和利用过程。人体呼吸进行的 O_2 与 CO_2 的互换属于气体代谢；食物的消化与吸收属于物质代谢；新陈代谢除气体代谢、物质代谢外；本章将讨论新陈代谢的另一种形式即伴随物质代谢而发生的能量代谢。

一、机体能量的来源和去路

（一）能量的来源

人体的能量主要来源于食物消化吸收的三大营养物质，即糖、脂肪和蛋白质。三种营养物质在体内主要以有氧氧化和无氧酵解的方式为人体提供能量。

1. 糖　正常状态下，糖是人体主要的供能物质。人体所需能量的 70% 由糖供应，每克糖在体内氧化分解可产生 17.167kJ（4.1kcal）能量。由食物消化吸收入血的糖主要是葡萄糖，即血糖。当血糖降低时，在生命活动中能量消耗较大的肌肉组织和大脑组织则会由于能量供应不足而发生功能障碍，表现为全身乏力和反应迟钝。

2. 脂肪　是体内能源物质储存的主要形式。一般占体重的 20% 左右，每克脂肪在体内氧化分解可产生 39.777kJ（9.5kcal）能量。当机体摄入并吸收过多能源物质而活动相对较少时，脂肪储存将增多，是导致肥胖的主要原因之一。当人体糖储存不足或糖利用障碍时，脂肪就成为机体的主要能源物质，在有氧条件下为机体供能。脂肪分解供能可产生酮体。

糖尿病酮症酸中毒是糖尿病最常见的急性并发症之一，是体内胰岛素严重缺乏引起的高血糖、高血酮、酸中毒、水电解质紊乱为特征的一组临床综合征。主要是由于糖代谢紊乱，体内酮体产生过多，导致血中 HCO_3^- 浓度减少，失代偿时，则血液 pH 下降，引起酸中毒。早期呈糖尿病症状加重，随后出现食欲减退、恶心、呕吐、腹痛、呼吸深大、呼气中有烂苹果味。随着病情进一步发展，出现明显失水，尿量减少，血压下降，意识模糊，嗜睡以致昏迷。实验室检查：尿糖、尿酮体均强阳性。

3. 蛋白质　可为人体提供约 18% 的能量。每克蛋白质在体内氧化分解可产生 18.004kJ（4.3kcal）能量。正常状态下，糖与脂肪可以代替蛋白质提供能量，只有糖和脂肪供能不足时，蛋白质才会通过糖异生的形式为人体供能。

（二）能量的去路

糖、脂肪、蛋白质在体内氧化时所释放的能量，约有 50% 转化为热能以维持体温，其余不足 50% 以化学能的形式储存于组织细胞内的三磷腺苷（ATP）。在机体进行功能活动时，ATP 分解释放出能量，被各种生理活动所利用，如合成代谢、神经传导、肌肉收缩及细胞内外各种物质的主动转运等。除骨骼肌运动时消耗的能量用于完成机械外功，其余功能活动所消耗的能量，最终都转变为热能并且主要通过体表散发到外环境（图 7-1）。

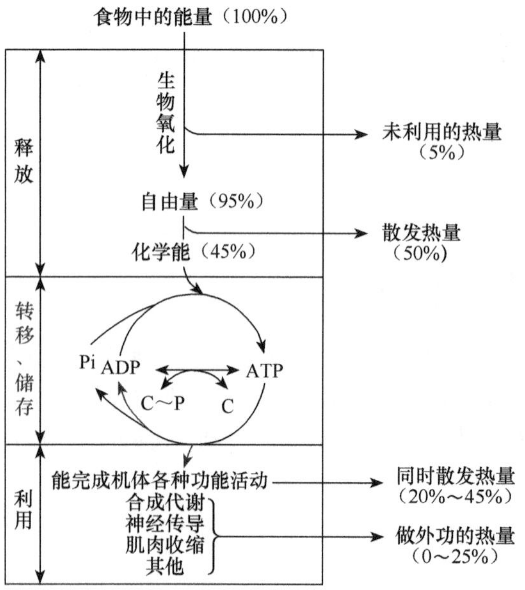

图 7-1　体内能量的释放、转移、储存和利用

C. 肌酸；Pi. 无机磷酸；C～P. 磷酸肌酸

从左图可以看出，当人体摄取的能量过多而消耗的能量不变时，多余的能量合成人体内的物质贮存于人体，这时机体体重增加，身体肥胖；反之当机体摄取的能量不变，而人体消耗的能量增加时，如肌肉活动增强、劳动强度增大，肌肉活动所需要的能量要增加人体对组织结构的分解，如脂肪组织分解供能使体重下降，人体消瘦。所以控制体重的一个重要依据就是增加运动来增加人体对能量的消耗即分解脂肪，或通过减少摄食来减少对能量的摄入，从而能很好地控制体重的增加。反之，如果摄食过多而运动又不够充分，人体肥胖，体重增加。

◎ 考点提示：能量的来源、储能和供能物质

二、影响能量代谢的因素

机体完成各种功能所消耗的能量，除肌肉活动对外做功外，其余都转变为热能。因此，影响产热量的因素也就是影响能量代谢的因素。

（一）肌肉活动

肌肉活动对能量代谢的影响最为显著。运动或劳动时，机体的耗氧量和产热量显著增加，机体产热量的增加同肌肉活动的强度成正比。剧烈运动或进行高强度劳动时，短时间内机体的产热量可比平时增加数倍至数十倍。表 7-1 显示不同强度的劳动或运动时，能量代谢的增长情况。

表 7-1　运动和劳动时的能量代谢

活动方式	平均产热量［kJ/（m^2·min）］	活动方式	平均产热量［kJ/（m^2·min）］
躺卧	2.730	扫地	11.372
开会	3.400	打排球	17.049
擦窗子	8.303	打篮球	24.222
洗衣服	9.890	踢足球	24.975

（二）精神活动

精神和情绪活动对能量代谢有明显影响。平静思考时，能量代谢受到的影响不大，当精神处于紧张状态或情绪激动时，如激动、愤怒、恐惧及焦虑时，产热量显著增加，这与精神紧张时骨骼肌张力增加导致产热量增加、交感神经兴奋、儿茶酚胺释放增多、代谢增强有关。

人脑的重量占体重的 2.5%，安静状态下心输出量的 15% 分配给脑循环。安静状态下，每 100 克脑组织的耗氧量为 3～3.5ml/min，接近安静肌肉组织耗氧量的 20 倍。人安静时思考问题，能量代谢变化不大，产热量增加一般不超过 4%。但在精神处于紧张状态或情绪激动等情况下，由于随之出现的无意识的肌紧张产热明显增加。

（三）食物的特殊动力作用

人在进食后 1～8 小时，机体产生的热量比进食前增加。这种食物引起机体额外产生热量的现象称为食物的特殊动力作用。食物的特殊动力作用在各种营养物质是不同的。蛋白质食物可增加产热量的 30%，脂肪或糖类食物可增加产热量的 4% 和的 6%，混合食物可增加产热量的 10% 左右。

（四）环境温度

人在安静状态时的能量代谢，以 20～30℃的环境中最为稳定。人生活在这个环境温度下也感觉最舒适，环境温度低于或高于此温度范围，机体代谢率增强，产热量均增高。人体也感觉不舒适。当环境温度低时，产热量增加，主要是由于寒冷刺激反射性地引起寒战以及骨骼肌紧张性增强所致；环境温度高时，代谢率增加，主要是由于体内化学反应速度增加、发汗功能旺盛以及呼吸、循环功能增强等因素引起。

三、基础代谢

（一）基础代谢和基础代谢率

基础代谢是指人体在基础状态下的能量代谢。单位时间内的基础代谢，称为基础代谢率（BMR）。所谓基础状态是指在室温 18～25℃、清晨空腹、清醒安静时的状态。这时，人体的各种生理活动和代谢都相对稳定，能量消耗仅用于维持心跳、呼吸及其他基本生命活动的需要。

能量代谢率与体表面积基本上成正比。因此，为了比较不同个体之间的能量代谢情况，基础代谢率以每小时每平方米体表面积的产热量为单位，通常以 $kJ/(m^2 \cdot h)$ 表示。

我国成年人基础代谢率测定相关公式：

$$体表面积(m^2)=0.0061\times 身高(cm)+0.0128\times 体重(kg)-0.1529$$

（二）测定基础代谢率的临床意义

正常人的基础代谢率相对稳定，但随年龄和性别不同有一定生理差异。随着年龄的增长，基础代谢率逐渐降低，如表 7-2 所示儿童的基础代谢率比成年人高，老年人的基础代谢率又比成年人低，女性的基础代谢率比同龄的男性低。

表 7-2 中国人正常基础代谢率的平均值 [kJ/(m²·h)]

年龄	11—15	16—17	18—19	20—30	31—40	41—50	>51
男性	195.5	193.4	166.2	157.8	158.7	154.1	149.1
女性	172.5	181.7	154.1	149.1	146.4	142.4	138.6

临床实际测得的基础代谢率数值，同表 7-2 所列的正常平均值比较，其范围在 ±15% 内均属于正常。超过±20% 时，可能是病理状态所致。各种疾病中，甲状腺功能异常对基础代谢率影响最为明显。甲状腺功能低下时，BMR 降低；甲状腺功能亢进时，BMR 增高。所以基础代谢率的测定是临床诊断甲状腺疾病的重要辅助方法。此外，发热、糖尿病、红细胞增多症、白血病的 BMR 也不同程度增高。

第二节 体 温

一、正常体温及生理变动

（一）正常体温

由于身体各部位组织的代谢率和散热条件不同，其温度存在一定差异。体表温度由于受环境温度和衣着情况的影响，波动幅度较大，各部位差异也较大。深部温度相对稳定。由于深部温度不易测试，临床上通常用腋窝温度、口腔温度、直肠温度来代表体温：直肠温度的正常值为 36.9～37.9℃；口腔温度比直肠温度低 0.3℃；腋窝的温度又较口腔的温度低 0.4℃。

（二）体温的生理变动

生理情况下，人的体温随昼夜、性别、年龄、肌肉活动和精神因素等的变化而有所波动。

1．昼夜变化　正常人体温呈现明显的日节律。清晨 2～6 时体温最低，午后 2～6 时最高，但波动幅度一般不超过 1℃。

2．性别　成年女性的平均体温比男性高 0.3℃左右。生育年龄女性的基础体温在月经周期中也有规律性的波动。月经期和排卵前期体温较低，排卵日最低，排卵后期体温升高 0.2～0.5℃，直到下次月经来潮（图 7-2），测定成年女性的基础体温有助于确定其是否排卵和排卵

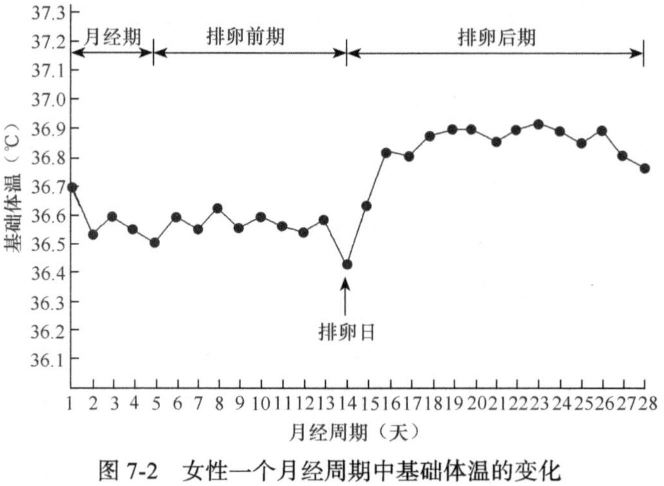

图 7-2　女性一个月经周期中基础体温的变化

日期。

3. 年龄　新生儿的体温调节能力弱，其体温易受环境温度的影响。老年人代谢率低，体温较低，环境温度下降时代偿能力较差，对新生儿和老年人应注意保持适宜的室温。

链　接

新生儿硬肿症

由寒冷、早产、感染和窒息为主要原因引起的新生儿皮肤和皮下脂肪变硬与水肿。硬肿发生顺序：小腿→大腿外侧→下肢→臀部→面颊→上肢→全身。严重者可导致心、肺、肾多脏器损害，甚至出现DIC。发病机制：①体温调节中枢不完善；②新生儿体表面积相对大，皮下脂肪层薄，散热量大，早产儿更甚；③早产儿棕色脂肪储存量少，在感染、窒息和缺氧时棕色脂肪产热不足，致体温过低；④新生儿皮下脂肪中饱和脂肪含量大，其熔点高，寒冷时易凝固。水肿与毛细血管壁在寒冷、缺氧下通透性增高有关。实验室检查常有代谢性酸中毒、尿素氮升高及血糖的变化。

4. 肌肉活动　肌肉剧烈活动时，机体的代谢增强，产热增加，体温可升高1～2℃。因此，受试者应在安静状态下测量体温。

5. 其他因素　情绪激动、精神紧张、进食均可使体温升高。麻醉药可以抑制体温调节中枢，尤其是扩张皮肤血管后散热增加，可使体温降低，故在术中和术后应注意保温。

二、机体的产热和散热

人体生命结束时，其身体的温度即为环境温度，原因是生命结束后，人体新陈代谢停止，能量代谢也停止，产热停止，人体也就没有了生命体温。机体有体温，而且保持恒定，原因是机体在代谢过程中不断地产热，同时又将产生的热量经由体表不断地向外界发散。正常体温的维持是产热和散热两个过程动态平衡的结果。

（一）产热的器官

机体的热量来自各组织器官的分解代谢，由于各器官的代谢水平不同，其产热量各异。安静时，主要的产热器官是内脏，其中肝脏代谢活动最旺盛，产热量最多；运动或劳动时，骨骼肌代谢率显著提高，成为主要产热器官。

（二）散热的方式

机体产生的热量可通过皮肤、呼吸、粪、尿等排泄物散发到体外，而皮肤是最主要的散热器官。皮肤可以通过辐射、传导、蒸发方式进行散热。

1. 辐射散热　机体以红外线（热辐射）的形式将体内热量传给外界较冷物体的散热方式，是人在安静状态下的主要散热方式。辐射散热量取决于体表温度与环境温度的差值及体表有效辐射面积的大小。

人的体温37℃，人体皮肤的发射率0.98，在基线温度为37℃的红外线显示屏上可近似为一种300K的黑色。当室温低于体温时，人体即通过皮肤发射出肉眼看不见的红外辐射能量，该能量的大小及分布与温度成正比。当人体某些部位患病时，通常存在温度的变化，有的温度升高（如炎症、肿瘤等），有的温度降低（如脉管炎、动脉硬化等）。借助红外成像技术可以清晰、准确、及时地发现人体由于不同原因而引起的微小的温度变化，为诊断疾病提供依据。

2．传导散热　机体将热量直接传给与其接触的较冷物体的散热方式。其散热量取决于物体的导热性能。水的导热性能比空气好，因此，临床上采用冰帽、冰袋等给高热患者降温就是通过增加传导散热达到降低体温的目的。

3．对流散热　通过气体的流动来交换热量的散热方式。其散热量取决于风速。风速越大，对流散热量也越多；反之，散热量就越少。

4．蒸发散热　当环境温度高于体表温度或机体产生过多热量时，体热则主要以蒸发散热方式散失。体表每蒸发 1g 水，可散发体热 2.43kJ（0.58kcal）。临床上对高热患者采用温水或乙醇擦浴，即是通过水分及乙醇的蒸发，达到降温的目的。

蒸发分为不感蒸发（不显汗）和可感蒸发（发汗）两种。

不显汗是指水分直接透出皮肤和黏膜表面，在未聚成明显水滴前便被蒸发的一种散热方式。成人每天不感蒸发大约 1L 水分，其中经皮肤不感蒸发 0.6～0.8L，经呼吸不感蒸发的量为 0.2～0.4L。

发汗是汗腺分泌汗液的活动。人在安静状态下，环境温度达 30℃左右或劳动、运动时体温升高，即可出汗。汗液是低渗溶液，其中 99% 以上是水分，只有少量 NaCl 和尿素等。汗液的分泌量与体热发散的需要相当。影响出汗的因素主要是劳动强度、环境温度和湿度以及风速等。

在气候炎热、高强度劳动或是大运动量活动后，身体出汗很多时，有必要为身体补充一些水分和盐分。补盐最简单有效的方法是喝淡盐水或喝加了食盐的果汁。需要提醒的是，夏天出汗后为身体补充水分、盐分应掌握好“度”，不能一次补充得过多。盐分补充过多，会加重心脏、肾脏负担。因此，在补充水分、盐分时，以少量多次为好。

三、体温调节

人体体温的相对恒定，有赖于自主性和行为性两种体温调节。自主性体温调节，是在下丘脑体温调节中枢控制下，随机体内外环境温热性刺激信息的变动，通过增减皮肤血流量、发汗、寒战等生理反应，调节体热的发散和产生，使体温保持相对恒定。行为性体温调节，是指在自主性体温调节的基础上，人体通过增减衣着、增减运动和创造人工气候环境等有意识的行为来维持体温的恒定，是体温调节的补充。

（一）温度感受器

1．外周温度感受器　是分布在皮肤、黏膜和内脏的游离神经末梢，可感受温度变化，分为冷感受器和热感受器。

2．中枢温度感受器　分布在脊髓、延髓、脑干网状结构、下丘脑和大脑皮质运动区等处的温度感受神经元，可分为热敏神经元和冷敏神经元，以热敏神经元功能活动为主。视前区－下丘脑前部（PO/AH）的温度敏感神经元可对其他部位的温度变化发生反应。

（二）体温调节中枢

从多种恒温动物分段切除脑的实验表明，下丘脑在生理性体温调节中起重要作用。进一步实验发现，视前区－下丘脑前部不仅存在热敏神经元和冷敏神经元，而且能对散热和产热两个过程进行调节。所以，目前认为视前区－下丘脑前部是体温调节的基本中枢。

（三）体温调节机制

1. 体温调节过程　当内外环境温度发生变化时，通过外周温度感受器和中枢温度敏感神经元，将温度变化的信息由相应的传入途径传入中枢，PO/AH 汇集各路信息进行最后的整合处理，通过自主神经（支配汗腺、皮肤血管）、躯体神经（支配骨骼肌等）、内分泌腺（分泌肾上腺素等），调节机体的产热过程和散热过程，使体温保持相对稳定（图 7-3）。

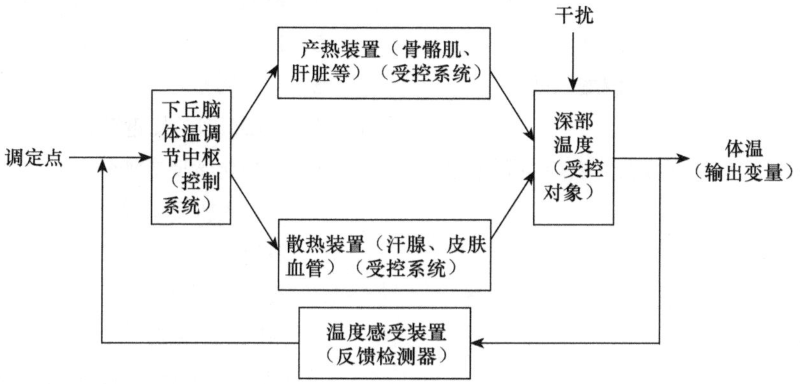

图 7-3　体温调节自动控制

2. 人体的服习　人长期居住在寒冷或温热环境中，便可逐渐对环境温度产生适应，这种对环境的适应功能，称为服习。

3. 调定点学说　正常人的体温能维持在 37℃左右，体温调节机制类似于恒温器的调节，PO/AH 的中枢温度敏感神经元在体温调节中起调定点作用。PO/AH 的温度敏感神经元对温度的感受有一定的阈值，即为调定点。正常人的调定点为 37.0℃。如体温超过 37.0℃，热敏神经元放电增加，使散热大于产热，将升高的体温调回到 37.0℃；当体温低于 37.0℃时，热敏神经元放电减少，产热大于散热，使降低的体温回升到 37.0℃，保持体温在 37.0℃的水平上。

发热是致热原使热敏神经元的兴奋性下降而阈值升高，调定点水平上移并维持在较高的水平上进行体温调节的结果。致热源可分为内源性致热源和外源性致热源。内源性致热源：白介素、肿瘤坏死因子、干扰素等属于内热源。外源性致热源：细菌及其毒素、病毒、真菌、螺旋体等微生物，免疫反应，某些药物等。在致热原作用下，调定点从 37.0℃升高到 39.0℃时，首先出现寒战等产热反应，直到体温升高到 39.0℃时才出现散热反应。只要致热因素不消除，产热与散热两个过程就继续在新的水平上保持平衡。因此，致热原引起的发热并不是由于体温调节功能障碍所致，而是调定点上移的结果。

目标检测

一、名词解释

1. 氧热价
2. 呼吸商
3. 能量代谢
4. 辐射散热
5. 体温

二、选择题

1. 体内不能转化为其他形式的能量是（　　）

A. 渗透能　　B. 势能

C. 电能　　D. 热能

E. 机械能

2. 肌肉收缩时的直接能源是（　　）

A. 磷酸肌酸　　B. 酮体

C. 葡萄糖　　D. 脂肪酸

E. ATP

3. 下列哪种物质既是重要的储能物质又是直接供能物质（　　）

A. 肝糖原　　B. ATP

C. 脂肪酸　　D. 磷酸肌酸

E. 葡萄糖

4. 在正常情况下，脑组织的能量供应主要来自于（　　）

A. 糖的无氧酵解

B. 糖的有氧氧化

C. 维生素

D. 脂肪氧化

E. 蛋白质氧化

5. 正常情况下通过糖酵解供能的是（　　）

A. 脑　　B. 肝

C. 肌肉　　D. 红细胞

E. 心肌

6. 用肺量计可测定受试者一定时间内的（　　）

A. 耗氧量

B. 二氧化碳产生量

C. 耗氧量和二氧化碳产生量

D. 呼出气的二氧化碳容积百分比

E. 呼出气的氧容积百分比

7. 临床上用简便方法测定能量代谢时，必须测定的数值是（　　）

A. 食物的热价

B. 食物的氧热价

C. 食物的氧价

D. 一定时间的耗 O_2 量

E. 一定时间的 CO_2 产生量

8. 闭合式测热法是测定受试者一定时间内的（　　）

A. 二氧化碳产生量

B. 尿氮排出量

C. 耗氧量

D. 耗氧量和二氧化碳产生量

E. 耗氧量和尿氮排出量

9. 衡量能量代谢率大小较为合适的是（　　）

A. 体表面积　　B. 身高

C. 体重　　D. 血型

E. 心率

10. 能量代谢最稳定的环境是（　　）

A. 0～10℃　　B. 10～20℃

C. 20～30℃　　D. 30～40℃

E. 40～50℃

11. 环境温度低时，代谢率增加的原因主要是（　　）

A. 体内化学反应加快

B. 肌肉紧张度增强

C. 肌肉松弛

D. 皮肤血管舒张

E. 内脏活动减弱

12. 下列因素中，对能量代谢影响显著的是（　　）

A. 肌肉活动　　B. 精神活动

C. 食物的品种　　D. 进食

E. 环境温度

13. 能量代谢率最高的是（　　）

A. 躺卧　　B. 开会

C. 洗衣　　D. 扫地

E. 踢足球

14. 特殊动力作用最强的食物是（　　）

A. 脂肪　　B. 蛋白质

C. 糖　　D. 维生素

E. 无机盐

15. “额外”增加热量最多的食物是（　　）

A. 鸡蛋　　B. 甘蔗

C. 猪油　　D. 蔬菜

E. 水果

16. 下列情况中，能量代谢率最低的是（　　）

A. 安静时

B. 基础条件下

C. 清醒后未进食前

D. 平卧时

E. 熟睡时

17. 基础代谢率的单位是（　　）

A. kJ/h　　B. kJ/（$m^2 \cdot h$）

C．kJ/m^2　　D．kJ

E．$kJ/(m^2 \cdot min)$

18．正常人的直肠温、口腔温和腋窝温的关系应当是（　　）

A．口腔温＞腋窝温＞直肠温

B．口腔温＞直肠温＞腋窝温

C．直肠温＞腋窝温＞口腔温

D．直肠温＞口腔温＞腋窝温

E．腋窝温＞口腔温＞直肠温

19．下列哪项因素不影响体温的生理波动（　　）

A．昼夜节律　　B．性别差异

C．年龄差异　　D．情绪变化

E．身高体重差异

20．安静时体内产热量最多的器官是（　　）

A．肝　　B．心

C．脑　　D．肾

E．脾

（张立新）

第 8 章 肾的排泄功能

在新陈代谢的过程中，机体不断消耗氧和分解营养物质，为生命活动提供所需要的能量，同时产生对机体无用甚至有害的终产物。机体将新陈代谢过程中所产生的各种代谢终产物、过剩的物质及进入体内的异物，经血液循环由相应途径排出体外的过程称为排泄。人体具有排泄功能的器官有肾、肺、皮肤、消化道等，其主要排泄物见表 8-1。至于粪便中的食物残渣，因并未进入机体内环境，故不属于排泄物。

表 8-1　人体的排泄途径及其排泄物

排泄途径	排泄物
肾	水、尿素、肌酐、盐类、药物、毒物、色素等
肺	CO_2、水、挥发性物质等
皮肤及汗腺	水、盐类、少量尿素等
消化道	钙、镁、铁、磷等无机盐、胆色素、毒物等

在所有的排泄器官中，肾排出的代谢产物种类最多，数量最大，并可根据机体的状况调整尿液的质和量，来调节体内水、电解质以及酸碱平衡。故肾脏不仅是人体最重要的排泄器官，在维持机体内环境相对稳定的过程中，起着很重要的作用。此外，肾还具有内分泌功能，它能产生多种生物活性物质，如促红细胞生成素、肾素、激肽、前列腺素等。本章重点讨论肾的排泄功能。

第一节　肾的血液循环特点

1．肾血流量大　正常成年男性安静时肾血流量约有 1.2L/min，相当于心输出量的 20%～25%。

2．血液分布不均匀　流经肾的血流量约 94% 的血液分布在肾皮质，5%～6% 分布在外髓，其余不到 1% 分布在内髓，有利于肾小球的滤过。

3．两套毛细血管网　第一套毛细血管网是入球小动脉进入肾小体后，分支形成肾小球毛细血管网，其压力高，有利于肾小球的滤过。第二套毛细血管网是出球小动脉分支形成的肾小管周围毛细血管网，其压力低，有利于肾小管和集合管的重吸收。故肾有两套串联的毛细血管网且两极毛细血管血压差异较大（图 8-1）。

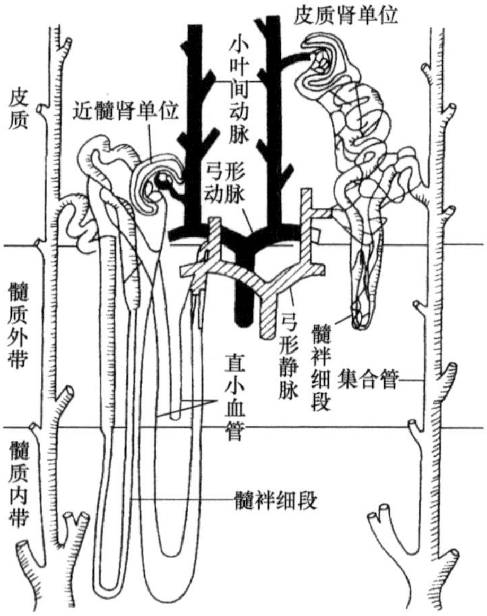

图 8-1　肾单位和肾血管

第二节　尿生成的过程

肾的泌尿活动是在肾单位和集合管中进行的。尿的生成过程包括三个相互联系的基本环节：①肾小球的滤过；②肾小管和集合管的重吸收；③肾小管和集合管的分泌（图 8-2）。

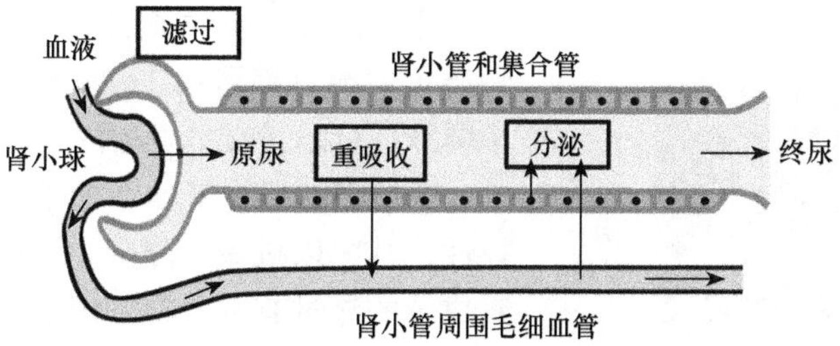

图 8-2　尿生成的基本过程

一、肾小球的滤过作用

肾小球滤过是指血液流经肾小球毛细血管时，血浆中除大分子血浆蛋白以外的水、无机盐、小分子有机物等，透过滤过膜进入肾小囊形成原尿（超滤液）的过程。肾小球的滤过是尿生成的第一个环节。微穿刺技术证明，原尿中除蛋白质以外，其余成分及浓度与血浆基本相同（表 8-2）。因此，原尿就是血浆的超滤液。

表 8-2　血浆、原尿和终尿中主要物质比较

成分	血浆（g/L）	原尿（g/L）	终尿（g/L）	浓缩倍数	重吸收率（%）
水	900.0	980.0	960.0	1.1	99
蛋白质	60～80	0.3	0.0	0.0	100
葡萄糖	1.0	1.0	0.0	0.0	100
Na^+	3.3	3.3	3.5	1.1	99
K^+	0.2	0.2	1.5	7.5	94
Cl^-	3.7	3.7	6.0	1.6	99
PO_4^{3-}	0.03	0.03	1.2	40.0	67
尿素	0.3	0.3	20.0	67.0	45
尿酸	0.02	0.02	0.5	25.0	79
肌酐	0.01	0.01	1.5	150.0	0
氨	0.001	0.001	0.4	400.0	0

链　接

微穿刺技术

微穿刺技术是利用显微操作仪将外径 6～10μm 的微吸管插入肾小体的囊腔中。同时，在与囊腔相接部位的近球小管内注入液状石蜡，防止滤液进入肾小管。用微吸管直接抽取肾小囊腔中的液体进行微量化学分析，结果发现，除了蛋白质含量很少外，各种晶体物质（如葡萄糖、氯化物、无机磷酸盐、尿素、尿酸和肌酐等）的浓度都与血浆中的非常接近，而且渗透压及酸碱度也与血浆的相似，从而证明了囊内液的确是血浆的超滤液。

（一）滤过的结构基础——滤过膜

1. 滤过膜的结构　滤过膜由三层结构组成：内层为肾小球毛细血管内皮细胞，中层为基膜，外层是肾小囊脏层上皮细胞。每层结构上都存在不同直径的微孔，滤过膜三层结构上的孔道，构成了物质滤过的机械屏障（图 8-3）。

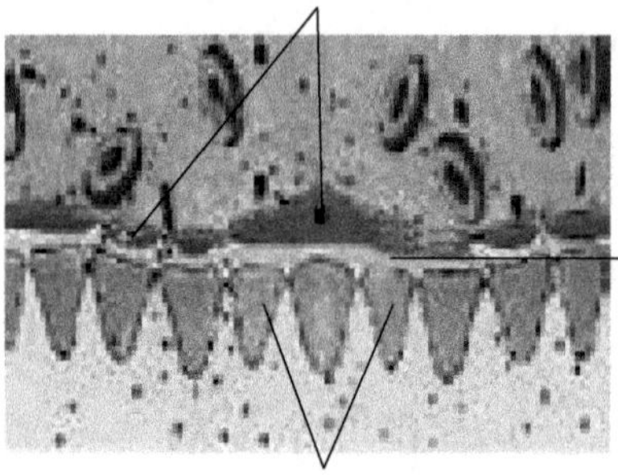

图 8-3 肾小球滤过膜

此外在滤过膜的各层上均覆盖着一层带负电荷的物质（主要是糖蛋白），这些物质形成了滤过膜的电学屏障，可阻止带负电荷的大分子物质通过。

滤过膜的机械屏障和电学屏障对物质的滤过有选择性，其中以机械屏障为主。两道屏障使滤过膜对血浆成分的滤过有着严格的限制，对原尿的成分起着决定性的作用。

2．滤过膜的通透性　物质能否通过肾小球滤过膜决定于物质分子的大小及其所带电荷。一般来说，分子量小于 69 000，有效半径小于 2.0nm 的带正电荷或呈电中性的物质，可以自由滤过，如葡萄糖、水、Na^+等；分子量大于 69 000，有效半径大于 4.0nm 的大分子物质则不能滤过；有效半径介于 2.0～4.0nm 之间的各种物质只能部分滤过。血浆中的白蛋白分子量虽然只有 69 000，有效半径为 3.6nm，但由于其带有负电荷，因此不能通过电学屏障，故原尿中几乎没有蛋白质。但是肾在病理情况下，滤过膜上带负电荷的糖蛋白减少或消失，就会导致带负电荷的血浆蛋白（白蛋白）滤出明显增加，从而出现蛋白尿。由于电学屏障的作用不如机械屏障明显，故 Cl^-、HCO_3^-、HPO_4^{2-} 和 SO_4^{2-} 等带负电荷的微小物质也可顺利通过滤过膜。

3．滤过膜的面积　正常成人两肾约有 200 万个肾单位处于活动状态，滤过的总面积约为 $1.5m^2$，这样的滤过面积对于肾小球的滤过十分有利。

（二）滤过的动力——有效滤过压

肾小球有效滤过压是肾小球滤过的动力，与组织液生成的原理一致。由于滤液（肾小囊液）中的蛋白含量极低，故其胶体渗透压可忽略不计，所以肾小球有效滤过压取决于：肾小球毛细血管血压、血浆胶体渗透压、肾小囊内压。促进肾小球滤过的动力是肾小球毛细血管血压，滤过的阻力是血浆胶体渗透压和肾小囊内压。肾小球有效滤过压公式为：

肾小球有效滤过压＝肾小球毛细血管血压－（血浆胶体渗透压＋肾小囊内压）（图 8-4）。

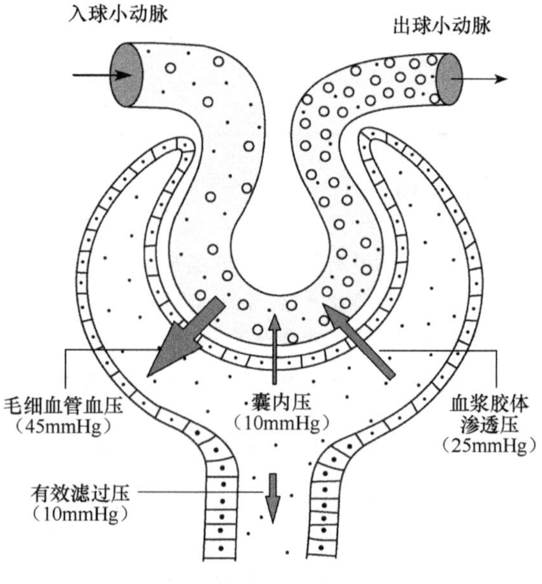

图 8-4 肾小球有效滤过压

肾小球毛细血管血压平均值为 6.0kPa（45mmHg）。由于入球小动脉粗而短，血流阻力小；出球小动脉细而长，血流阻力大，所以血液在流经肾小球毛细血管时血压下降不多，入球小动脉端的血压和出球小动脉端的血压几乎相等。囊内压较为恒定，约为 1.3 kPa（10mmHg）。在入球小动脉端的血浆胶体渗透压约为 3.3 kPa（25mmHg），由于血液在流经肾小球毛细血管时，血浆中的小分子物质不断滤出，造成血浆蛋白质浓度不断增加，引起肾小球毛细血管内的血浆胶体渗透压随之升高，到出球小动脉端时血浆胶体渗透压升高到 4.7 kPa（35mmHg）。

将上述数值代入公式，计算入球端和出球端的有效滤过压，如下：

入球端：有效滤过压＝6.0−（3.3＋1.3）＝1.4kPa

出球端：有效滤过压＝6.0−（4.7＋1.3）＝0kPa

由此可见，肾小球的滤过作用是从入球端毛细血管开始，至出球端的毛细血管终止。

（三）肾小球滤过率和滤过分数

肾小球能滤过多少血浆成分形成原尿，其大小可以用滤过率来表示。肾小球滤过率（glomerular filtration rate，GFR）是指单位时间内（每分钟）两肾生成的原尿量（滤液量）。正常成人安静时肾小球滤过率为 125ml/min，故每天两肾生成的原尿总量可达 180L。肾小球的滤过率是临床上测定肾功能的一项重要指标。例如，肾小球肾炎患者的肾小球滤过率会明显降低。

滤过分数（filtration fraction，FF）是指肾小球滤过率与肾血浆流量的比值。正常安静情况下，肾血浆流量为 660ml/min，肾小球滤过率为 125ml/min，所以滤过分数为 125/660×100% ＝ 19%，表明流过肾的血浆约有 1/5 被滤入到肾小囊腔内形成原尿。

肾小球滤过率和滤过分数可作为衡量肾功能的指标。

（四）影响肾小球滤过作用的因素

1. 滤过膜的通透性和面积　正常情况下滤过膜的面积和通透性都比较稳定。但在病理情况下，如在炎症、缺氧、中毒等情况下，使滤过膜的通透性增加，出现蛋白尿和血尿；另外急性肾小球肾炎时，由于炎症部位肾小球毛细血管口径变窄或完全阻塞，有效滤过面积减少，使肾小球滤过率降低，出现少尿或无尿现象。可见，急性肾小球肾炎引起的蛋白尿和少尿就与炎症变化减少了滤过面积和增加了滤过膜的通透性有密切关系。此外，肾小球肾炎引起的蛋白尿还与滤过膜上带负电荷的糖蛋白减少或消失有关。

2. 有效滤过压　形成有效滤过压的三个因素中，任何一因素发生变化都会影响肾小球滤过率。

（1）肾小球毛细血管血压：当全身动脉血压在 10.7～24.0kPa（80～180mmHg）范围内变化时，肾通过自身调节机制，能使肾小球毛细血管血压保持相对稳定，从而使肾小球滤过率基本不变。如果动脉血压低于 10.7kPa（80mmHg），则超出了肾血流量自身调节的范围，肾小球毛细血管血压相应降低，则使有效滤过压下降，尿量减少，若动脉血压降至 5.3～6.7kPa（40～50mmHg），可导致无尿，如大失血引起的少尿或无尿。动脉血压升高，对尿量的影响不大。

（2）血浆胶体渗透压：正常人的血浆蛋白浓度比较稳定，血浆胶体渗透压无明显波动，对肾小球滤过率影响不大。当血浆蛋白减少时，血浆胶体渗透压降低，有效滤过压随之升高，尿量增多，如静脉输入大量生理盐水时尿量增多，就与血浆蛋白被稀释，血浆胶体渗透压降低有关。

（3）肾小囊内压：正常情况下囊内压比较稳定。但在病理情况下，如肾盂或输尿管结石、肿瘤压迫、磺胺类药物在泌尿道析出结晶、溶血使血红蛋白变性，这些情况都可使尿路阻塞，导致肾小囊内压升高，有效滤过压降低，肾小球滤过率减小。

3．肾血浆流量　在其他条件不变时，肾血浆流量与肾小球滤过率呈正变关系。当肾血浆流量增加时，肾小球毛细血管内血浆胶体渗透压上升的速度减慢，毛细血管的有效滤过长度延长，肾小球滤过率随之增加，如静脉输入大量生理盐水。反之，当肾血浆流量减少时，肾小球毛细血管内血浆胶体渗透压上升的速度加快，毛细血管的有效滤过长度缩短，肾小球滤过率随之降低，如剧烈运动、大失血、严重缺氧、中毒性休克等情况，兴奋交感神经使肾血流量显著减少，降低肾小球血浆流量及滤过率，尿量减少。

二、肾小管和集合管的重吸收作用

原尿进入肾小管，即称为小管液。小管液在流经肾小管和集合管时，其中大部分水和溶质，通过小管上皮细胞的转运，重新回到血液的过程，称为肾小管和集合管的重吸收。人两肾每天生成的原尿约为 180L，而排出的终尿仅为 1.5L，说明原尿成分约 99% 被肾小管和集合管重吸收，只有约 1% 的水和其他成分被排出体外。与原尿相比终尿中几乎不含葡萄糖、Na^+、尿素等物质，与原尿中的浓度也不同。

（一）重吸收方式

肾小管和集合管的重吸收方式主要有主动重吸收和被动重吸收两种。

主动重吸收是指小管液中的溶质逆电化学梯度通过肾小管上皮细胞转运到管周组织液并进入血液的过程，需要消耗能量。如葡萄糖、氨基酸、Na^+、K^+等都属于主动重吸收。被动重吸收是指小管液中的溶质和水顺电化学梯度或浓度梯度通过肾小管上皮细胞转运到管周组织液并进入血液的过程，不需要消耗能量。如 Cl^-、HCO_3^-、尿素、水等都属于被动重吸收。

（二）重吸收部位

肾小管和集合管都具有重吸收功能，但近端小管重吸收物质的种类最多，数量最大，是各类物质重吸收的主要部位（表 8-3）。

表 8-3　各种物质重吸收的部位和数量

部位	水的重吸收（%）	各种溶质的重吸收
近端小管	65～70	全部：葡萄糖、氨基酸、维生素等
		大部：水、Na^+、K^+、Ca^{2+}、Cl^-、HCO_3^- 等
		部分：硫酸盐、磷酸盐、尿素、尿酸等
髓袢	10	部分：Na^+、Cl^-、水
远曲小管	10	部分：Na^+、HCO_3^-、水
集合管	10～20	部分：水、Na^+、尿素

从表 8-3 看出，各种物质的重吸收率不同，说明肾小管和集合管的重吸收是有选择性的。如葡萄糖、氨基酸等营养物质可全部被重吸收，水、Na^+和 Cl^- 等大部分被吸收，尿素等部分被吸收，肌酐则完全不被重吸收。这种选择性重吸收，保留了对机体有用的物质（如葡萄糖、氨基酸等），又清除了对机体有害的和过剩的物质（如肌酐、尿酸等），实现了对内环境的净化、调整血浆成分及调节机体水、电解质和酸碱平衡的功能。

（三）几种主要物质的重吸收

1．Na^+、Cl^- 的重吸收　小管液中的 Na^+ 和 Cl^- 重吸收率为 99%。其中 65%～70% 在近端小管曲部被重吸收，髓袢约吸收 20%，其余在远端小管和集合管被重吸收。

在近端小管曲部，Na^+ 主要靠上皮细胞基膜上的 Na^+ 泵主动重吸收。由于近端小管上皮细胞基膜上 Na^+ 泵的作用，Na^+ 被持续不断地主动转运到细胞间隙组织液中而被重吸收，使上皮细胞内 Na^+ 浓度降低，小管液中的 Na^+ 便顺电化学梯度通过管腔膜进入上皮细胞内。细胞间隙中的渗透压随 Na^+ 浓度升高而升高，水便不断从小管液进入细胞间隙，使其静水压升高，促使 Na^+ 和水通过基膜进入组织间隙和邻近的毛细血管被重吸收（图 8-5）。

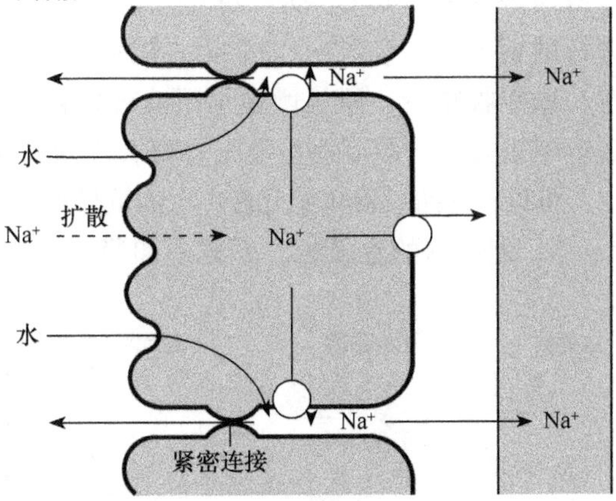

图 8-5　Na^+ 在近端小管重吸收
空心圆表示钠泵

大部分 Cl^- 的重吸收是伴随 Na^+ 的主动重吸收而被动重吸收。由于 Na^+ 的主动重吸收，使小管腔内电位为负值，同时 HCO_3^- 重吸收速率明显大于 Cl^- 重吸收，Cl^- 便留在小管液中，小管液中 Cl^- 浓度比管周组织间液高。因此 Cl^- 顺电化学梯度而被动重吸收。髓袢升支粗段 Cl^- 的重吸收为主动重吸收。

由此可见，约 70% 的 Na^+ 在近端小管主动重吸收，Cl^- 和水随之被动重吸收。

在髓袢降支细段，Na^+ 为被动重吸收。远曲小管和集合管对 Na^+ 的重吸收是在醛固酮的调节下进行的主动重吸收，属于调节性重吸收。当 Na^+ 和 Cl^- 的重吸收受到药物的抑制或醛固酮的作用减弱，使 Na^+ 的重吸收减少时，都可以产生利尿效应。

链　接

Na^+：$2Cl^-$：K^+ 同向转运与利尿药的作用

髓袢升支粗段通过 Na^+：$2Cl^-$：K^+ 同向转运实现对 NaCl 的继发性主动重吸收。其转运方式是 Na^+ 与管腔膜上的同向转运体结合，形成 Na^+：$2Cl^-$：K^+ 同向转运体复合物，Na^+ 顺着由基侧膜上 Na^+ 泵转运形成的 Na^+ 浓度差将 $2Cl^-$ 和 K^+ 一起同向转运至细胞内。随后 Na^+ 被泵至细胞间液，Cl^- 顺浓度差经管周膜上 Cl^- 通道进入组织间液，K^+ 顺浓度差经管腔膜重返小管液（图 8-6）。Na^+：$2Cl^-$：K^+ 同向转运对噻嗪类利尿药很敏感，它们与同向转运体结合后，可抑制其转运功能，使 NaCl 的重吸收受抑制，导致利尿。

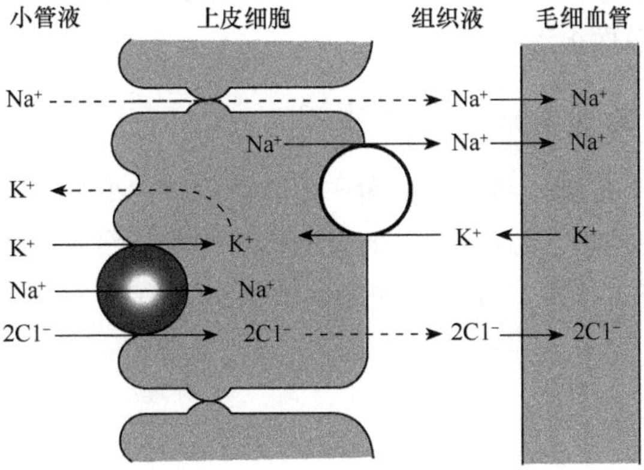

图 8-6　Na^+：$2Cl^-$：K^+ 同向转运
实心圆表示转运体；空心圆表示钠泵

2．水的重吸收　原尿中 99% 的水被重吸收入血，仅有 1% 排出。若水重吸收量减少 1%，尿量就可增加 1 倍。所以水的重吸收量对尿量的影响很大。除髓袢升支外，其余各段肾小管和集合管对水都有重吸收能力，其中65%～70%的水是被近端小管重吸收，髓袢降支细段和远曲小管吸收10%，集合管吸收10%～20%。

水的重吸收都是被动的。水的重吸收有两种情况：一种是在近端小管和髓袢降支伴随着溶质的吸收而被重吸收，为等渗性重吸收。这部分占重吸收量的75%～80%，称为必需重吸收，与机体是否缺水无关。另一种是在血管升压素（ADH）等物质的作用下，经远曲小管和集合管进行的调节性重吸收。当机体缺水时，水的重吸收量增多，尿量减少（尿液被浓缩）；水过剩时，重吸收减少，尿量增多（尿液被稀释），以调节机体内水的平衡。水的调节性重吸收对尿量影响很大，若调节性重吸收量略有改变，即使只减少1%，尿量也将成倍增加。

可见，远曲小管和集合管中水的重吸收，对维持机体的水平衡和血浆晶体渗透压有重要意义。

3. 葡萄糖的重吸收　原尿中葡萄糖的浓度和血糖浓度相等，但正常人终尿中不含葡萄糖，这说明原尿中的葡萄糖在流经肾小管时全部被重吸收。葡萄糖重吸收部位仅限于近端小管，其余各段肾小管没有重吸收葡萄糖的能力。葡萄糖的重吸收是以载体为媒介，借助Na^+的主动重吸收而发生的一种继发性主动转运过程（图8-7）。小管液中的Na^+和葡萄糖与管腔膜上的同向转运载体结合后，Na^+顺电化学梯度通过管腔膜的同时，释放的能量将葡萄糖同向转运入细胞内。

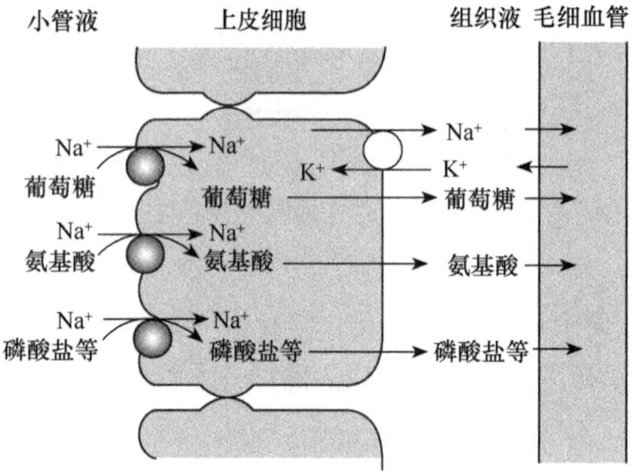

图8-7　近端小管对葡萄糖、氨基酸和磷酸盐等的重吸收

实心圆表示转运体；空心圆表示钠泵

由于近端小管对葡萄糖的重吸收是有一定限度的，当小管液中的葡萄糖超过一定浓度时，尿中就会出现葡萄糖，称为糖尿。通常把尿中不出现葡萄糖的最高血糖浓度称为肾糖阈。一旦血糖浓度超过肾糖阈，小管液中的糖就不能全部被重吸收，一部分将会随尿排出。

4. K^+的重吸收　原尿中的K^+绝大部分在近端小管主动重吸收，终尿中的K^+主要是由远曲小管和集合管分泌的，其分泌量的多少取决于体内血K^+的浓度，受醛固酮的调节。

5. 其他物质的重吸收　肾小球滤过的微量血浆蛋白在近球小管经入胞作用被重吸收。氨基酸、HPO_4^{2-}、SO_4^{2-}等物质的重吸收机制基本上与葡萄糖相似（图8-7）。尿素则在近端小管和髓袢升支细段及内髓部集合管内，顺浓度差扩散而被动重吸收。

三、肾小管和集合管的分泌和排泄作用

肾小管和集合管的分泌是指肾小管和集合管上皮细胞将自身代谢产生的物质排入小管液的过程；而肾小管和集合管上皮细胞将血液中的某种物质排入小管液的过程称为排泄。因为这两个过程有时很难区分开，所以往往把这两者统称为分泌。肾小管和集合管主要分泌H^+、NH_3和K^+等。

（一）H^+的分泌

除髓袢细段外，各段肾小管和集合管的上皮细胞均有分泌H^+的功能，但主要在近端小管分泌。H^+的分泌与HCO_3^-的重吸收有关。

肾小管和集合管上皮细胞代谢产生或由小管液进入细胞的CO_2，在碳酸酐酶（CA）的催化下与H_2O结合生成H_2CO_3，进而解离成HCO_3^-和H^+。H^+和小管液中Na^+与细胞膜上的转运体结合，通过反向转运，H^+分泌到小管液中，Na^+进入上皮细胞内，此过程称H^+-Na^+交换，实现H^+的分泌。重吸收的Na^+与H_2CO_3解离的HCO_3^-一起经组织间隙返回血液（图8-8）。由于H^+的分泌伴随着Na^+和HCO_3^-的重吸收，起到了排酸保碱的作用，因此，H^+-Na^+交换对维持体内酸碱平衡具有非常重要的意义。

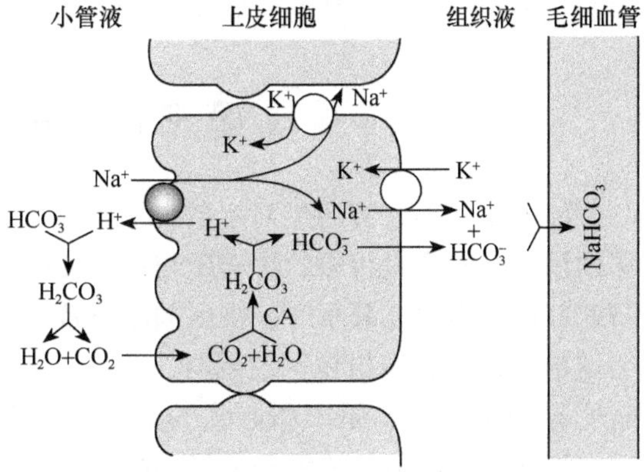

图8-8　H^+的分泌和HCO_3^-的重吸收
实心圆表示转运体；空心圆表示钠泵

（二）NH_3的分泌

NH_3的分泌发生于远端小管和集合管，这些NH_3主要由谷氨酰胺脱氨而生成。NH_3是脂溶性分子，易透过细胞膜，生成的NH_3大部分扩散进入小管液中，可与H^+结合生成NH_4^+，再和小管液中Cl^-结合，形成NH_4Cl随尿液排出体外。由强酸盐解离出来的Na^+则与H^+交换而进入肾小管细胞，然后和细胞内HCO_3^-一起被转运回血（图8-9），可见，NH_3的分泌与H^+的分泌密切相关。NH_3的分泌不但可促进H^+分泌，还促进了机体碱储备，有利于肾脏排酸保碱的功能。

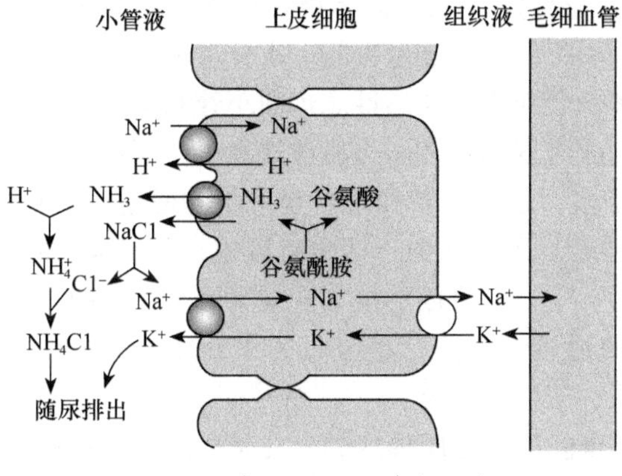

图8-9　H^+、NH_3和K^+分泌关系
实心圆表示转运体；空心圆表示钠泵

（三）K^+的分泌

机体主要通过肾脏排出K^+。原尿中的K^+绝大部分被近端小管重吸收，而尿中的K^+主要是由远曲小管和集合管所分泌。K^+的分泌与Na^+的重吸收有密切的关系，即Na^+的主动重吸收促使K^+的分泌，形成K^+-Na^+交换（图8-9）。

由于H^+-Na^+交换和K^+-Na^+交换并存，所以排H^+和排K^+之间存在着竞争。例如酸中毒时，肾小管泌H^+增多，H^+-Na^+交换随之增多，K^+-Na^+交换减少，K^+的排出量下降，则出现高钾血症。碱中毒时，肾小管泌H^+减少，H^+-Na^+交换随之也减少，K^+-Na^+交换增多，K^+的排出量增多，则出现低钾血症。

一般情况下，K^+的摄入量和排出量保持平衡，即多进多排，少进少排。但当食物中缺K^+或其他原因引起K^+不足时，尿中仍排K^+，即不进也排。这种情况下，势必造成血钾浓度降低，应注意补充适量的钾。

（四）其他物质的排泄

肾小管上皮细胞排出的还有一些其他物质，包括代谢产物如肌酐、马尿酸等以及外来的有机物如对氨基马尿酸盐、酚红、青霉素等。临床上采用的酚红排泄试验，就是经静脉注入酚红之后，通过测定尿中排出的酚红来判断肾小管的排泄功能。

第三节　尿液的浓缩和稀释

肾小管和集合管通过对水的调节性重吸收，能大幅度地改变尿的渗透压（77～3727kPa）。尿的浓缩与稀释是将尿的渗透压与血浆的渗透压相比较而言的，正常血浆渗透压为300mmol/L（770kPa）。当机体缺水时，排出的尿量减少，尿液的渗透压比血浆渗透压高，称为高渗尿，表明尿液被浓缩；当机体水过剩时，排出的尿量增多，尿液的渗透压比血浆的低，称为低渗尿，表明尿液被稀释。原尿和血浆的渗透压基本相同，但终尿的渗透压可在50～1200mmol/L波动，说明肾对尿液的浓缩和稀释功能很强，这对于维持人体水平衡具有重要作用。肾脏浓缩和稀释尿的功能是保持机体水平衡的重要机制。

一、尿液浓缩和稀释的过程

尿液的浓缩和稀释在髓袢、远端小管和集合管内进行。肾皮质组织液的渗透压与血浆渗透压相等，是等渗状态；进入肾髓质组织液的渗透压高于血浆渗透压，为高渗状态，而且由外髓部向内髓部，越接近肾乳头渗透压就越高，最高可达血浆渗透压的4倍（图8-10）。水就在渗透压差的作用下被“抽吸”到管周组织液而被重吸收。水分重吸收的量取决于远曲小管和集合管对水的通透性。远曲小管和集合管对水的通透性受抗利尿激素的调节。当机体缺水时，下丘脑释放的抗利尿激素增多，远曲小管和集合管对水的通透性增高，重吸收的水分增多，尿量减少，排出高渗尿，尿液被浓缩。当机体水过剩时，下丘脑释放的抗利尿激素减少，远曲小管和集合管对水的通透性下降，重吸收的水分减少，尿量增多，排出低渗尿，尿液被稀释。

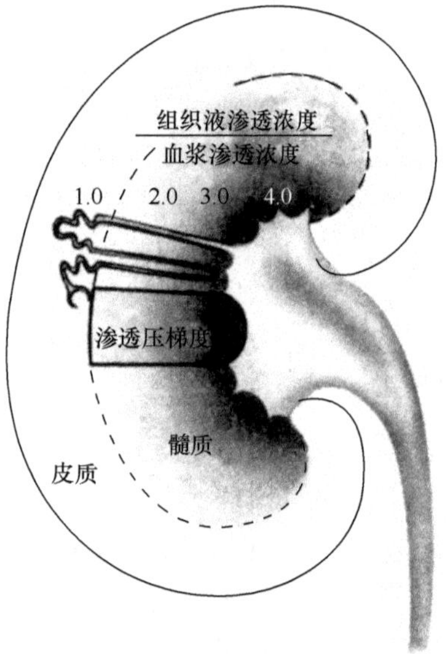

图8-10　肾髓质渗透压梯度

由此可见，肾髓质渗透压梯度的存在是尿液浓缩和稀释的前提，而抗利尿激素的释放是尿液浓缩和稀释的必要条件。

二、肾髓质渗透压梯度的形成与保持

（一）肾髓质渗透压梯度的形成

髓质渗透梯度的形成与肾小管各段及集合管对不同物质的通透性有关。

外髓部的渗透梯度主要是由髓袢升支粗段NaCl的主动重吸收所形成。由于髓袢升支粗段能主动重吸收Na^+和Cl^-，而对水不通透，所以当升支粗段小管液由髓质向皮质方向流动时，管内NaCl浓度逐渐降低，形成低渗液，而管外组织液NaCl浓度升高，导致外髓部渗透压升高，而且愈靠近内髓部，渗透压越高（图8-11）。

内髓部渗透压梯度的形成与尿素的再循环和NaCl重吸收有密切关系。皮质部和外髓部的远曲小管和集合管对尿素不易通透，对水易通透，水被重吸收，小管液中尿素浓度逐渐升高。当小

管液流经内髓部集合管时，管壁对尿素的通透性增大，尿素就顺浓度梯度向内髓部组织间液扩散，造成了内髓部组织间液中尿素浓度的增高，使内髓部的渗透压升高。髓袢升支细段对尿素具有中等通透性，内髓部组织液中的尿素可部分扩散入髓袢升支细段，经远曲小管、外髓部集合管至内髓部集合管时再扩散入组织液，形成尿素再循环，促进内髓组织液中高渗梯度的形成（图 8-11）。

（二）肾髓质渗透压梯度的保持

近髓肾单位的出球小动脉分支形成直小血管，呈“U”形与髓袢伴行，直小血管细而长，血流阻力较大，血流速度缓慢。直小血管与髓袢平行，血液随直小血管的降支深入到髓质时，因其周围组织液中的 NaCl 和尿素浓度逐渐增加这些物质便顺浓度差扩散入直小血管，而直小血管中的水则渗出到组织液中。至折返处直小血管内 NaCl 和尿素浓度达最高。当血液沿升支回流时，其中的 NaCl 和尿素浓度比同一水平组织液的高，NaCl 和尿素又不断扩散到组织液，水又重新渗入直小血管，这种现象称为逆流交换作用。因直小血管的逆流交换作用，当直小血管的升支离开肾髓质时，带走的主要是过剩的水分，而 NaCl 和尿素仍然留在髓质组织间隙，从而使髓质的高渗梯度得以保持（图 8-11）。

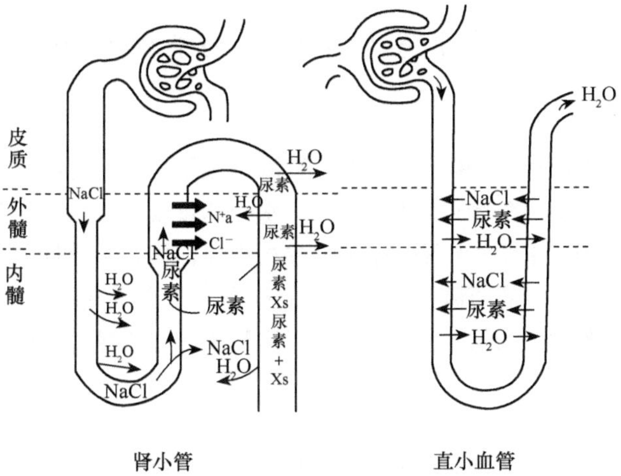

图 8-11　尿浓缩机制

Xs．未被重吸收的溶质

第四节　尿生成的调节

尿生成的调节包括肾小球功能的调节以及肾小管和集合管功能的调节。

一、肾小球功能的调节

对肾小球滤过作用的调节是通过改变肾血流量实现的。肾血流量的调节在于既能满足肾脏泌尿功能的需要，又能适应紧急情况下血液重新分配的需要。

（一）肾血流量的自身调节

动脉血压在 80～180mmHg（10.7～24.0kPa）范围内变动时，肾血流量可以不依赖神经和体液因素的作用保持相对恒定，这种现象称为肾血流量的自身调节。这种自身调节是通过肾血管的舒缩实现的。血压升高时，入球小动脉管壁平滑肌因受牵张而收缩，阻力增大，使肾血流量不至于增多；动脉血压降低时，入球小动脉管壁舒张，阻力减小，使肾血流量不至于减少。肾血流量的自身调节对于肾排泄功能的正常进行具有重要意义，这不仅能使肾血流量保持相对恒定，而且使肾小球滤过率保持相对恒定，保证了机体在安静状态下完成泌尿功能。

（二）肾血流量的神经－体液调节

肾脏主要受交感神经支配，它具有明显的缩血管作用，对入球小动脉和出球小动脉更为显著。交感神经兴奋末梢释放去甲肾上腺素，引起肾血管收缩，肾血流量减少，肾小球毛细血管血压下降，肾小球滤过率降低。此外当人体剧烈运动时，交感神经的兴奋性增高，还可以使交感－肾上腺髓质系统活动增强，肾上腺髓质分泌肾上腺素和去甲肾上腺素增多，二者均能使肾血管收缩，减少肾血流量，增加骨骼肌或皮肤血流量，以适应机体的需要。病理情况下，如大出血、缺氧、休克等，除交感神经活动增强外，血管紧张素和血管升压素生成和释放也增多，使肾血管强烈收缩，肾血流量急剧减少甚至无血流，以保证心、脑等重要脏器的血液供应。由此可见，神经和体液调节可以减少肾血流量，有利于保证活动器官和重要脏器的血液供应。然而，若肾脏缺血时间过久，则会造成肾组织的损伤，从而产生不良后果。

二、肾小管与集合管功能的调节

（一）小管液溶质浓度

小管液溶质浓度决定小管液的渗透压，而小管液渗透压是对抗肾小管重吸收水分的力量。当小管液中的溶质浓度增加时，渗透压也随之增大，水分的重吸收减少，尿量增多。这种由于小管液的溶质浓度增加，渗透压增大而出现的尿量增多的现象，称为渗透性利尿。例如，糖尿病患者出现多尿，就是由于小管液中葡萄糖含量增多，使小管液渗透压升高，水的重吸收减少的缘故。临床上，给水肿患者静脉注射甘露醇或山梨醇，以达利尿消肿的目的，也属渗透性利尿。

（二）球－管平衡

近端小管每分钟重吸收滤液的毫升数，称为肾小管的重吸收率。它会随肾小球滤过率的变动而发生变化。但是不论肾小球滤过率增大或减小，近端小管的重吸收率始终占肾小球滤过率的65%～70%，这种现象称为球－管平衡。其生理意义在于尿量不会随肾小球滤过率的增减而发生大幅度的变化。

（三）抗利尿激素

抗利尿激素（antidiuretic hormone，ADH）又称血管升压素（vasopvessin，VP），是由下丘脑的视上核和室旁核的神经元分泌，经神经垂体释放入血的一种激素。其作用是增加远曲小管和集合管上皮细胞对水的通透性，以促进水的重吸收。抗利尿激素分泌（释放）调节，主要受血浆晶体渗透压和循环血量的影响。

1. 血浆晶体渗透压　是生理情况下调节抗利尿激素释放的重要因素。在下丘脑视上核和室旁核及其附近有渗透压感受器，它对血浆晶体渗透压的变化非常敏感。当机体水分丢失过多时（如大量出汗、严重呕吐或腹泻等），血浆晶体渗透压升高，引起抗利尿激素释放增多，远曲小管和集合管对水的通透性增高，重吸收水增多，使尿液浓缩，尿量减少；相反，大量饮清水后，血浆晶体渗透压降低，抗利尿激素释放减少，远曲小管和集合管对水的通透性降低，重吸收水减少，使尿液稀释，尿量增多。这种大量饮用清水后，引起尿量增多的现象，称为水利尿。临床上常用它来检测受试者肾稀释尿液的能力。

2．循环血量的改变　心房和胸腔大静脉等处有容量感受器。当循环血量增加时（超过5%～10%），刺激容量感受器，兴奋经迷走神经传入中枢，反射性地抑制 ADH 释放，导致水的重吸收减少，排尿量增加。反之，循环血量减少时，上述抑制反射减弱，ADH 释放增多，水的重吸收增多。以恢复循环血量（图 8-12）。

可见，抗利尿激素释放的有效刺激是血浆晶体渗透压升高和循环血量减少。

此外，还有一些其他因素也可影响 ADH 的合成和释放。例如，疼痛、精神紧张、情绪变化、低血糖、血管紧张素Ⅱ等，均可促进抗利尿激素的释放；而动脉血压升高、弱的寒冷刺激等可抑制抗利尿激素的释放。

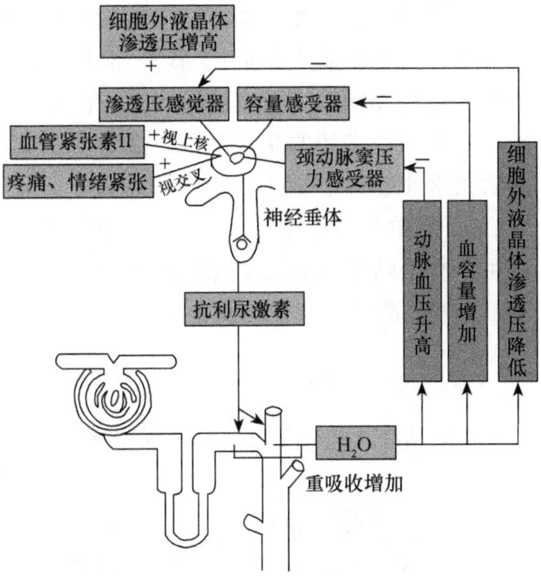

图 8-12　抗利尿激素分泌的调节

（四）醛固酮

醛固酮是肾上腺皮质球状带分泌的一种类固醇激素。它的主要作用是促进远曲小管和集合管对 Na^+的主动重吸收和促进 K^+的排泄。而 Na^+的重吸收又能促进 Cl^- 和水的重吸收，因而醛固酮有保 Na^+、保水、排 K^+，维持细胞外液容量稳定的作用。

醛固酮的分泌受肾素－血管紧张素－醛固酮系统和血浆中 Na^+、K^+浓度的调节（图 8-13）。

1．肾素－血管紧张素－醛固酮系统　肾素是由肾的球旁细胞分泌的一种蛋白水解酶。能催化血浆中的血管紧张素原，使之生成血管紧张素Ⅰ（10 肽）。血管紧张素Ⅰ在血液和组织（尤

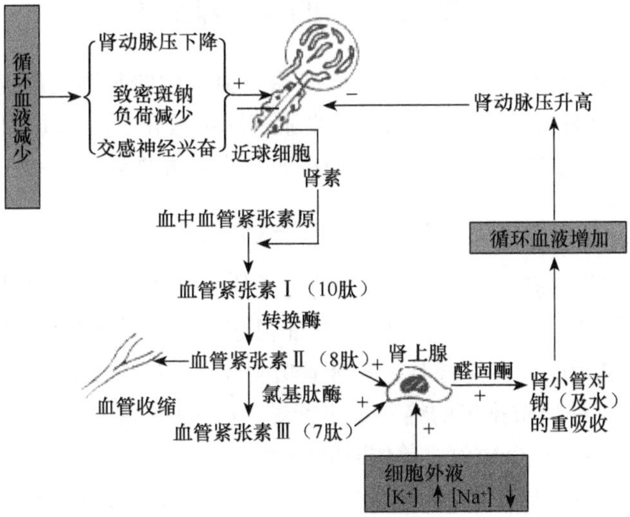

图 8-13　肾素－血管紧张素－醛固酮系统

其是肺组织）中经血管紧张素转化酶降解，生成血管紧张素Ⅱ（8 肽），血管紧张素Ⅱ可被氨基肽酶水解为血管紧张素Ⅲ（7 肽）。血管紧张素Ⅱ与血管紧张素Ⅲ都可刺激肾上腺皮质球状带合成和分泌醛固酮，从而实现保 Na^+、保水、排 K^+作用。由于肾素、血管紧张素、醛固酮之间形成一个联系密切的功能系统，故称为肾素－血管紧张素－醛固酮系统（图 8-13）。此外，血管紧张素Ⅱ还具有较强的缩血管作用。

2. 血钠和血钾浓度　血中 K^+浓度升高或血中 Na^+浓度降低，特别是血中 K^+浓度升高，都可以直接刺激肾上腺皮质球状带，促使醛固酮分泌增多；反之，血钾浓度降低或血钠浓度升高，则醛固酮分泌减少（图 8-13）。

（五）心房钠尿肽

心房钠尿肽是心房肌细胞合成和分泌的多肽类激素。它的主要作用是抑制 Na^+的重吸收，具有强大的排 Na^+、排水作用。此外，还能抑制肾素和醛固酮的分泌。因此，心房钠尿肽是体内调节水盐平衡的一种重要的体液因素。心房钠尿肽还有较强的舒血管效应，可使血管舒张，外周阻力降低；也可使搏出量减少，心率减慢，所以在调节心血管活动方面也起重要作用。

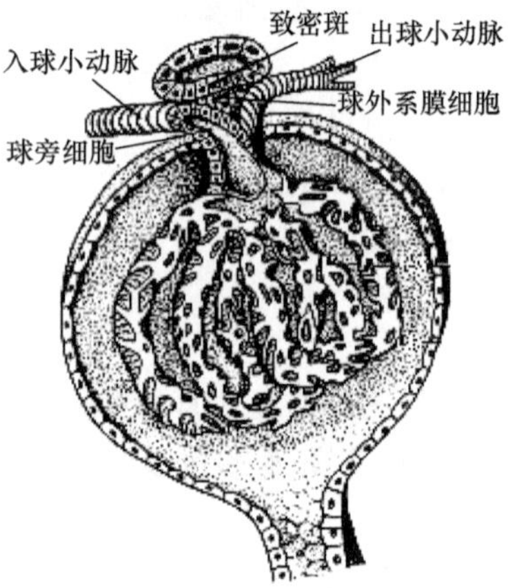

图 8-14　肾小体和球旁器结构

链　接

球　旁　器

球旁器又称近球小体。由球旁细胞、致密斑和球外系膜细胞组成（图 8-14）。球旁细胞是位于入球小动脉中膜内的肌上皮样细胞，其胞质内的分泌颗粒含肾素。致密斑由位于远曲小管起始部的呈高柱状的上皮细胞群构成，与入球小动脉和出球小动脉相接触，其功能是感受小管液中 Na^+含量的变化，并将信息传至球旁细胞，调节肾素的释放。球外系膜细胞分布在入球小动脉和出球小动脉之间，具有吞噬功能。

第五节　血浆清除率

血浆清除率是指在单位时间内，肾能将多少毫升血浆中的某种物质完全清除出去，此血浆毫升数称为该物质的血浆清除率（ml/min）。血浆清除率表示肾在单位时间内从血浆中清除某种物质的能力。因此，血浆清除率对衡量肾的排泄功能有重要意义。

一、血浆清除率的测定方法

肾对某种物质排泄量的多少除与肾本身功能有关外，还与该物质在血浆中的浓度有关。如该物质在血浆中的浓度极低，即使肾对它的排泄功能很好，尿中该物质的数量仍然不多。反之，如该物质在血浆中的浓度极高，即使肾对它的排泄功能较差，尿中该物质的含量也会较多。因此，肾排泄的好坏不能以某种物质排出的绝对量来衡量，应考虑这些物质在血浆中的浓度。计算血浆清除率（C）需同时测定三个数值：单位时间内的尿量（V）、被测量物质在血浆中的浓度（P）和在尿中的浓度（U）。因为尿中的该物质均来自于血浆，所以，$U\times V=P\times C$，$C=U\times V/P$。

须指出的是，清除率只是一个推算的数值。实际上，肾并不可能只把这部分血浆中的某种物质完成清除掉，而是指 1 分钟内所清除的该物质的量来自多少毫升血浆，或相当于多少毫升血浆中所含的这种物质。

二、测定血浆清除率的生理意义

1．测定肾小球滤过率　如菊粉这种物质从肾小球滤过后，全部由尿排出。即原尿中的浓度等于血浆中的浓度。这种物质可通过肾小球自由滤过，但肾小管和集合管对其既不重吸收，也无分泌作用。菊粉的血浆清除率等于肾小球滤过率，即单位时间内排出的毫升数相当于该时间内肾小球滤出血浆的毫升数。如用静脉滴注菊粉并使之在血浆中的浓度为 1mg/100ml，测得此时尿中的浓度为 125mg/100ml，尿量为 1ml/min，求出菊粉的血浆清除率为 125ml/min。如果某一物质的血浆清除率小于菊粉的血浆清除率，说明该物质在肾小管被重吸收；反之，则在肾小管被分泌，它有助于了解不同物质在肾内被清除的情况。

2．测定肾血浆流量　如碘锐特（diorast）这种物质在肾动脉血液中有一定浓度而在肾静脉血液中接近于零，表明该物质流经肾循环一周后，该物质基本被清除。这种物质可通过肾小球自由滤过，肾小管和集合管对其无重吸收但有分泌作用。因此，其清除率实际上就代表肾血浆流量。如测得血浆浓度为 1mg/100ml，尿中浓度为 220mg/100ml，尿量为 3ml/min，求出血浆清除率为 660ml/min，也就是单位时间的肾血浆流量。在测得肾小球滤过率和红细胞比容的前提下，据此可计算出滤过分数和肾血流量。肾小球滤过率和肾血浆流量反映肾功能的指标。血浆清除率不仅有理论意义，而且还可用来判断肾实质及其功能受损的程度。

3．判断肾功能　正常肾对于氨基酸和葡萄糖的血浆清除率为零，氨基马尿酸盐为 660ml/min，尿素为 70ml/min。表明肾能将人体需要的营养物质完全重吸收，只是清除了代谢产物和外来物质等。由于血浆清除率考虑了物质的血浆浓度，用被清除了某种物质的血浆毫升数来表示，所以，与单纯尿中排出某种物质的绝对量比较，血浆清除率能更好地反映肾对某种物质的排泄能力，从而能更好地反映肾的排泄功能。

第六节　尿液及其排放

一、尿　　液

由于尿液直接来源于血浆，而血浆是内环境的重要组成部分，因此，尿量的测定和理化性质的检验是发现机体某些病理变化的途径之一。

（一）尿量

正常成人每昼夜尿量为 1～2L，平均为 1.5L。尿量的多少取决于机体的摄水量和其他途径的排水量。例如，大量饮水后尿量增多，大量出汗则尿量减少。食物成分对尿量也有影响。如果每昼夜尿量长期超过 2.5L 称多尿；每昼夜尿量在 0.1～0.4L 称少尿；每昼夜尿量少于 0.1L 称无尿。正常成年人每天约产生 35g 固体代谢产物，最少需要 0.5L 尿量才能将其溶解并排出。多尿、少尿、无尿均属不正常现象。多尿会使机体失去大量水分，破坏机体内环境的相对稳定；少尿和无尿会导致体内代谢产物的堆积，给机体带来严重影响。

（二）尿液的成分和理化性质

尿是由水及溶于其中的固体物组成。水占 95%～97%，其余为固体物。固体物以蛋白质代谢产生的非蛋白含氮化合物和电解质为主（表 8-4）。正常尿中的糖、蛋白质含量极微，临床常规方法不能将其测出。病理情况下，可出现蛋白尿和糖尿。

表 8-4　正常成人尿中主要化学成分及 24 小时排出量

电解质	含量（g）	非蛋白含氮化合物	含量（g）
Cl^-	5～9	尿素	10～30
Na^+	3～5	肌酐	1.0～2.0
K^+	2～4	尿酸	0.1～1.0
Ca^{2+}	0.1～0.3	马尿酸	0.1～1.0
Mg^{2+}	0.1～0.2	氨	0.3～1.0
SO_4^-	0.6～1.0		
$H_2PO_4^-$	0.7～1.5		

正常尿液为淡黄色，尿的颜色主要来自胆红素代谢产物，并受一些食物和药物的影响。通常比重为 1.015～1.025g/cm^3，比重的高低与尿量及其成分有关，若尿的比重长期在 1.010 以下，表示尿浓缩功能障碍。尿液的 pH 在 5.0～7.0，其酸碱度主要取决于食物的成分。荤素杂食者因蛋白质代谢产生较多的硫酸盐和磷酸盐经尿排出，所以尿液偏酸性。素食者因尿中酸性产物较少而碱性物质较多，尿液偏碱性。

二、尿 的 排 放

尿的生成是连线不断的过程，生成后的尿液经肾盂输尿管进入膀胱，当储存到一定量时将反射性地引起排尿，因此，尿液的排放是间断的。

（一）膀胱与尿道的神经支配

支配膀胱和尿道的神经主要有三对：盆神经、腹下神经、阴部神经（图 8-15）。

1．盆神经　由脊髓骶段 2～4 节侧角发出，传入纤维传导膀胱充盈感觉，传出纤维属副交感神经纤维，兴奋时可使膀胱逼尿肌收缩、尿道内括约肌松弛，促进排尿。

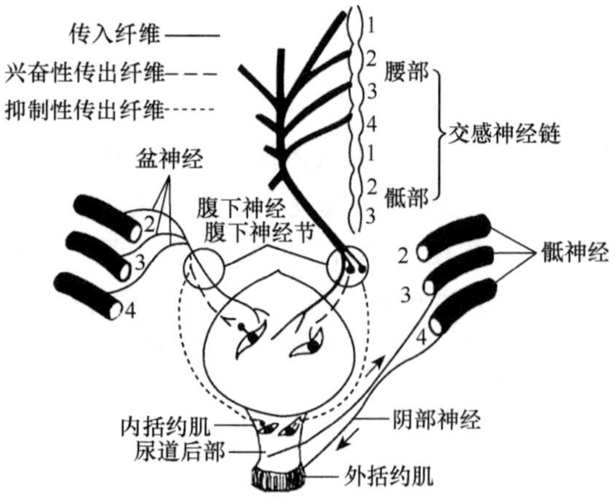

图 8-15　膀胱的神经支配

2．腹下神经　由脊髓胸段 11 节至腰段 2 节的侧角发出，其传入纤维传导膀胱痛觉，传出纤维属交感神经纤维，兴奋时则使膀胱逼尿肌松弛、尿道内括约肌收缩，抑制尿的排放。

3．阴部神经　由脊髓骶段 2～4 节前角发出，属躯体神经纤维，传入纤维传导尿道感觉。兴奋时引起尿道外括约肌收缩，抑制排尿，并受意识控制。

（二）排尿反射

排尿是一种反射活动。排尿反射的感受器为膀胱壁的牵张感受器；传入神经为盆神经的传入纤维；排尿反射的初级中枢在骶段脊髓（受大脑皮质等高级中枢控制）；传出神经为盆神经的传出纤维和阴部神经；效应器是膀胱逼尿肌和尿道括约肌。

当膀胱内的尿液充盈达一定程度（400～500ml）时，膀胱内压将明显升高，刺激膀胱壁牵张感受器引起兴奋。冲动沿盆神经传入纤维传至排尿反射的初级中枢—骶段脊髓，同时上传至大脑皮质排尿反射高位中枢，并产生尿意。若环境条件允许，则冲动通过盆神经传出，引起膀胱逼尿肌收缩，尿道内括约肌舒张，尿液进入后尿道。同时尿液还可以刺激后尿道的感受器，冲动沿盆神经再次传到骶段脊髓的初级排尿中枢，进一步加强反射活动，并反射性地抑制阴部神经使尿道外括约肌舒张，将尿液排出体外。排尿反射是一种正反馈活动，它使排尿活动一再加强，直至尿液排完为止（图 8-16）。此外，在排尿时，腹肌和膈肌的强大收缩可产生较高的腹内压，以协助排尿。若环境不允许，排尿反射高级中枢将抑制排尿反射初级中枢活动，通过腹下神经和阴部神经传出冲动增多，以抑制排尿。

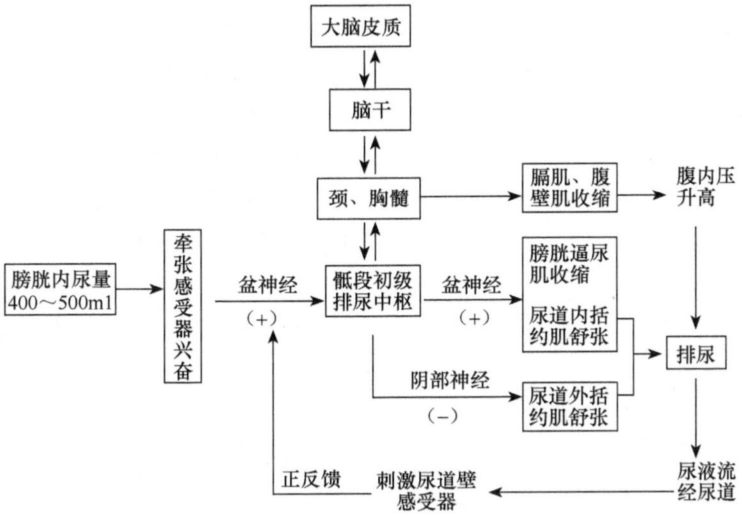

图 8-16　排尿反射过程

（三）排尿异常

婴幼儿时期，由于大脑皮质发育尚未完善，对初级排尿中枢的抑制能力较弱，不仅排尿次数多，且有夜间遗尿现象。

在某些病理情况下也可出现排尿异常。当膀胱受到炎症或机械刺激时，可以出现尿意频繁，导致排尿次数增多而每次尿量减少，此即为尿频。当骶段脊髓初级排尿中枢或排尿反射的反射弧其他部位受损时，即使膀胱充满尿液却不能排出，出现尿潴留。尿道受阻时也会出现潴留。当大脑皮质与初级排尿中枢之间失去联系时，排尿反射仍存在但不受意识控制，称为尿失禁。

目标检测

一、名词解释

1. 肾小球滤过率
2. 滤过平衡
3. 肾糖阈

4. 渗透性利尿
5. 水利尿

二、选择题

1. 关于肾单位的叙述，错误的是（ ）
   A. 是肾的基本功能单位
   B. 与集合管共同完成尿的生成过程
   C. 可分为皮质肾单位和近髓肾单位
   D. 近髓肾单位数量多于皮质肾单位
   E. 近髓肾单位在尿的浓缩与稀释过程中起重要作用
2. 近髓肾单位的主要功能是（ ）
   A. 释放肾素
   B. 分泌醛固酮
   C. 释放抗利尿激素
   D. 排泄 Na^+和 Cl^-
   E. 浓缩和稀释尿液
3. 皮质肾单位的特点（ ）
   A. 分布于内皮质层
   B. 肾小球较大
   C. 髓袢较短
   D. 含肾素颗粒较少
   E. 入球小动脉口径比出球小动脉细
4. 感知肾小管液 Na^+浓度的是（ ）
   A. 间质细胞 B. 致密斑
   C. 近球细胞 D. 球旁细胞
   E. 系膜细胞
5. 关于肾小球滤过膜的描述，错误的是（ ）
   A. 由毛细血管内皮细胞、基膜和肾小囊脏层上皮细胞三层组成
   B. 基膜是阻碍血浆蛋白滤过的一个重要屏障
   C. 通透性与被滤过物质分子大小有关
   D. 带正电荷分子更易通过
   E. 带负电荷分子更易通过
6. 能使肾小球毛细血管压和肾血流量保持相对稳定的动脉血压范围是（ ）
   A. 40～100mmHg B. 50～140mmHg
   C. 60～120mmHg D. 80～180mmHg
   E. 180～220mmHg
7. 使肾血流量增多的因素是（ ）
   A. 强烈运动 B. 疼痛
   C. 交感神经兴奋 D. 静卧
   E. 肾上腺素
8. 正常情况下，成人的肾小球滤过率为（ ）
   A. 100ml/min B. 125ml/min
   C. 150ml/min D. 200ml/min
   E. 175ml/min
9. 在正常情况下不能通过滤过膜的物质是（ ）
   A. 氨基酸
   B. Na^+、K^+、Cl^- 等电解质
   C. 血浆白蛋白
   D. 葡萄糖
   E. 肌酐
10. 肾小管和集合管重吸收物质量最大的是（ ）
   A. 集合管 B. 远曲小管
   C. 髓袢升支粗段 D. 髓袢降支
   E. 近端小管
11. 氨基酸通过主动转运全部被重吸收，其部位是（ ）
   A. 近端小管 B. 髓袢细段
   C. 髓袢粗段 D. 远曲小管
   E. 集合管
12. 近端小管 HCO_3^- 被重吸收的主要形式是（ ）
   A. H_2CO_3 B. HCO_3^-
   C. CO_2 D. OH^-
   E. $NaHCO_3$
13. 关于 HCO_3^- 重吸收的叙述，错误的是（ ）
   A. 主要在近端小管重吸收
   B. 与 H^+的分泌有关
   C. HCO_3^- 是以 CO_2 的形式从小管液中转运至小管细胞内的
   D. Cl^- 的重吸收优先于 HCO_3^- 的重吸收
   E. HCO_3^- 重吸收需碳酸酐酶的帮助
14. 肾小管主动重吸收和主动分泌都很明显的物质是（ ）
   A. Na^+ B. 葡萄糖
   C. K^+ D. 尿素
   E. 肌酐
15. 肾脏产生的 NH_3 主要来源于（ ）

A．亮氨酸　　B．甘氨酸
C．丙氨酸　　D．谷氨酰胺
E．尿酸

16．关于近端小管重吸收的叙述，正确的是(　　)
A．肾小管细胞两侧溶质浓度差很大
B．重吸收的量很小
C．葡萄糖重吸收与 Na^+ 转运无关
D．伴随有其他离子的分泌
E．等渗性重吸收

17．能调节肾脏分泌氨的主要离子是（　　）
A．Na^+　　B．K^+
C．H^+　　D．Cl^-
E．HCO_3^-

18．正常情况下，肾小球滤过率为 125ml/min，近端小管的重吸收率为（　　）
A．60.0ml/min　　B．65.0ml/min
C．87.5ml/min　　D．90.0ml/min
E．95.6ml/min

19．能调节远曲小管和集合管对水的重吸收的主要物质是（　　）
A．血管紧张素　　B．肾素
C．醛固酮　　D．ADH
E．心房钠尿肽

20．肾小管滤液中的水大部分重吸收是在（　　）
A．近端小管　　B．远曲小管
C．髓袢降支　　D．髓袢升支
E．集合管

21．盆神经受损时，排尿功能障碍的表现是(　　)
A．尿失禁　　B．尿频
C．尿潴留　　D．多尿
E．少尿

（南凤莲　侯树慧）

第 9 章 感觉器官的功能

第一节 概 述

感觉是人对客观事物在主观上的反映。感觉的产生过程，首先是感受器和感觉器官接受各种刺激，并将其转变为相应的神经冲动，然后沿一定途径传入大脑皮质的特定区域，再经过脑的分析处理而产生主观意识上的感觉。可见，感觉是由感受器或感觉器官、传入通路和感觉中枢三个部分共同活动的结果。

一、感受器、感觉器官定义和分类

感受器是分布在体表或组织内部的一些专门感受机体内、外环境改变的结构或装置。如感觉神经末梢、肌梭、视网膜上的感光细胞等。感觉器官是由感受器与一些非神经性附属结构构成。人类最重要的一些感觉器官，如眼、耳、前庭、嗅、味等感觉器官，常称为特殊感官。

人体感受器种类繁多，按分布部位可分为内感受器和外感受器。外感受器分布于体表，感受外环境的信息变化；内感受器存在于体内器官组织中，感受内环境的各种变化。按感受器接受刺激的性质不同，可分为光感受器、机械感受器、温度感受器、化学感受器等。

◎ 考点：感受器、感受器官定义和分类

二、感受器一般生理特性

1. 感受器的适宜刺激　用某种能量形式的刺激作用于某种感受器时，只需要极小的强度就能引起相应的感觉，这一刺激形式或种类，称为该感受器的适宜刺激。换而言之，感受器对某种特殊能量形式变化最敏感。

2. 感受器的换能作用　感受器能把作用于它们的各种形式的刺激能量（如机械能、热能、光能及化学能）转变为相应传入神经的动作电位，称为感受器的换能作用。

3. 感受器的编码作用　感受器在把刺激转换成神经动作电位时，不仅发生能量的转换，同时也把刺激所包含环境变化的信息转移到动作电位序列之中，即感受器的编码作用。

4. 感受器的适应现象　适应现象是感受器在持续接受一定强度刺激后，传入神经冲动的发放频率会逐渐降低的现象。不同性质的感受器发生适应现象的程度不同，适应现象最明显的为触觉感受器。

◎ 考点：感受器一般生理特性

第二节 眼的视觉功能

眼是视觉的外周器官，由含有感光细胞的视网膜和作为附属结构的折光系统等部分构成。外界物体的光线，透过折光系统，在视网膜上形成物像，视网膜把物像这个光刺激信号，转换成视神经纤维的神经冲动，传入视皮层，产生视觉。人脑所获信息主要来自视觉。

一、眼折光系统及其调节

（一）眼的折光系统与成像

眼的折光系统是一个复杂的光学系统，包括角膜、房水、晶状体和玻璃体。光线进入眼后要经过多次折射，其中晶状体的折光率最大，而且其凸度大小可以调节，所以晶状体在眼的折光成像中起重要作用。光线进入人眼后，在视网膜上形成物像的过程，与凸透镜成像原理基本相似，但要复杂得多。按光学原理，眼前 6m 以外的物体发出光线近于平行，经过正常眼折光系统的折射，最后聚焦于视网膜上形成清晰的缩小头像。为了研究和应用方便，通常用简化眼模型来描述折光系统的功能（图 9-1）。

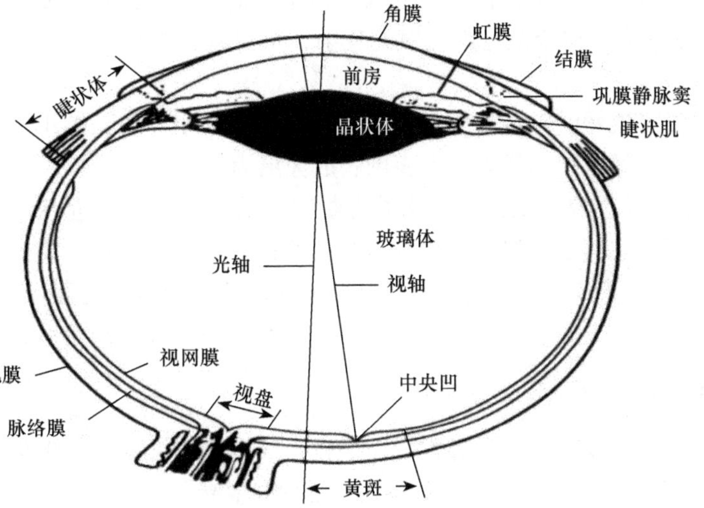

图 9-1　右眼水平切面

简化眼只是一个假想的人工模型，简化眼与正常眼在折光效果上相同，它的模型前后径 20mm，曲率半径为 5mm 的单球面折光体，折光指数为 1.333，后主焦点相当于折光体后极。利用简化眼可以方便地计算出不同远近的物体在视网膜上成像的大小（图 9-2）。

（二）眼的调节

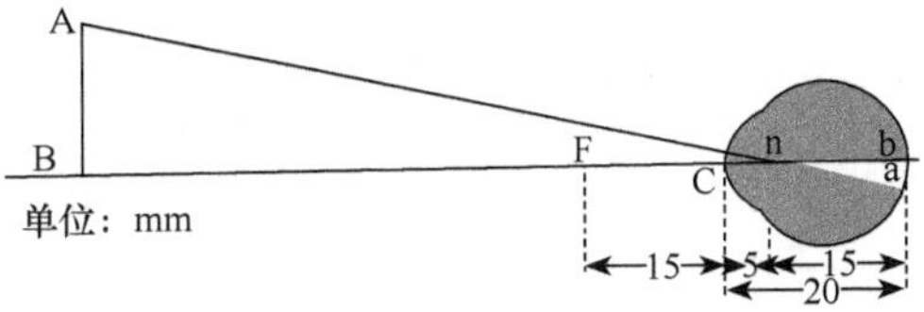

图 9-2　简化眼及其成像

n. 节点；AB. 物体；ab. 物像；F. 前主焦点；C. 角膜表面

当物体从 6m 以外移向 6m 以内，入眼的光线由平行变为辐散，经折射后物像必然在视网膜之后，视觉将变模糊。但实际上，随着物体的移近，眼发生了一系列的活动，使物体仍能成像在视网膜上，这称眼的调节。其中活动主要是晶状体调节、瞳孔调节和双眼球会聚。

1. 晶状体调节　晶状体在眼的调节作用中起着重要的作用。一般说来，在眼前 6 m 以外的物体反射出来的光线，可以看成平行光。正常人的眼对于平行光不需要调节作用，就可以在视网膜上形成清晰的物像。这时候睫状肌是舒张的，晶状体悬韧带（睫状小带）被拉紧，晶状体凸度小，平行光正好成像在视网膜上。但是，看 6m 以内的物体，如果眼不调节，物像将落在视网膜的后方，就看不清楚。要看清楚 6 m 以内的物体，就需要晶状体的调节作用。睫状肌收缩，睫状体就向前方移动，于是晶状体悬韧带松弛，晶状体由于自身的弹性而凸度加大（主要是晶状体前面的凸度加大，厚度增加），使物像正好落在视网膜上。晶状体的弹性随着年龄的增加而逐渐降低。儿童的晶状体弹性大，能够看清楚离眼 6～8cm 的物体。不同年龄的人，正常眼能看清楚物体的最近距离是不同的。

近点是指人眼能看清物体的最近距离。近点距眼的距离可作为判断眼的调节能力大小的指标。近点距眼的距离越近，说明晶状体的弹性越好，亦即眼的调节能力愈强。老视是指随着年龄的增长，晶状体的弹性逐渐减弱，导致眼的调节能力降低。10 岁儿童的近点平均 8.8cm，20 岁左右的成人约为 10.4cm，60 岁时可增大到 80cm 或更远。

2．瞳孔调节　瞳孔的调节在正常情况下，看强光时瞳孔缩小，看弱光时瞳孔扩大，这叫作瞳孔对光反射。瞳孔对光反射的意义在于调节进入眼内的光量，有助于强光时保护视网膜，暗光时分辨物体。瞳孔对光反射是由瞳孔的大小由于入射光量的强弱而变化（直接和间接瞳孔对光反射）。中枢在中脑。临床检查瞳孔对光反射，借以判断中枢神经系统病变部位、病情危重程度和全身麻醉深浅度等。

瞳孔近反射是指视近物时，可反射性地引起双侧瞳孔缩小。瞳孔缩小可减少进入眼的光量并减少折光系统的球面像差和色像差，使视网膜成像更为清晰。

3．双眼球会聚　又称辐辏反射，是指看近物时除晶状体和瞳孔进行调节外，还可看见两眼视轴同时向鼻侧聚合。其意义是使双眼看近物时物体成像于两眼视网膜的相称点上，产生单一视觉（不产生复视）。若成像在非对称点（如眼外肌麻痹）则出现复视。

◎ 考点：视觉的产生、眼折光系统组成及晶状体的调节

（三）眼的折光能力和调节能力异常

若眼的折光能力异常或眼球形态异常，使平行光线不能在视网膜上聚焦成像，则称为异常眼，如近视、远视和散光。

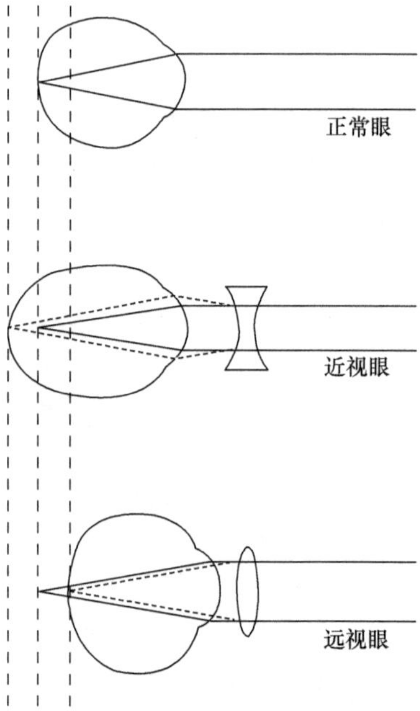

图 9-3　眼的折光异常及其矫正
实线为矫正前折射情况，虚线为矫正后折射情况

1．近视　多数由于眼球前后径过长（轴性近视）或折光系统的折光能力过强（屈光性近视），致使远处平行光线聚焦在视网膜的前方，以致视网膜上物像模糊，视远物不清，其近点比正常人近。其原因少数高度近视与遗传有关，多数近视主要是不良用眼习惯造成。如长时间近距离读书、作业、看电视，照明不良、字小不清、姿势不正、歪头、躺卧、乘车走路看书等，可使折光能力过强或眼球前后径过长；纠正方法使用凹透镜。

2．远视　由于眼球前后径过短（轴性远视）或折光系统的折光能力太弱（屈光性远视），致使远处平行光线聚焦在视网膜的后方，以致视网膜上物像模糊。患者看远物时就需使用自己的调节能力，其近点比正常人远，视近物能力下降，称为远视。其原因是折光能力太弱或眼球前后径过短；纠正方法使用凸透镜。

3．散光　正常眼内折光系统的各折面都是正球面，而多数散光。其原因是眼的角膜表面不呈正球面，而是卵形面；纠正方法使用柱面镜（图 9-3）。

二、眼的感光换能系统

眼的感光换能系统包括视杆系统和视锥系统两部分。视网膜中具有分辨颜色能力的感光换能系统是视锥系统。

（一）视网膜的感光换能系统

视网膜的基本功能是感受光刺激，并将其转化为神经纤维上的电活动。视网膜结构十分复杂，能够感受光刺激的感光细胞是视杆细胞和视锥细胞。

两种感光细胞在视网膜上的分布很不均匀。视杆细胞主要分布在视网膜的周边部，视锥细胞在中央凹分布密集，而在视网膜周边区相对较少。视杆细胞对暗光敏感，故光敏感度较高，但分辨能力差，在弱光下只能看到物体粗略的轮廓，并且视物无色觉。视锥细胞的光敏感性差，但视敏度高，只有在强光下才能兴奋，但可辨别颜色，实物精确性高，并且视物有色觉。视锥细胞与视杆细胞区别见表 9-1。

表 9-1　视锥细胞与视杆细胞的比较

细胞	分布	特点	功能
视锥细胞	主要分布于视网膜中央部	对光的敏感性低，主要接受强光刺激，可辨别颜色	昼光觉、色觉
视杆细胞	主要分布于视网膜周边部	对光的敏感性高，主要接受暗光刺激，不能辨别颜色	暗光觉

考点：眼的折光能力和调节能力异常

（二）视网膜的光化学反应

1．视杆细胞的光化学反应　视杆细胞内的感光色素是视紫红质。视紫红质的是结合蛋白质，由视蛋白和视黄醛所组成。视黄醛由维生素 A 变来，后者是一种不饱和醇，在体内一种酶的作用下可氧化成视黄醛。视紫红质在光照时迅速分解为视蛋白和视黄醛。视黄醛分子在光照时由 11-顺型（一种较为弯曲的构象）变为全反型（一种较为直的分子构象）。视黄醛分子构象的这种改变，将导致视蛋白分子构象也发生改变，经过较复杂的信号传递系统的活动，诱发视杆细胞出现感受器电位。在亮处分解的视紫红质，在暗处又可重新合成，亦即它是一个可逆反应：全反型的视黄醛变为 11-顺型的视黄醛，很快再同视蛋白结合（图 9-4）。

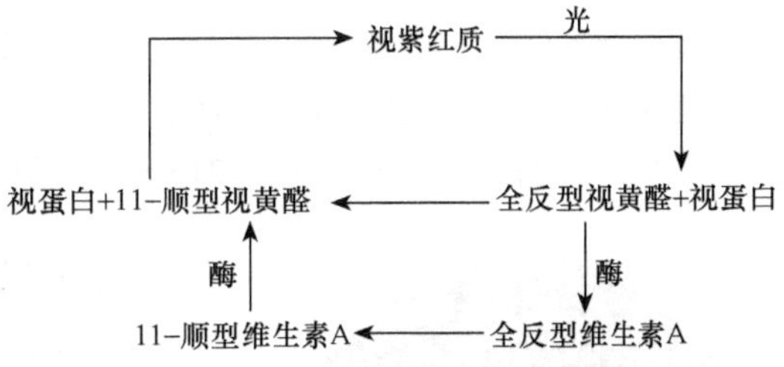

图 9-4　视紫红质的光化学反应

人在暗处（或夜晚）的视觉由视杆细胞承担，其感光物质为视紫红质，它是由视蛋白和视黄醛合成的。在视紫红质的合成和分解过程中，有一部分视黄醛被消耗，依赖于从食物中吸收的维生素 A 来补充。因为维生素 A 可以转变为 11-顺视黄醛，再与视蛋白结合，形成视紫红质。故如果长期维生素 A 摄入不足，会影响人的暗视觉，引起夜盲症。

2．视锥细胞与视觉　人的视网膜上分布三种不同的视锥细胞，分别含有红、绿、蓝三种光敏感的感光色素。当某一波长的光线作用于视网膜时，可以一定的比率使三种视锥细胞分别产生不同程度的兴奋，信息传至中枢，产生某一颜色的感受。

色觉是一种复杂的物理、心理现象。人眼可区别约150种不同的颜色。色觉障碍有色盲和色弱两种情况，若缺乏或完全没有分辨颜色的能力，称为色盲。色盲可分为全色盲和部分色盲。色盲中最多见的是红色盲和绿色盲。

考点：夜盲症是怎样形成的

链 接

色盲、红绿色盲、色弱

人眼可分辨波长在380～760nm约150种颜色，但某些人多由于遗传原因，缺乏相应的视锥细胞，不能辨别某些颜色，称为色盲。如缺乏感受红光或绿光的视锥细胞，不变红绿，称为红绿色盲。而有些人多由于健康或营养不佳，辨色能力较差，称为色弱。

三、与视觉有关的若干生理现象

（一）视力

视力（visual acuity）又称视敏度，是指眼分辨两点之间最小距离的能力。通常以眼能分辨的最小视角来表示视力，即：视力=1 视角（分）。视角是物体上两点的光线摄入眼球，交叉通过节点时所形成的夹角。视角的大小与视网膜像的大小成正比。正常眼能分辨的最小视角为1分角（1/60°）。1分视角的视力为1.0，是正常视力。它反映了视网膜中央凹视锥细胞的功能。

（二）暗适应与明适应

1. 暗适应　人长时间处于光亮环境中而突然进入暗处时，最初看不见任何物体，经过一段时间后，逐渐恢复了暗处的视力，这种现象称为暗适应。这主要是因在暗处视紫红质的合成大于分解，视杆细胞内视紫红质含量逐渐增高，对光的敏感性逐渐增强所致。此外，在暗处瞳孔扩大也有利于提高光的敏感性。

2. 明适应　人长时间处于暗处而突然进入明亮处时，最初感到一片耀眼的光亮，不能看清物体，稍待片刻后才能恢复视觉，这种现象称为明适应。这主要是因为在亮处视紫红质的分解大于合成，视杆细胞内视紫红质含量迅速降低，对光较不敏感的视锥色素才能在亮处感光而恢复视觉。此外，在亮处因瞳孔对光反射而使瞳孔缩小也有利于降低对光的敏感性。

（三）视野

单眼固定地注视正前方某一点，此时该眼能看到的空间范围，称为视野。不同颜色的光测到的视野不同，白色视野最大，依次为黄蓝色、红色，而绿色视野最小。正常人的视野还受面部结构的影响，鼻侧和上侧视野较小，颞侧和下侧视野大。临床上检测视野，可帮助诊断视网膜或视觉传导通路上的某些疾病（图9-5）。

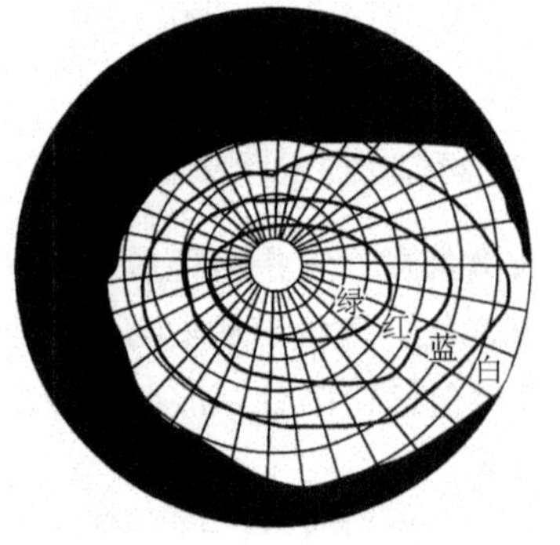

图9-5　人右眼视野

（四）视后像和融合现象

注视一个光源或较亮的物体，然后闭上眼睛，可以感觉到一个光斑，其形状和大小均与该光源或物体相似，这种主观的视觉后效应，称视后像。融合重复的闪光刺激可引起主观上的连续光感。

第三节　耳的听觉功能

耳是听觉器官，也是位置觉和运动觉器官。耳分为外耳、中耳和内耳三部分。其中听觉功能主要由外耳、中耳和内耳耳蜗来完成；位置觉和运动觉功能主要由内耳的前庭和半规管来完成。耳适宜振动频率：20～20 000Hz。

一、外耳和中耳的传音功能

（一）外耳的功能

外耳由耳廓和外耳道构成。耳廓具有收集声波，判断方向功能。外耳道是声波传入的通道，同时兼作共鸣腔，与声波共振，提高声音强度。根据物理学原理，一端封闭的管道对于波长 4 倍于管长的声波产生最大共振作用。外耳道长 2.5cm，最佳共振频率 3800Hz。

（二）中耳的功能

中耳是由鼓膜、听骨链和咽鼓管组成。

1．鼓膜　形状椭圆形；面积 50～90mm^2；厚约 0.1mm。它能与声波同步振动，同起同止，余振甚少，因此能将声波如实地传向耳蜗。鼓膜、听骨链和内耳卵圆窗构成了声波传导的最有效通路。

2．听骨链　是由锤骨、砧骨、镫骨连接而成的一个杠杆，其支点在听骨链的重心上，长臂是锤骨柄，短臂是砧骨长突。

3．咽鼓管　是鼓室和咽腔相通的管道，平时闭锁着。当吞咽和呵欠时，才被动开放和外界相通，使鼓室内压与外界平衡，以维持鼓膜正常位置、形状和振动性能。

考点：视力和视野的概念、正常数值

（三）声波传入内耳的途径

1．气传导　声波经外耳、鼓膜、听骨链和卵圆窗传入耳蜗，称为气导。这是声波传导的主要途径。此外，鼓膜振动也可引起鼓室内空气振动，再经蜗窗传入耳蜗。这一气导途径在正常情况下并不重要，但听骨链运动障碍时，也可发挥一定的传音作用。

2．骨传导　声波直接引起颅骨振动，经耳蜗骨质部传入耳蜗淋巴液，称骨传导。骨传导极为不敏感，一般是振动的物体直接和颅骨接触，才能引起听觉。

◎ 考点：声波传入内耳的途径

二、内耳的感音功能

（一）耳蜗的基本结构

耳蜗是一个形似蜗牛壳的骨管，其内被前庭膜和基底膜分隔成三个腔。三个腔分别是前庭阶 、鼓阶和蜗管，三个管腔中充满淋巴液。 基底膜上有声音感受器 - 螺旋器（柯蒂器），有内、外毛细胞和支持细胞组成。毛细胞与耳蜗神经相连，毛细胞表面有纤毛，称为听毛（图 9-6）。

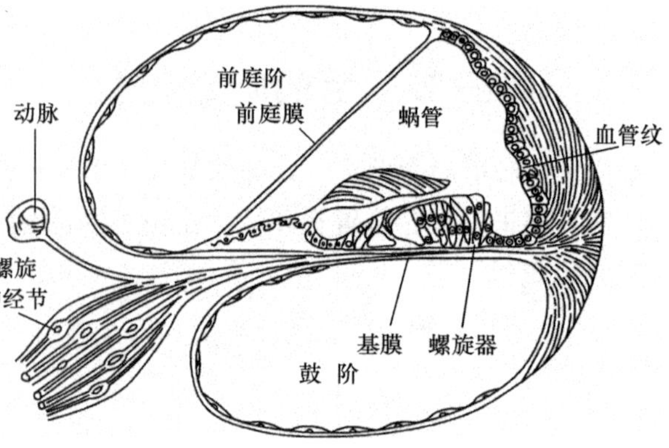

图 9-6 耳蜗

（二）耳蜗的感音和换能作用

振动从基底膜底部开始，以行波方式向耳蜗顶部方向传播。声波频率的不同，行波传播的远近和最大振幅出现的部位也不同。声波频率愈高，基底膜最大振幅的部位愈靠近蜗底部；反之，愈靠近蜗顶部。

第四节 前庭器官的平衡感觉功能

一、前庭器官的感受细胞和适宜刺激

前庭器官包括半规管、椭圆囊和球囊。前庭器官的感受细胞都是毛细胞，位于囊斑上，其顶端有多条静纤毛和一条动纤毛，底部有感觉神经末梢分布。

1. 椭圆囊和球囊 椭圆囊和球囊的功能是感受头在空间的位置和直线变速运动。椭圆囊和球囊是膜性的小囊，两囊内各有一囊斑，其中毛细胞的纤毛插入耳石膜，当头部在空间位置改变或身体做直线变速运动时，由于重力与耳石膜惯性的作用，毛细胞与耳石相对位置发生改变，总使得有些毛细胞的静毛向动毛做最大的弯曲，由此产生的传入冲动频率增加。该冲动传入中枢，引起姿势反射，以维持身体平衡；同时，冲动上传大脑皮质，引起头部空间位置觉或直线变速运动的感觉。

2. 半规管 两侧内耳各有 3 条互相垂直的半规管。每管一端略膨大，为壶腹。3 对半规管可更多方向的旋转变速运动。当身体围绕不同方位的轴做旋转运动的时候，内淋巴由于惯性作用而受到冲击，顶部纤毛向某一方向弯曲；当旋转停止的时候，内淋巴又由于惯性作用，使顶部纤毛向相反方向弯曲。这些信息经前庭神经传入中枢，引起眼震颤和姿势反射，以维持姿势平衡；同时，冲动上传大脑皮质，引起旋转感觉。由此可见，半规管可感受旋转变速运动。

二、前 庭 反 应

前庭器官的传入冲动除引起一定的位置觉和运动觉外，还可引起各种姿势调节反射、自主性神经反射和眼震颤，这些现象统称为前庭反应。

（一）前庭器官姿势调节

人在乘电梯时，由于电梯突然上升，肢体伸肌抑制使腿屈曲；电梯突然下降时，伸肌紧张使腿伸直。这些属于前庭器官的姿势反射，其意义是维持人体一定的姿势和保持身体平衡。

（二）自主性神经反射

前庭器官受到过强或过久刺激时，常会引起恶心、呕吐、眩晕、皮肤苍白等现象，称为前庭自主神经反射即自主性神经反射。有些人前庭功能非常敏感，易发生晕船、晕车或空晕病。如进行适当锻炼，适应能力可以提高。

（三）眼震颤

眼震颤分慢动相（slow phase）和快动相（quick phase）两类。它是指当前庭迷路受刺激特别是在躯体做旋转变速运动时，反射地改变了眼肌的活动而引起眼球不随意而有规律性地运动。

第五节　其他感受器的功能

一、嗅觉感受器和嗅觉的一般性质

嗅觉感受器是嗅细胞。嗅细胞位于鼻腔上端隐窝的嗅黏膜中。

嗅上皮位于上鼻道及鼻中隔后上部。由嗅细胞、支持细胞、基底细胞、Bowman 腺组成。嗅细胞顶部 6～8 条纤毛，埋于 Bowman 腺分泌的黏液。适宜刺激空气中的有机化学物质，其过程被黏液吸收，扩散到嗅纤毛。嗅到基本气味有樟脑味、麝香味、花草味、乙醚味、薄荷味、辛辣味、腐腥味。

二、味觉感受器和味觉的一般性质

味觉感受器是味蕾。主要位于舌背部表面和舌缘的黏膜内，口腔和咽部黏膜表面也有。由味细胞、支持细胞、基底细胞组成。味细胞顶端纤毛称为味毛。感受基本味觉酸甜苦咸。舌的不同部位对不同味刺激的敏感程度不同，舌尖对甜味比较敏感，舌两侧对酸味比较敏感，舌两侧的前部对咸味比较敏感，软腭和舌根对苦味比较敏感。

三、皮肤感觉感受器的功能

（一）触、压觉

给皮肤施以触、压等机械刺激所引起的感觉分别称触、压觉。

触压觉的感受器：游离的神经末梢、毛囊感受器或带有附属结构的环层小体、麦氏小体、鲁非尼终末和梅克尔盘等。

感受器电位产生机制：可能与机械门控 Na^+通道的开放和 Na^+内流有关。

（二）温度感觉

冷觉和热觉合称温度感觉，分别由冷、热两种感受器的兴奋所引起。

（三）痛觉

痛觉主要由伤害性刺激引起，感受器是游离的神经末梢。

目标检测

一、名词解释

1．感受器　2．感受器的换能作用

3．视敏度（视力）　4．近视　5．视野

二、填空题

1．感受器的一般生理特性包括______、______、______、______。

2．眼的折光系统包括______、______、______、______，其中在折光成像过程中起着重要作用的是______。

3．视近物时眼的调节包括______、______、______。

4．眼的折光异常包括______、______、______。

5．人的视网膜上有两种感光细胞，即______和______。前者主要分布在视网膜的______，后者分布在视网膜的______。

6．视杆细胞内的感光色素是______。在光照时迅速分解为______和______。

7．对全部颜色或某些颜色缺乏分辨能力的色觉障碍称为______。

8．在同一光照条件下，不同颜色的视野不同，其中______的视野最大，______的视野最小。

9．声波由外耳向内耳传入包括______与______两条途径，其中以______为主。

10．咽鼓管是______和______相同的管道，平时闭锁。

三、选择题

1．专门感受机体内外环境变化的结构和装置称为（　　）

A．感受器　B．感觉器官　C．效应器　D．分析器　E．特殊器官

2．感受细胞与非神经性的附属结构一起构成(　　)

A．感觉器官　B．感受器　C．效应器　D．分析器　E．特殊器官

3．人脑获得信息，主要来自（　　）

A．视觉　B．听觉　C．触觉　D．嗅觉　E．味觉

4．各种感受器均各有其最敏感、最容易接受的刺激形式，称为感受器的（　　）

A．阈值　B．阈刺激　C．感觉阈值　D．适宜刺激　E．适宜强度

5．下列哪项不属于眼的折光系统（　　）

A．角膜　B．房水　C．晶状体　D．玻璃体　E．睫状体

6．能看清物体的最近距离，称为（　　）

A．盲点　B．节点　C．焦点　D．近点　E．远点

7．判断眼的调节能力大小的指标是（　　）

A．近点　B．远点　C．焦点　D．盲点　E．节点

8．折光系统中起主要作用的是（　　）

A．角膜　B．虹膜　C．房水　D．晶状体　E．玻璃体

9．近处物体发出的辐射光线能聚焦成像在视网膜上的功能称为（　　）

A．眼的调节　B．眨眼反射　C．瞳孔近反射　D．瞳孔对光反射　E．辐辏反射

10．近点的远近主要决定于（　　）

A．瞳孔的直径　B．晶状体的弹性
C．房水的折光率　D．玻璃体的折光指数
E．角膜的曲率半径

11．老视发生的原因主要是（　　）
A．晶状体透明度改变
B．晶状体弹性减弱
C．角膜曲率改变
D．角膜透明度改变
E．房水循环障碍

12．远视眼的叙述，不正确的是（　　）
A．近点较正常人远
B．入眼的平行光线聚焦在视网膜之后
C．眼球的前后径过短
D．需用凸透镜矫正
E．视近物时无需调节

13．近物时的调节不包括（　　）
A．晶状体变凸　B．瞳孔缩小
C．双眼球汇聚　D．瞳孔放大
E．以上都对

14．视觉的三原色学说，视网膜上分布有三种视锥细胞，其所含视色素（　　）
A．对红、黄、蓝三色敏感
B．对红、黑、白三色敏感
C．对红、绿、蓝三色敏感
D．对红、黄、黑三色敏感
E．对红、蓝、紫三色敏感

15．范围最小的是（　　）
A．红色　B．绿色
C．蓝色　D．黄色
E．白色

16．范围最大的是（　　）
A．红色　B．绿色
C．蓝色　D．白色
E．黄色

17．人耳能感受的振动频率范围是（　　）
A．5～16Hz
B．20～20 000Hz
C．20 000～25 000Hz
D．25 000～30 000Hz
E．30～10 000Hz

18．传入内耳的主要途径是（　　）
A．骨传导
B．外耳→鼓膜→听骨链→卵圆窗→耳蜗
C．外耳→鼓膜→鼓室空气→圆窗→耳蜗
D．外耳→鼓膜→听骨链→圆窗→耳蜗
E．颅骨→耳蜗

（蔡秀荣）

第 10 章 神经系统的功能

在机体功能活动的调节中起主导作用的是神经系统，主要由神经元和神经胶质细胞组成，根据结构和功能分为中枢神经系统和周围神经系统。中枢神经系统包括脑和脊髓，是反射中枢存在的部位，具有在产生和传导兴奋的同时完成接受、整合、分析信息的功能。周围神经系统包括神经节和各种支配组织、器官的神经纤维，在产生和传导兴奋的同时形成信息传导通路，使人体在功能活动中成为统一的整体。此外，人类在后天的生产和生活过程中具有了语言、思维、学习和记忆等高级神经活动，使人类能主动地认识环境和改造环境，极大地提高了人类的生存能力，创造和推进了人类文明。

第一节　神经系统功能活动的基本原理

案例 10-1　患者男性，35 岁。10 天前不慎摔倒致右上臂骨折。X 线检查确诊右上肢肱骨中段粉碎性骨折。行手法复位固定术后一个月，出现伸腕、伸指、前臂旋后障碍及手背桡侧和桡侧 3 个半手指背面皮肤麻木。

问题：患者可能发生了什么损伤？试分析原因。

一、神经元和神经纤维

（一）神经元的一般结构与功能

神经元即神经细胞，是神经系统的基本结构和功能单位，其基本功能是感受刺激和传导兴奋。神经元可分为胞体和突起两部分（图 10-1）。胞体位于脑、脊髓和神经节中，是神经代谢和营养的中心。突起分为树突和轴突。一个神经元可有一个或多个树突，其功能主要是接受刺激，将产生的局部兴奋向胞体扩布。神经元的轴突只有一个，轴突外包髓鞘或神经膜，成为神经纤维。神经纤维的主要功能是传导神经冲动，其末梢可释放神经递质。

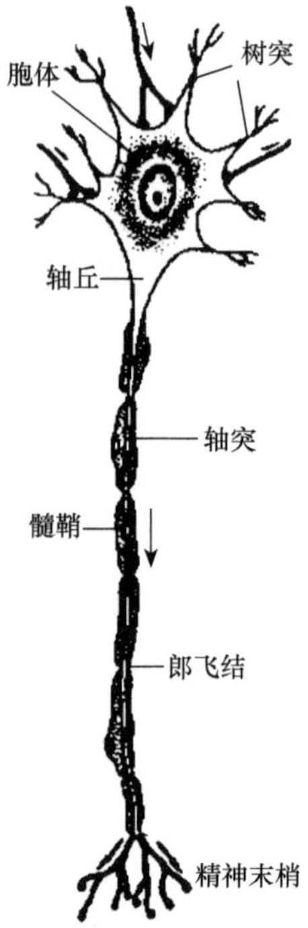

图 10-1　运动神经元结构

（二）神经纤维传导兴奋的特征

1. 双向传导　在实验条件下，刺激神经纤维上任何一点，产生的动作电位可同时向两端传导，称为双向传导。

2. 绝缘性　一条神经干包含无数条神经纤维。但每条纤维传导兴奋时基本上互不干扰，表现为神经纤维传导的绝缘性，其生理意义是保证神经调节的精确性。

3. 生理完整性　神经纤维在传导兴奋时，其结构和功能必须完好无损。如果神经纤维受损伤或局部应用麻醉药、低温等情况，均可使兴奋传导受阻。

4. 相对不疲劳性　神经纤维可长时间地接受刺激，保持不衰减地传导神经冲动的能力。这是因为神经传导冲动时耗能极少。

（三）神经纤维的轴浆运输

神经元轴突内的胞质，称为轴浆。轴浆在胞体与轴突末梢之间流动。这种在轴突内借助轴浆流动运输物质的现象，称为轴浆运输。轴突末梢向胞体运输。有些物质（如狂犬病病毒、破伤风毒素等）可通过胞吞作用被末梢摄取后逆向运输到胞体。

（四）神经的营养作用

神经末梢能经常释放某些物质，调整被支配组织的代谢活动，持续地影响其组织结构和生理功能的完整性，这称为神经的营养性作用。

◎ 考点：神经纤维传导兴奋的特征

链　接

神经营养因子

研究证明，不仅神经元释放的营养因子能维持和影响所支配组织的代谢活动，反过来，神经所支配的组织和星形胶质细胞也可以产生神经营养因子。神经营养因子通过突触成分、胶质细胞和血流到达特定神经细胞，与特定受体相结合，以促进神经细胞的生长、增殖，并可延长其生存时间。近年的研究还表明，它们在胚胎发育、细胞分化、创伤愈合、免疫调节乃至肿瘤的发生等许多方面都发挥着重要的调节作用。神经生长因子（NGF）就是最早被发现的神经营养因子，它可以促进神经元突起的生长，维持神经系统的正常活动。此外，近些年还陆续发现了一些其他的神经营养因子家族成员，如成纤维细胞生长因子、上皮生长因子等，它们对神经元的增殖、分化和存活都起着重要的作用。

二、突　触　传　递

信息在神经系统的传递通常涉及多个神经元，神经元之间的信息传递是通过突触传递而完成的。

（一）突触的类型和结构

1. 突触概念与分类　指神经元与神经元之间相互接触并传递信息的部位。按神经元接触的部位，通常将突触分为三类：①轴－体突触；②轴－树突触；③轴－轴突触（图10-2）。按突触传递产生的效应，可将突触分为兴奋性突触和抑制性突触。

2. 突触的基本结构　经典的突触包括突触前膜、突触间隙和突触后膜三个部分（图10-3）。突触前膜即前一神经元轴突末梢的膜，与之相对的另一神经元胞体或突起的膜称为突触后膜，两者之间为突触间隙。前一神经元的轴突末梢常分成许多小支，其末端膨大呈球状，称为突触小体。突触小体内的突触小泡中含有高浓度的神经递质；突触后膜上有能与相应递质结合的受体。

◎ 考点：突触的概念

（二）突触传递过程

突触传递是指突触前神经元的信息通过传递引起突触后神经元活动的过程。突触后神经元活动的主要表现形式是产生突触后电位。突触后电位有兴奋性突触后电位（excitatory

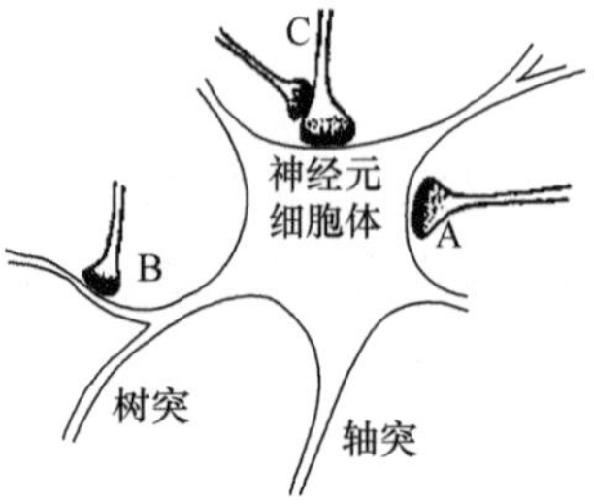

图 10-2 突触类型

A. 轴一体突触；B. 轴一树突触；
C. 轴一轴突触

图 10-3 突触结构

postsynaptic potential，EPSP）和抑制性突触后电位（inhibitory postsynaptic potential，IPSP）两种（图 10-4）。

1．兴奋性突触后电位（EPSP） 突触前膜释放兴奋性递质，引起突触后膜产生的局部去极化电位变化，称为兴奋性突触后电位。其产生机制：动作电位传至轴突末梢→突触前膜释放兴奋性递质→递质经突触间隙扩散与突触后膜受体结合→突触后膜对 Na^+、K^+（主要是对 Na^+）通透性提高，Na^+内流→突触后膜出现局部去极化电位变化，即产生了兴奋性突触后电位。兴奋性突触后电位是局部兴奋，它可以总和，如果达到阈电位水平，则在突触后神经元的轴丘部位产生动作电位，使突触后神经元兴奋（图 10-5）。

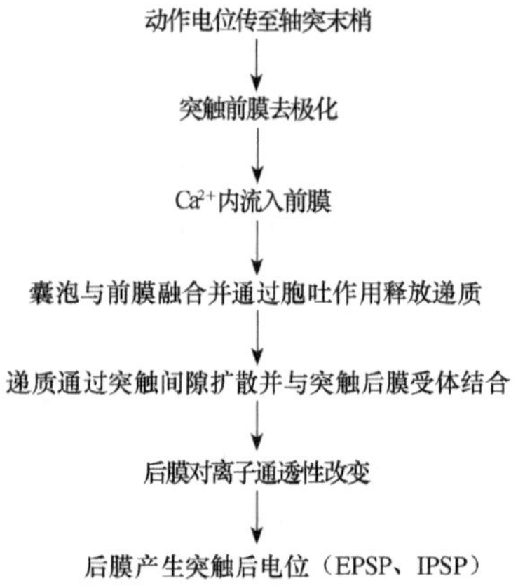

图 10-4 突触传递的过程

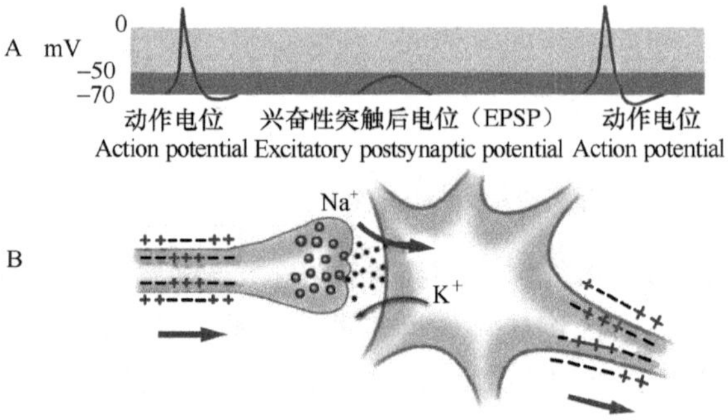

图 10-5 兴奋性突触后电位产生机制

A. 电位变化；B. 突触传递

2．抑制性突触后电位（IPSP） 突触前膜释放抑制性递质，引起突触后膜产生的超极化电位变化，称为抑制性突触后电位。其产生机制：动作电位传至轴突末梢→突触前膜释放抑制性递质→递质经突触间隙扩散与突触后膜受体结合→突触后膜对 K^+、Cl^-（主要是对 Cl^-）通透性提高，Cl^-内流→突触后膜出现超极化电位变化，即产生了抑制性突触后电位。抑制性突触后电位也可以总和，但结果是使突触后神经元呈现抑制效应（图 10-6）。

突触传递是一个电一化学一电的变化过程，即由突触前神经元的生物电变化，通过轴突末梢化学递质的释放，进而引起突触后神经元发生生物电变化的过程。

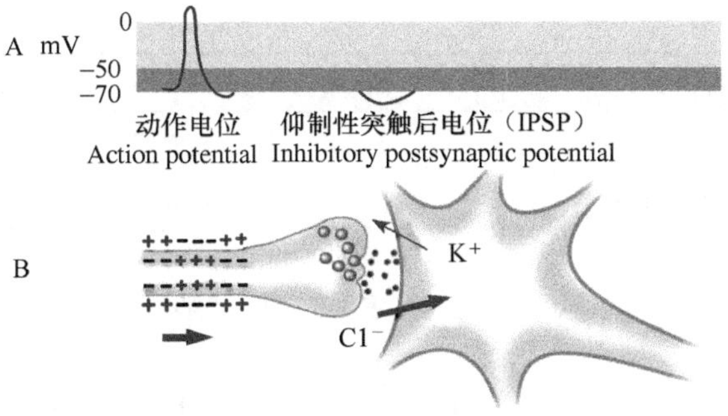

图 10-6 抑制性突触后电位产生机制

A. 电位变化；B. 突触传递

链 接

突触可塑性

突触可塑性是神经科学领域近年来进展最快、取得成果最大的研究领域。突触可塑性是指突触在一定条件下调整功能、改变形态、增加或减少数目的能力，既包括传递效能的变化即长时程增强（LTP）和长时程抑制（LTD），也包括形态结构的变化，如 PSD 增厚或变薄等。一般认为，突触的修饰在很大程度上反映了整个神经系统回路的可塑性，因此也反映了行为的可塑性。长时程增强（LTP）和长时程抑制（LTD）现象已被公认为是学习、记忆活动的细胞水平的生物学基础。随着有关研究的深入，现已发现突触传递的可塑性还参与感觉、心血管调节等其他重要的生理或病理过程。

三、神经递质

从化学性突触的传递过程可知突触的传递是以化学物质为介质的。神经系统中，参与信息传递的化学物质称为神经递质。目前所知的神经递质已有 100 多种，根据它们存在的部位不同，分为中枢神经递质和外周神经递质。

（一）中枢神经递质

中枢神经系统内释放的递质，称为中枢神经递质。目前发现的中枢神经递质多而复杂。主要有乙酰胆碱、单胺类（如多巴胺、5- 羟色胺）、氨基酸类（如 γ- 氨基丁酸）和肽类（如阿片肽）等。

（二）外周神经递质

由传出神经末梢释放的递质，称为外周神经递质。主要的外周神经递质有乙酰胆碱（ACh）和去甲肾上腺素（NA）。在神经生理学中，常以神经末梢释放的神经递质类型来命名和分类神经纤维。凡末梢以释放乙酰胆碱作为递质的神经纤维，称为胆碱能纤维；凡末梢以释放去甲肾上腺素为递质的神经纤维称为肾上腺素能纤维。胆碱能纤维和肾上腺素能纤维在周围神经系统中的分布情况（表 10-1）。

表 10-1 胆碱能和肾上腺素能纤维在周围神经系统中的分布

纤维名称	递质分布
胆碱能纤维（ACh）	交感和副交感神经节前纤维
	副交感神经节后纤维
	支配汗腺和骨骼肌舒血管的交感神经节后纤维

续表

纤维名称	递质分布
	躯体运动神经纤维
肾上腺素能纤维（NA）	大部分交感神经节后纤维

四、反射活动的一般规律

（一）中枢神经元的联系方式

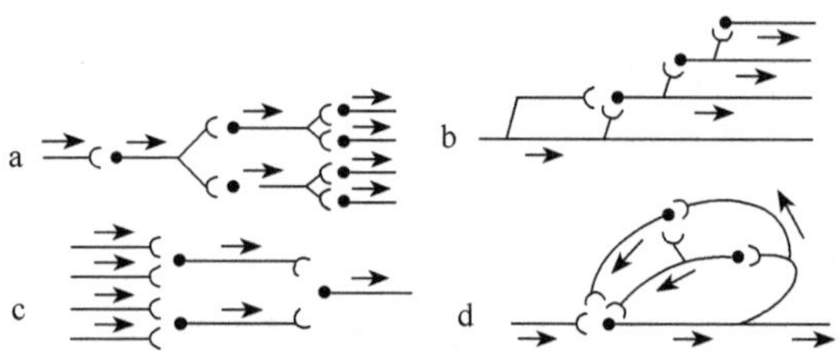

图 10-7　中枢神经元的联系方式

a. 辐散式；b. 链锁式；c. 聚合式；d. 路式

在中枢神经系统内，神经元的联系方式主要有辐散式、聚合式、环路式、链锁式等几种（图 10-7）。辐散式联系能使一个神经元的兴奋引起许多神经元同时兴奋或抑制，聚合式联系能使多个神经元的作用集中到同一个神经元，有助于信息的总和；环式联系是后放与反馈的结构基础；链锁式联系可以在空间上扩大作用的范围。

（二）中枢兴奋传递的特征

1. 单向传递　兴奋在神经纤维上的传导是双向性的，但兴奋通过突触时只能由突触前膜向突触后膜传递。这是因为递质是由突触前膜释放的，因而兴奋不能逆向传递。

2. 中枢延搁　兴奋通过中枢的突触时，要经历递质的释放、扩散、与后膜受体结合、产生突触后电位等一系列过程，因而耗时较长，这种现象称为中枢延搁。所以在反射活动中，通过的突触数目越多，反射时间越长。

3. 总和　中枢内，兴奋和抑制都可以产生总和现象。总和可分为空间总和、时间总和两种。聚合式联系是产生空间总和的结构基础。

4. 兴奋节律的改变　反射活动中，传出神经发出的冲动频率往往和传入神经上的频率不同。这是因为传出神经的兴奋节律，不仅取决于传入神经冲动的频率，还取决于反射中枢的功能状态，中枢可以改变兴奋的节律。

5. 后发放　反射活动中，当对传入神经刺激停止后，传出神经仍继续发放冲动，使反射活动仍持续一段时间，这种现象称为后发放。神经元之间的环式联系及中间神经元的作用是后发放的主要原因。

6. 对内环境变化敏感和易疲劳性　反射活动中，突触最易受内环境变化的影响，如碱中毒时神经元兴奋性明显增强而出现抽搐；酸中毒时，神经元活动明显压抑。缺 O_2、CO_2 过多、麻醉药以及某些药物等均可改变突触传递的能力。此外，突触部位是反射弧中最易发生疲劳的环节，其原因可能与长时间兴奋使突触前膜递质耗竭有关。

◎ 考点：中枢兴奋传递的特证

链接

中枢抑制

中枢抑制是谢切诺夫于 1862 年首先提出的。他在实验中用 NaCl 结晶刺激不同部位脑组织的横断面，观察对脊髓后肢屈肌反射的影响。结果看到当 NaCl 结晶放在中脑视顶盖的横断面时，大大延长了屈肌反射的反射时，即屈肌反射受到抑制。他认为，NaCl 结晶兴奋了视顶盖的神经元，从而抑制脊髓运动神经元的活动，导致反射时的延长。这个现象称为“谢切诺夫抑制”。这一发现对中枢神经系统生理学发展起了重要作用。

（三）中枢抑制

在中枢神经系统中，突触后神经元除了表现为兴奋以外，还可表现为抑制，两者相辅相成，这是反射活动能协调进行的重要原因。根据产生抑制的机制发生在突触后还是突触前，可将中枢抑制分为突触后抑制和突触前抑制两类。

1．突触后抑制　有的突触后抑制都是通过抑制性中间神经元实现的。由抑制性中间神经元释放抑制性递质，使与其发生突触联系的突触后神经元产生 IPSP，从而使突触后神经元发生抑制，这种抑制称为突触后抑制。突触后抑制又分为两种类型。

（1）传入侧支性抑制：是指传入神经纤维在兴奋一个中枢神经元的同时，又经侧支兴奋另一个抑制性中间神经元，然后通过抑制性中间神经元释放抑制递质，转而使另一中枢神经元抑制。这种抑制称为传入侧支性抑制，又称交互抑制。例如，引起屈肌反射的传入纤维进入脊髓后，一方面兴奋支配屈肌的运动神经元，另一方面通过侧支兴奋抑制性中间神经元，使支配伸肌的神经元抑制，从而使屈肌收缩，伸肌舒张，以完成屈肌反射（图 10-8）。这种抑制在中枢神经系统内普遍存在，其意义能使不同中枢之间的活动得到协调。

（2）回返性抑制：指某一中枢神经元兴奋时，其传出冲动沿轴突外传，同时又经轴突侧支去兴奋一个抑制性中间神经元，该抑制性中间神经元兴奋后，其轴突释放抑制性递质，反过来抑制原先发放兴奋的神经元及同一中枢的其他神经元。这是一种典型的反馈抑制。例如，脊髓前角运动神经元轴突到达骨骼肌，发动运动，同时轴突也发出侧支兴奋脊髓内的闰绍细胞。闰绍细胞是抑制性中间神经元，其末梢释放抑制性递质甘氨酸，经其轴突返回作用于脊髓前角的运动神经元，抑制原先发放冲动的神经元的活动。回返性抑制的意义在于使神经元的活动及时终止，也促使同一中枢内许多神经元之间在活动上步调一致（图 10-8）。

2．突触前抑制　通过改变突触前膜的活动而使突触后神经元产生抑制的现象，故称为突触前抑制。其结构基础是轴－轴突触。图 10-9 表示突触前抑制的发生过程。轴突 A 与轴突 B 构成轴－轴突触，轴突 A 的末梢又与运动神经元 C 的胞体形成轴－体突触。当刺激轴突 A 时，可使神经元 C 产生 10mV 的兴奋性突触后电位。单独刺激轴突 B，不引起突触后电位。假如在刺激轴突 A 之前先刺激轴突 B，则通过 A、B 轴突之间的轴－轴突触可使神经元 C 产生的兴奋性突触后电位减小，仅有 5mV，说明轴突 B 的活动能降低轴突 A 的兴奋作用。其发生机制是由于轴突 B 末梢释放的递质，使轴突 A 末梢的跨膜静息电位减小。由此，轴突 A 产生的动作电位变小，其末梢释放的兴奋性递质减小，在突触后膜产生的兴奋性突触后电位也减少，从而使突触后神经元呈现抑制效应。

◎ 考点：突触后抑制、突触前抑制的概念和形成机制

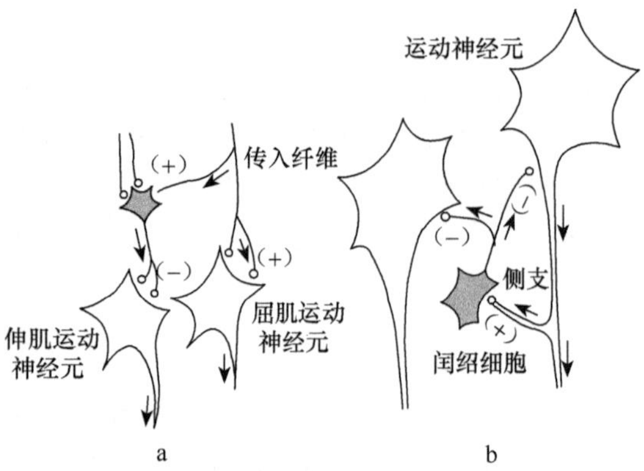

图 10-8　两类突触后抑制

a. 传入侧支性抑制；b. 回返性抑制
黑色星形细胞为抑制性中间神经元；（＋）兴奋；
（－）抑制

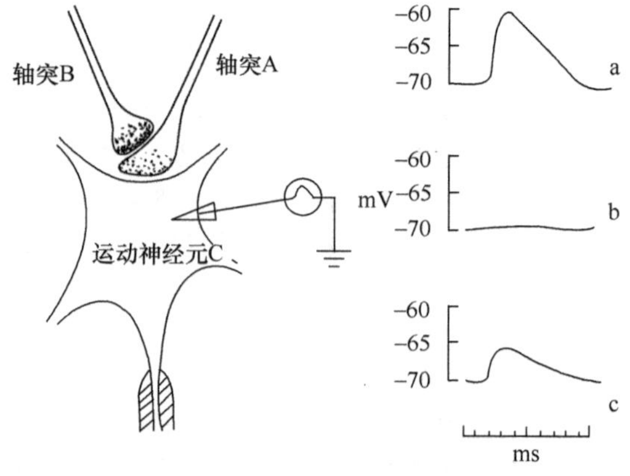

图 10-9　突触前抑制产生机制

a. 单独刺激轴突 A，引起的兴奋性突触后电位；b. 单独刺激轴突 B，不引起突触后电位；c. 先刺激轴突 B，再刺激轴突 A，引起的兴奋性突触后电位减小

案例 10-2　患者男性，23 岁。因手部灼伤而无痛感就诊。查体：意识清晰，体温 36.7℃，心、肺正常，双侧手部、上肢、肩部及上胸背部皮肤痛觉、温度觉消失，触觉、位置觉存在。影像学检查提示颈 6、颈 7 脊髓节段前联合部位空洞形成。诊断为脊髓空洞症。

问题：试分析患者痛温觉消失原因。

第二节　神经系统的感觉功能

我们能感受到冬天的寒冷、夏天的炎热，能看到色彩斑斓的世界，聆听大自然的美妙声音。这些都是因为刺激作用于人体相应的感受器或感觉器官，由它们把各种刺激形式的能量转换为感觉传入神经的动作电位，再通过各自的神经通路传向中枢，通过中枢神经系统的分析和综合，从而在人的主观意识中形成各种各样的感觉。

一、脊髓的感觉传导与分析功能

脊髓具有感觉传导功能。躯干、四肢和一些内脏器官发出的感觉纤维由后根进入脊髓后，分别组成不同的感觉传导束，沿脊髓向高位中枢传导神经冲动。其中，浅感觉传导路径传导痛觉、温度觉和轻触觉，其特点是先交叉后上行；深感觉传导路径传导本体感觉和深部压觉，特点是先上行后交叉。因此，在脊髓半离断情况下，浅感觉障碍发生在离断的对侧，深感觉障碍发生在离断的同侧。

二、丘脑及其感觉投射系统

丘脑中有大量神经元组成的核团。各种感觉通路（嗅觉除外）都要在此处交换神经元，然后再向大脑皮质投射。因此，丘脑是感觉传导的换元站，同时也能对感觉进行粗略的分析和综合。由丘脑投射到大脑皮质的感觉投射系统，根据其投射特征不同，分为两大系统。

1. 特异投射系统　各种经典的感觉（嗅觉除外）经一定的传导路径上传，到达丘脑的感觉接替核，换元后投射到大脑皮质的特定感觉区，这种点对点的投射系统称为特异投射系统（图 10-10）。其主要功能是引起特定的感觉，并激发大脑皮质发出传出神经冲动。丘脑的联络核在结构上也与大脑皮质有特定的投射联系，所以也属于特异投射系统，但它不引起特定感觉，主要起联络和协调的作用。

2. 非特异投射系统　上述经典感觉传导通路的纤维经过脑干时，发出许多侧支，与脑干网状结构的神经元发生突触联系，经多次换元，抵达丘脑的髓板内核群，由此发出纤维，弥散地投射到大脑皮质的广泛区域，称为非特异投射系统（图 10-10）。非特异投射系统是各种感觉的共同上行通路，由于它在脑干网状结构中经多次换元，因而失去了专一的特异感觉传导功能。此系统不具有点对点的投射关系，其主要功能是维持和改变大脑皮质的兴奋状态。

特异投射系统与非特异投射系统的区别如表 10-2。

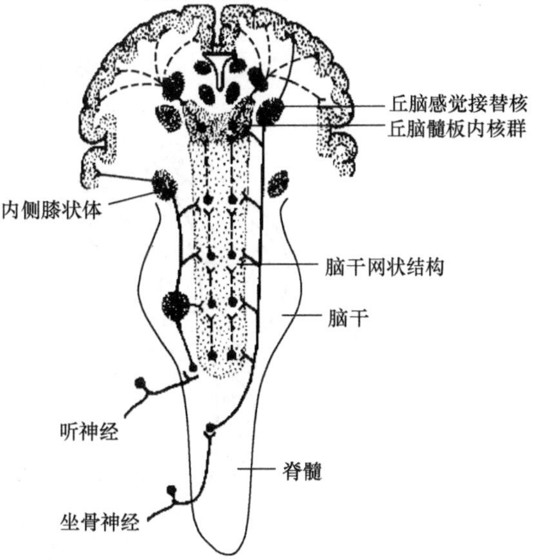

图 10-10　感觉投射系统

实线代表特异投射系统；虚线代表非特异投射系统

表 10-2　特异投射系统与非特异投射系统的区别

项目	特异投射系统	非特异投射系统
传入神经元接替	经较少神经元接替	经多个神经元接替
传导途径	有专一的传导途径	无专一的传导途径
投射部位	具有点对点的投射关系，投射到大脑皮质的特定感觉区	无点对点的投射关系，弥散地投射到大脑皮质广泛区域
主要功能	引起特定感觉，并激发大脑皮质发出传出神经冲动	维持与改变大脑皮质的兴奋状态

◎ 考点：特异投射系统和非特异投射系统

三、大脑皮质的感觉分析功能

大脑皮质是感觉的最高级中枢，它接受身体各部分传来的各种感觉传入冲动，进行精细的分析与综合后产生感觉，并发生相应的反应。不同的感觉在大脑皮质内有不同的感觉代表区。各感觉区之间在功能上密切联系，协同活动，产生各种复杂的感觉。

（一）体表感觉区

全身体表感觉的主要投射区在中央后回，又称第一体感区。其感觉纤维投射规律：①四肢和躯干部分的感觉纤维投射左右交叉，但头面部的感觉纤维投射呈双侧性；②投射区的空间安排呈倒置人形，但头面部的安排是正立的；③投射区的大小与不同体表部位的感觉灵敏度有关，如感觉灵敏度高的拇指、示指、口唇的皮质代表区大（图 10-11）。

（二）内脏感觉区

内脏感觉的投射区在第一、第二体感区，运动辅助区和边缘系统等部位与体表感觉投射区有较多的重叠，纤维投射范围较为弥散。

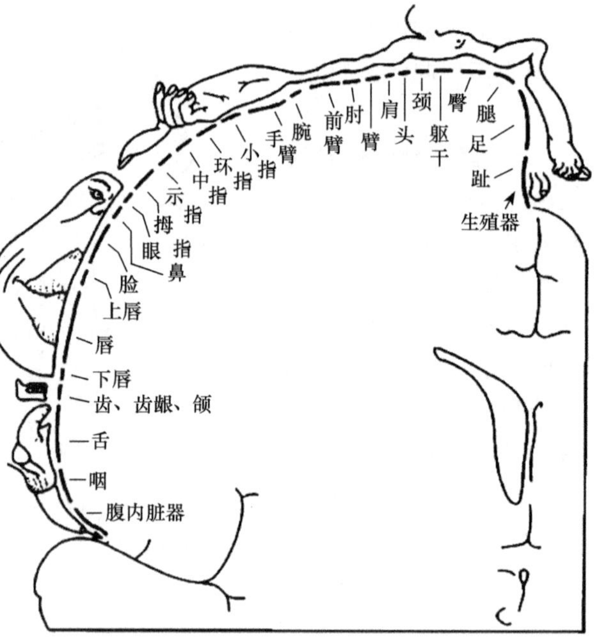

图 10-11 大脑皮质感觉区

（三）本体感觉区

本体感觉区主要在中央前回，指肌肉、关节等的运动觉的投射区。

（四）视觉区和听觉区

视觉投射区在枕叶距状裂的上、下缘；听觉投射区在双侧皮质颞叶的颞横回与颞上回。

1. 视觉 来自双眼鼻侧视网膜的视神经纤维交叉而形成视交叉，颞侧的传入纤维不交叉。皮质代表区在枕叶皮质的距状裂上、下缘。

2. 听觉 听神经传入纤维→同侧脑干的耳蜗神经核换元→对侧上橄榄核（小部分不交叉）→外侧丘系→内侧膝状体→听放射→颞横回和颞上回。

（五）嗅觉区和味觉区

嗅觉投射到边缘叶的前底部；味觉投射到中央后回头面部感觉区的下侧。

案例 10-3 患者男性，45 岁。劳累后突然感觉左胸部压榨痛伴窒息感，疼痛放射至左肩、左臂前内侧，持续时间约 3 分钟，经休息后缓解。心血管造影显示左冠状动脉前降支管腔狭窄。诊断为冠心病。

问题：1. 患者有牵涉痛的症状吗？

2. 患者的哪些症状是牵涉痛？

四、痛 觉

痛觉是机体受到伤害性刺激时所产生的一种复杂感觉，常伴有不愉快的情绪活动和防御反应。作为机体受损害时的报警系统，痛觉具有保护性作用。疼痛常是许多疾病的一种症状，剧烈疼痛还可引起休克，故认识疼痛的产生及其规律具有重要意义。

（一）痛觉感受器及其刺激

痛觉感受器是广泛存在于各器官组织中的游离神经末梢。当伤害性刺激达到一定强度造成组织损伤时，会释放 K^+、H^+、组胺、5- 羟色胺、缓激肽等致痛性化学物质，这些物质可使游离神经末梢去极化，发放神经冲动，传入中枢而引起痛觉。

（二）皮肤痛觉

当伤害性刺激作用于皮肤时，可先后引起两种痛觉：快痛和慢痛。快痛是受到刺激时立即出现的尖锐的“刺痛”，特点是产生和消失迅速，定位明确。慢痛是受刺激后 0.5～1.0 秒出现的“烧灼痛”，特点是定位不明确，持续时间较长，并伴有情绪反应及心血管和呼吸等方面的变化。在外伤时，这两种痛觉相继出现，不易明确区分，但皮肤炎症时，常以慢痛为主。深部组织（如骨膜、韧带和肌肉等）和内脏的痛觉，一般也表现为慢痛。

◎ 考点：痛觉的特点

（三）内脏痛与牵涉痛

1．内脏痛　是内脏器官受到伤害性刺激时产生的疼痛感觉。与皮肤痛相比，内脏痛有三个特点：①缓慢、持续、定位不精确，对刺激的分辨能力差；②对机械性牵拉、痉挛、缺血、炎症等刺激敏感，而对切割、烧灼等刺激不敏感；③常伴有牵涉痛。

内脏痛是临床常见症状之一，可因各种原因引起疼痛，常见的有组织缺血和肌肉痉挛，如心绞痛就是由于心肌缺血而引起的疼痛。此外，各部位组织的损伤和炎性反应，如胃和十二指肠溃疡等都有疼痛产生。因此，了解疼痛的部位、性质和时间等规律对某些疾病的诊断有重要的参考价值。

2．牵涉痛　是指某些内脏疾病引起体表一定部位发生疼痛或痛觉过敏。正确认识牵涉痛对诊断某些内脏疾病具有一定价值。常见内脏疾病牵涉痛的部位和压痛区见表 10-3。

表 10-3　常见内脏疾病牵涉痛的部位和压痛区

患病器官	体表疼痛部位
心（绞痛）	心前区、左臂尺侧
胃（溃疡）胰（腺炎）	左上腹、肩胛间
肝（病）胆囊（炎）	右肩胛
肾（结石）	腹股沟区
阑尾（炎）	上腹部脐区

◎ 考点：牵涉痛的概念，内脏痛的特点

第三节　神经系统对躯体运动的调节

躯体运动是建立在骨骼肌活动的基础上进行的，是人和动物最基本的功能之一。躯体的各种姿势和随意运动都是在神经系统控制下产生的复杂的反射活动，由大脑皮质、皮质下核团、脑干下行系统以及脊髓共同配合完成。神经系统的调节实现了躯体运动的随意性、准确性和协调性。

一、脊髓对躯体运动的调节

脊髓是调节躯体运动的最基本中枢。在脊髓前角，有支配骨骼肌的 α 和 γ 两类运动神经元，这两类神经元末梢释放的递质均为乙酰胆碱。α 运动神经元支配梭外肌纤维，其胞体较大，纤维较粗，末梢分出许多分支，每一分支支配一根梭外肌纤维，兴奋时引起所支配的梭外肌收缩。由一个 α 运动神经元及其末梢分支所支配的全部肌纤维组成的功能单位，称为运动单位。α 运动神经元既接受各级高级中枢下传的信息，也接受来自躯干四肢皮肤、肌肉和关节等外周的传入信息。这些运动信息经 α 运动神经元会聚整合后产生冲动到达所支配的骨骼肌，因此，把 α 运动神经元称为躯体运动反射的最后公路。α 运动神经元的这种功能具有引发随意运动、调节姿势和协调不同肌群活动的作用。γ 运动神经元支配骨骼肌的梭内肌，其胞体较小，纤维较细，兴奋性较 α 运动神经元高，其作用是调节肌梭对牵张刺激的敏感性。脊髓对躯体运动的调节主要以牵张反射的方式实现。

（一）牵张反射

1. 概念　骨骼肌在受到外力牵拉伸长时，引起被牵拉肌肉收缩，称为牵张反射。

2. 类型　牵张反射有腱反射和肌紧张两种类型。

（1）腱反射：是指快速牵拉肌腱时发生的牵张反射，表现为被牵拉肌肉快速而明显的缩短，如膝反射，当叩击膝部髌骨下方的股四头肌肌腱，可使股四头肌因受牵拉而发生快速的反射性收缩。跟腱反射，当叩击跟腱，可引起小腿腓肠肌反射性收缩。完成一次腱反射用时很短，肌肉的收缩是一次同步性收缩，故腱反射是单突触反射。临床上常通过检查腱反射，了解神经系统的某些功能状态。如果腱反射减弱或消失，提示该反射弧的某个部分，如传入、传出通路或脊髓中枢部分有损伤；而腱反射亢进，说明控制脊髓高级中枢的作用减弱，提示病变在高级中枢。

（2）肌紧张：是缓慢而持续地牵拉肌腱时所引起的牵张反射，表现为被牵拉的肌肉轻度而持续地收缩，以阻止被拉长，不表现明显的动作。如，人在站立时，膝关节由于受到重力影响趋向于弯曲，因此下肢的伸肌受到持续性牵拉，从而引起被牵拉肌肉收缩、肌紧张加强，以对抗膝关节的屈曲保持站立姿势。因此，肌紧张是维持躯体姿势最基本的反射活动。肌紧张表现为同一肌肉中肌纤维不同步性收缩，而是肌纤维轮流收缩，所以不易疲劳，属于多突触反射。肌紧张反射弧的任何部分破坏，均可出现肌张力减弱或消失，表现为肌肉松弛，这时躯体的正常姿势也就无法维持。肌紧张与腱反射比较见表 10-4。

◎ 考点：牵张反射的概念、类型及意义

表 10-4　肌紧张与腱反射比较

	腱反射	肌紧张
概念	快速牵拉肌腱时发生的牵张反射	缓慢而持续地牵拉肌腱时所引起的牵张反射
表现	被牵拉肌肉快速而明显的缩短	被牵拉的肌肉轻度而持续地收缩
意义	通过检查腱反射，了解神经系统的某些功能状态	是维持躯体姿势最基本的反射活动

3. 牵张反射的反射弧　牵张反射的感受器是肌肉中的肌梭，其外面有一层结缔组织囊，囊内一般有 6～12 条肌纤维，称梭内肌纤维。梭内肌纤维的中间部分呈螺旋状，是感受装置；两端是收缩成分，两者属于串联关系。囊外一般肌纤维称为梭外肌纤维，肌梭与梭外肌纤维平行排列，呈并联关系。肌梭是长度感受器，能感受肌肉长度的变化或感受牵拉刺激。传入纤维有两种，分别为Ⅰ类纤维和Ⅱ类纤维。牵张反射的中枢主要在脊髓内。

当肌肉被拉长时，刺激肌梭感受器，冲动经肌梭传入纤维传到脊髓，直接或间接地与脊

髓前角 α 和 γ 运动神经元构成兴奋性突触联系。α 运动神经元兴奋引起被牵拉的肌肉（梭外肌纤维）收缩，从而完成牵张反射；γ 运动神经元兴奋引起梭内肌纤维两端收缩，使位于中间部分的感受器被牵拉而兴奋，从而提高肌梭的敏感性，加强牵张反射。因此，牵张反射反射弧的特点是感受器和效应器在同一肌肉中（图 10-12）。

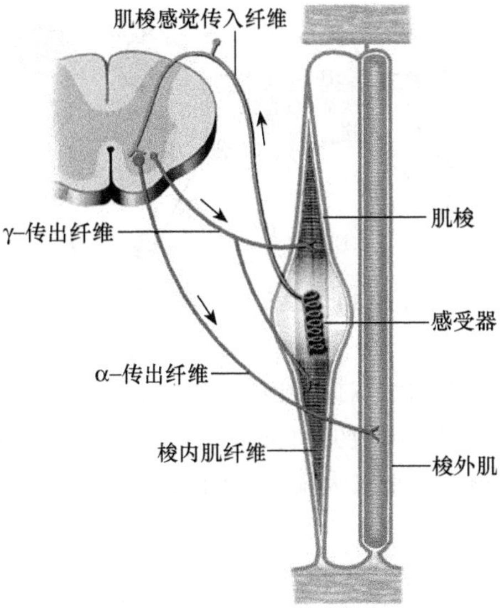

图 10-12　牵张反射

（二）脊休克

在生理状态下，脊髓的活动受到高位中枢控制。当脊髓与高位脑中枢突然离断后，断面以下的脊髓会暂时丧失反射活动能力而进入无反应的状态，这种现象称为脊休克。脊休克的主要表现：断面以下脊髓支配的躯体运动和内脏反射活动消失、骨骼肌紧张性下降、外周血管扩张、发汗反射消失、尿粪潴留等。脊休克是暂时的，经过一定时间，脊髓的反射活动可逐渐恢复，其恢复时间长短与动物进化水平和个体发育有关，如蛙仅需数分钟，犬需数日，人类则需数周至数月。脊休克的产生，不是因脊髓损伤引起，而是由于离断面以下的脊髓突然失去高位中枢的调控，使脊髓神经元兴奋性极低，于是出现了无反应的休克状态。

◎ 考点：脊休克的概念、产生原因

案例 10-4　患者女性，15 岁。在一次乘车过程中，由于汽车爆胎，被甩出车外，摔下时头部着地，随即出现四肢和胸以下躯体知觉丧失，无法进行躯体运动。

问题：1. 该患者可能出现什么情况？

2. 该患者哪些功能可恢复或部分恢复？为什么？

二、脑干对肌紧张的调节

脑干对躯体运动的调节，主要是通过脑干网状结构易化区和抑制区的活动实现的。

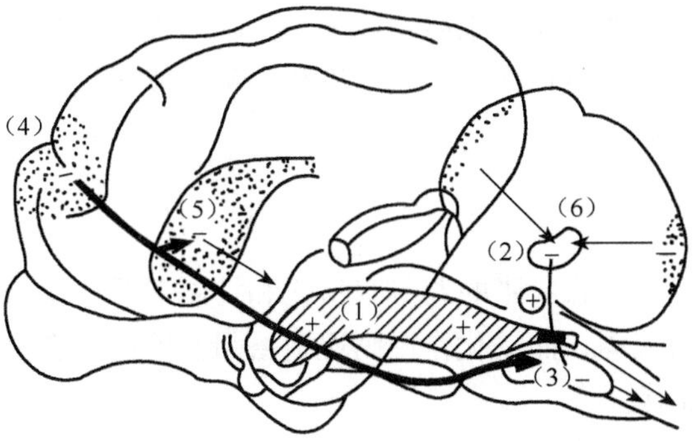

图 10-13　猫脑干网状结构下行抑制和易化系统

+. 表示易化区；−. 表示抑制区

（1）网状结构易化区；（2）延髓前庭核；（3）网状结构抑制区；（4）大脑皮质；（5）尾状核；（6）小脑

（一）脑干网状结构易化区

脑干网状结构易化区范围较大，包括延髓网状结构的背外侧部分、脑桥被盖、中脑的中央灰质及被盖以及下丘脑和丘脑中线核群等部位。其主要作用是加强肌紧张和肌运动（图 10-13）。

（二）脑干网状结构抑制区

脑干网状结构抑制区较小，位于延髓网状结构的腹内侧部分，其作用

图 10-14　去大脑僵直

是抑制肌紧张及肌运动。此外，高位中枢（大脑皮质运动区、纹状体、小脑前叶蚓部等处）也可通过加强脑干网状结构抑制区的活动，从而抑制肌紧张。

正常情况下，在肌紧张的平衡调节中，易化区的活动略占优势，抑制区活动较弱，两者保持相对平衡，从而维持正常的肌紧张。在中脑上、下丘之间切断脑干，动物会出现伸肌紧张性亢进的现象，称为去大脑僵直，表现为四肢伸直、头尾昂起、脊柱挺硬等现象（图 10-14）。这一实验说明切断高位中枢与脑干网状结构抑制区的功能联系，造成抑制区活动减弱而易化区活动增强，使易化区活动占明显优势，导致伸肌紧张性亢进，造成僵直现象。当人类患某些脑部疾病（如脑干损伤）时，也会出现类似去大脑僵直的现象。

三、小脑对躯体运动的调节

根据小脑的传入、传出纤维联系，可将小脑划分成三个主要的功能部分，即前庭小脑（古小脑）、脊髓小脑（旧小脑）和皮质小脑（新小脑），它们对躯体运动的调节有不同的作用（图 10-15）。

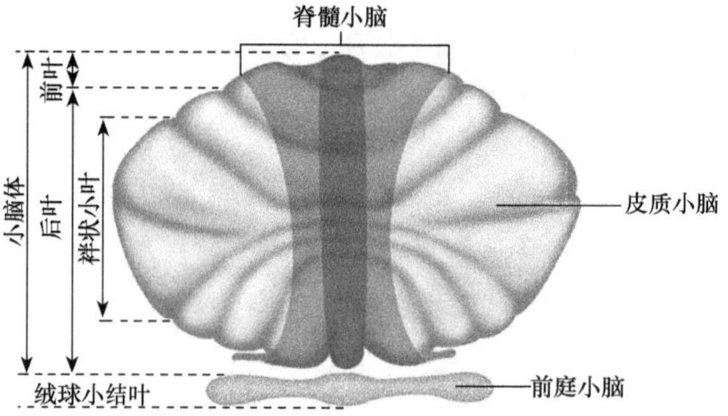

图 10-15　小脑分区

（一）维持身体平衡

前庭小脑主要由绒球小结叶构成，其主要功能是参与维持身体平衡。临床上观察到，如果患者的该区受损，身体平衡功能严重失调，表现为身体倾斜，站立不稳，头和躯干晃动，步态蹒跚等症状，说明前庭小脑对维持身体平衡有重要意义。

（二）调节肌紧张

脊髓小脑包括小脑前叶和后叶的中间带区，对肌紧张的调节有易化和抑制双重作用。在进化过程中，脊髓小脑对肌紧张的抑制作用逐渐减弱，而易化作用则逐渐增强。因此，脊髓小脑损伤后，主要表现为肌张力降低、肌无力等症状。

（三）协调随意运动

脊髓小脑后叶中间带与大脑皮质运动区构成环路联系，参与协调随意运动；皮质小脑也与大脑的广大区域形成反馈环路，参与运动计划的形成及运动程序的编制。临床上小脑损伤患者，各种协调性动作障碍，表现为随意动作的力量、方向及准确度发生改变，无法完成精细动作，行走摇晃、动作笨拙、指物不准等，还可能出现意向性震颤、肌无力等症状。这种小脑损伤后的动作性协调障碍，称为小脑性共济失调。

◎ 考点：小脑的主要功能

四、基底神经节对躯体运动的调节

基底神经节是大脑皮质下一些神经核团的总称，主要包括尾状核、壳核和苍白球（共同称为纹状体，其中苍白球为旧纹状体，尾状核和壳核为新纹状体）、丘脑底核、中脑的黑质和红核。基底神经节对调节随意运动、肌紧张、本体感觉传入信息的处理等都有重要的作用。

基底神经节损伤的临床表现可分为两大类：一类表现为运动过少而肌紧张增强，如帕金森病；另一类表现为运动过多而肌紧张降低，如舞蹈病和手足徐动症等。

1．帕金森病　帕金森病又称震颤麻痹，主要症状是全身肌张力增高、肌肉强直、随意运动减少、动作缓慢、面部表情呆板，常出现静止性震颤（多见于手部和头部）。帕金森病的病因是由于黑质病变，使脑内多巴胺能神经元受损，从而对纹状体内胆碱能神经元抑制作用减弱，胆碱能神经元功能亢进，因此引发上述一系列症状（图10-16）。临床上，可使用左旋多巴治疗，改善肌肉强直和动作缓慢的症状；应用M受体阻断药（如苯海索、东莨菪碱等）也能治疗此病。

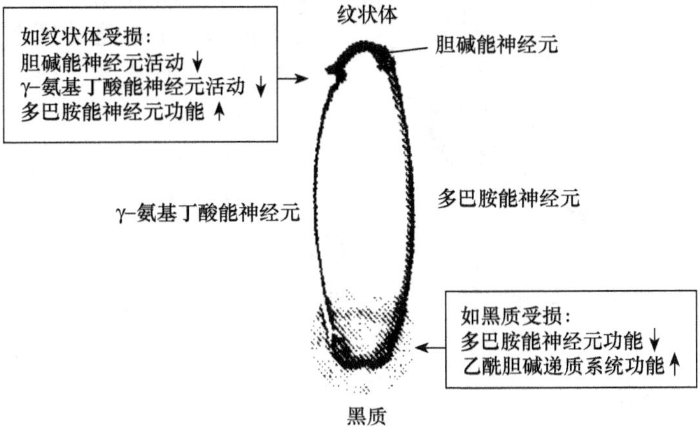

图10-16　黑质纹状体环路

2．舞蹈病　舞蹈病也称亨廷顿病，主要症状为不自主的上肢和头部的舞蹈样动作，并伴有肌张力降低等。舞蹈病的病因是由于新纹状体病变，纹状体内胆碱能和γ-氨基丁酸能神经元的功能减退，使黑质多巴胺能神经元功能相对亢进所致（图10-16）。临床上使用利血平耗竭多巴胺类递质缓解症状。

链　接

意向性震颤是指病人在静息时无震颤现象，但在执行运动任务时，出现严重震颤，无法准确把握动作的方向，该现象称为意向性震颤。它反映小脑输出协调动作的信息缺乏，致使动作不能精确完成。

五、大脑皮质对躯体运动的调节

大脑皮质是调节躯体运动的最高级中枢。如果人的大脑皮质受损，将导致随意运动严重障碍，并出现肢体肌肉麻痹。

案例 10-5 患者男性，55 岁。高血压病史 10 年，近日时常感觉头痛、眩晕、左侧肢体麻木，今日饮酒后，出现右侧半身不能运动，失语。查体：神志清醒，左半身感觉障碍，随意运动丧失。CT 检查显示左侧大脑动脉大面积闭塞。

问题：1. 该患者可能的诊断是什么？

2. 患者受损的部位可能在哪里？

（一）大脑皮质的运动区

人类的大脑皮质运动区主要在中央前回和运动前区，对躯体运动的控制具有以下特点。

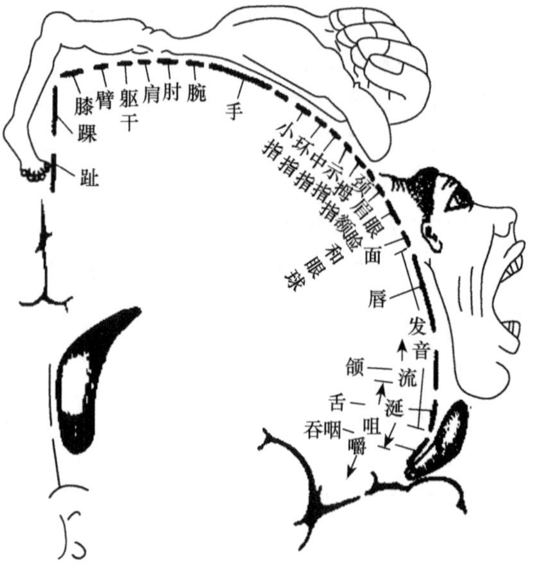

图 10-17 大脑皮质运动区

1. 交叉支配 一侧皮质运动区支配对侧躯体的骨骼肌，但头面部，除下侧面肌和舌肌受对侧支配，其余部分均为双侧支配；所以，当一侧内囊损伤时，将引起对侧躯体肌肉、面部下侧肌肉及舌肌瘫痪，而受双侧控制的头面部肌肉基本正常。

2. 功能定位精细呈倒置安排 运动皮质支配躯体骨骼肌总体呈倒立分布，即下肢运动区在皮质顶部，上肢运动区在皮质中部，头面部运动区位于皮质底部，但头面部的安排是正立的（图 10-17）。

3. 皮质代表区大小与运动的精细复杂程度有关 运动越精细、复杂的部位，相应肌肉在皮质运动区所占的范围越大，如拇指代表区所占面积为躯干代表区的数倍（图 10-17）。

◎ 考点：大脑皮质运动区对躯体控制的特点

（二）运动传导通路

大脑皮质运动区发出的信号通过下行的运动传导通路来支配躯体运动，运动传导通路主要包括皮质脊髓束和皮质脑干束。

1. 皮质脊髓束 皮质脊髓束中约 80% 的纤维在延髓锥体交叉到对侧，沿脊髓下行，形成皮质脊髓侧束，其功能主要是控制四肢远端肌肉，与精细和技巧性运动有关；其余约 20% 的纤维发生不交叉，而在脊髓同侧下行，形成皮质脊髓前束，其功能主要是控制躯干和四肢近端肌肉，与姿势的维持和粗大运动有关。

2. 皮质脑干束 由大脑皮质发出的纤维，经内囊下行到达脑干内各脑神经运动神经元的传导束，称为皮质脑干束。

在人类，运动传导通路损伤所引起的运动功能的损害是不同的，如果损伤发生在高位运动中枢，如内囊出血引起的卒中，出现痉挛性麻痹（硬瘫），表现为牵张反射亢进，巴宾斯基征阳性；如脊髓灰质炎，则出现柔软性麻痹（软瘫），表现为牵张反射减弱或消失，肌肉松弛并逐渐萎缩，巴宾斯基征阴性（图 10-18）。

链 接

巴宾斯基征是神经科常用的检查方法之一，即用钝物划足趾外侧，出现踇趾背屈与其他四趾外展呈扇形散开的体征称为巴宾斯基征阳性，提示皮质脊髓束受损。正常人的巴宾斯基征呈现阴性，即足趾均发生跖屈，是由于脊髓受高位中枢控制，这一原始屈肌反射受到抑制，不被表现。而婴儿因皮质脊髓束发育不完全以及成年人在深睡或醉酒状态下，也表现为巴宾斯基征阳性。

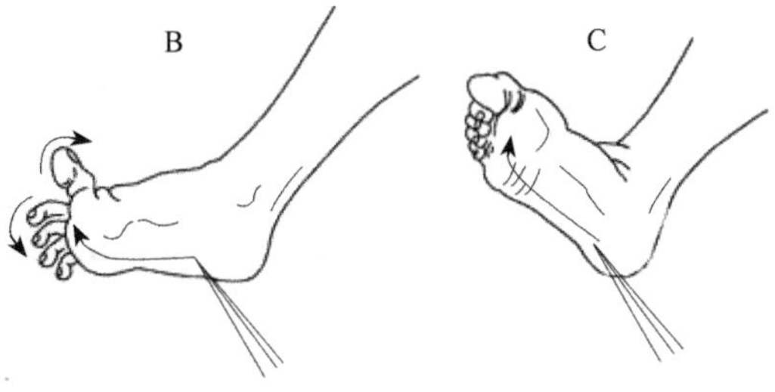

图 10-18 巴宾斯基征

第四节 神经系统对内脏功能的调节

一、自主神经系统的功能

自主神经系统又称内脏神经系统或植物神经系统，根据其结构和功能，可分为交感神经系统和副交感神经系统两部分。自主神经由中枢发出后，在外周神经节换元后到达效应器，分为节前纤维与节后纤维（肾上腺髓质直接受交感神经节前纤维支配），交感神经节离效应器较远，故节前纤维短，节后纤维长；副交感神经节通常分布于效应器壁内，因此，节前纤维长，节后纤维短（图 10-19）。

案例 10-6 患者男性，65 岁。在田间喷施农药数小时后，出现恶心、呕吐、流涎、腹痛，视物模糊，肌肉震颤等症状，遂到医院就诊。查体：瞳孔缩小、血压下降，诊断为有机磷中毒。

问题：1. 该患者中毒后内脏功能主要的表现有哪些？
2. 试分析引起以上症状的具体原因。

（一）自主神经系统的功能

主要支配心肌、平滑肌和腺体的活动（表 10-5）。

表 10-5 自主神经的主要功能

器官	交感神经	副交感神经
循环器官	心率加快、传导加快、心肌收缩力增强，腹腔内脏血管、皮肤血管以及分布于唾液腺与外生殖器官的血管均收缩，骨骼肌血管收缩（肾上腺素能）或舒张（胆碱能）	心率减慢、传导减慢、心肌收缩减弱，部分血管（分布于外生殖器等处）舒张
呼吸器官	支气管平滑肌舒张	支气管平滑肌收缩，黏膜腺体分泌增加
消化器官	抑制胃肠运动，促进括约肌收缩，抑制胆囊活动，促进唾液腺分泌黏稠唾液	促进胃肠运动，促使括约肌舒张、胆囊收缩，促进胃液、胰液分泌，唾液腺分泌稀薄唾液
泌尿生殖器官	逼尿肌舒张，尿道括约肌收缩；已孕子宫收缩，未孕子宫舒张	逼尿肌收缩，尿道括约肌舒张
眼	虹膜辐射肌收缩，瞳孔开大	虹膜括约肌收缩，瞳孔缩小，促进泪腺分泌
皮肤	竖毛肌收缩，汗腺分泌	
代谢	糖原分解，肾上腺髓质分泌增加	胰岛素分泌增加

◎ 考点：自主神经的功能

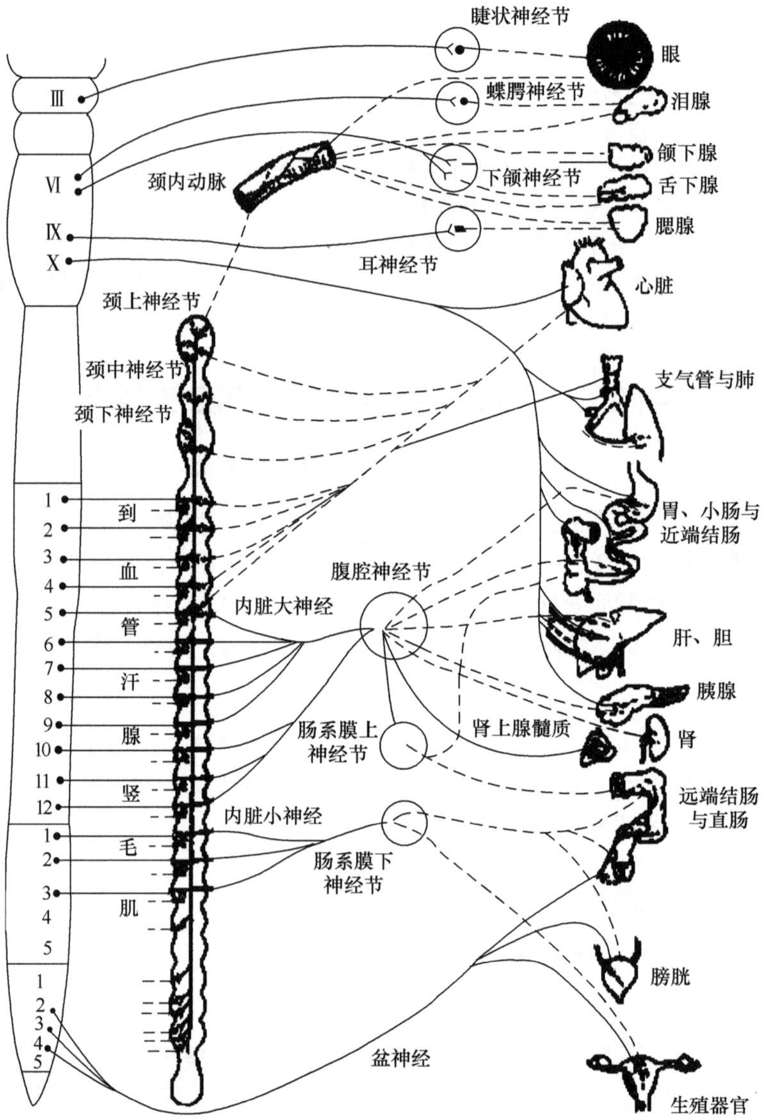

图 10-19 自主神经

图中未显示支配血管、汗腺和竖毛肌的交感神经

————. 节前纤维；– – – –. 节后纤维

（二）自主神经系统的功能特征

1. 双重神经支配　人体多数器官受交感和副交感神经系统的双重支配。交感和副交感神经系统的作用往往是相互拮抗的，如迷走神经抑制心脏活动，交感神经则具有兴奋心脏的作用。

2. 紧张性作用　在安静状态下，自主神经对内脏器官发放低频神经冲动，使效应器维持一定的活动状态，称为紧张性作用。例如，切断心迷走神经，心率即加快，切断心交感神经，心率则减慢，说明两种神经对心脏的支配都具有紧张性作用。

3. 受到效应器所处功能状态的影响　自主神经的调节作用与效应器本身的功能状态有关。

如交感神经兴奋可使有孕子宫收缩，未孕子宫舒张。

4. 对整体生理功能调节的意义　交感神经常以整个系统参加反应，活动较为广泛。在环境急剧变化（如剧烈肌肉运动、剧痛、失血或寒冷等情况）时，交感神经系统的活动显著加强，肾上腺髓质分泌增多，即交感－肾上腺髓质系统被立即调动，称为应急反应。应急反应有利于机体动员各器官储备能量，以适应环境的急剧变化，维持机体内环境的稳态。

与交感神经相比，副交感神经系统的活动比较局限，安静时活动较强，其意义在于保护机体、恢复体力和精力、促进消化和吸收、储蓄能量以及加强排泄和生殖功能等。

二、各级中枢对内脏活动的调节

（一）脊髓

脊髓是某些内脏活动的初级中枢，如血管张力反射、发汗反射、排尿、排便反射，可在脊髓调节下完成。脊髓高位离断的患者，在脊休克过后，上述内脏反射可以逐渐恢复，说明脊髓对内脏活动具有一定的调节作用。但由于失去了高位脑中枢的控制，这些反射远不能适应正常生理功能的需要，如排便、排尿反射不受意识控制。

（二）脑干

延髓是心血管运动、呼吸运动、消化运动等基本反射中枢，动物实验和临床实践中观察到，如果损伤延髓，呼吸、心跳等生命活动立即停止，造成死亡，因此延髓有“生命中枢”之称。此外，在中脑还有瞳孔对光反射中枢。

（三）下丘脑

下丘脑是较高级的内脏活动调节中枢，可将内脏活动、内分泌活动和躯体活动联系起来，以实现对本能行为（摄食、饮水和性行为）、体温恒定、激素分泌、情绪反应以及生物节律控制等功能活动的调节。

（四）大脑皮质

大脑皮质是调节内脏活动的重要中枢，是通过边缘系统和新皮质的活动实现的。边缘系统可调节呼吸、胃肠、瞳孔、膀胱等活动，也因此有人称之为内脏脑，此外，边缘系统还与情绪、记忆、食欲、生殖和防御等活动密切相关；新皮质则是大脑皮质中分化程度最高的部分，电刺激动物新皮质除引起躯体运动外，还引发血管舒缩、汗腺分泌、呼吸运动、直肠和膀胱活动等内脏运动。

三、神经系统对本能行为和情绪的调节

本能行为：是指动物在进化过程中形成并遗传固定下来的，对个体和种族生存具有重要意义的行为。如摄食、饮水和性行为等。

情绪：是指人类和动物对客观环境刺激所表达的一种特殊的心理体验和某种固定形式的躯体行为表现。

本能行为和情绪主要受下丘脑和边缘系统的调节。在本能行为和情绪活动过程中，常伴随

自主神经系统和内分泌系统功能活动的改变。

（一）本能行为的调节

1. 摄食行为　摄食行为是动物维持个体生存的基本活动。下丘脑外侧区存在摄食中枢，下丘脑腹内侧核存在饱中枢，摄食中枢和饱中枢存在相互抑制的关系。

2. 饮水行为　饮水行为是通过渴觉而引起的。引起渴觉的主要因素是血浆晶体渗透压升高和细胞外液量明显减少。前者经刺激下丘脑渗透压感受器而起作用；后者通过肾素－血管紧张素系统介导。

3. 性行为　性行为是动物维持种族延续的基本活动。神经系统中的许多部位参与对性行为的调节。性行为很大程度上是在边缘系统和下丘脑进行的，杏仁核的活动也与性行为密切相关，此外，大脑皮质也对性行为有很强的控制作用。

（二）情绪的调节

1. 恐惧和发怒　恐惧和发怒是动物的机体或生命受到威胁和伤害时本能的防御反应，该反应也称为格斗－逃跑反应。防御反应区主要位于下丘脑腹内侧区。刺激下丘脑外侧区动物出现攻击行为；刺激下丘脑背侧区动物出现逃避行为；切除间脑水平以上大脑动物可出现假怒。

2. 愉快和痛苦　愉快是一种积极的情绪，通常由那些能够满足机体需要的刺激所引起；痛苦是一种消极的情绪，一般是由伤害机体和精神的刺激或因需求得不到满足而产生的。研究表明，刺激动物中脑背盖腹侧区、内侧前脑束、伏隔核和额叶皮质等结构，可引起动物满足和愉快，这些脑区称为奖赏系统，与中脑背盖腹侧区到伏隔核多巴胺能通路有关。刺激动物下丘脑后部的外侧部分、中脑背侧和内嗅皮质等部位，可使动物感到厌恶和痛苦，这些脑区称为惩罚系统。

（三）情绪生理反应

情绪生理反应是指在情绪活动中伴随发生的一系列生理变化。主要由自主神经系统和内分泌系统活动的改变而引起。

1. 自主神经的情绪生理反应　多表现为交感神经系统活动的相对亢进。如动物在恐惧和发怒时出现心率加快、血压升高、出汗、瞳孔扩大，皮肤、黏膜和内脏血管收缩，骨骼肌和冠状动脉血管舒张，意义在于使血液重新分布，利于动物在逃跑或格斗时，骨骼肌有充足的血液供应。

2. 内分泌系统的情绪生理反应　涉及多种激素。如创伤时引起的应激反应，使血液中促肾上腺皮质激素和糖皮质激素明显升高，肾上腺素、去甲肾上腺素、甲状腺激素、生长素、催乳素以及性激素等浓度也升高。

链　接

社会心理因素对人体健康的影响

近年来研究表明，许多有害的社会心理因素可以是各种心身疾病（如冠心病、高血压、支气管哮喘、胃十二指肠溃疡等）的致病原因；相反，良好的心理因素和积极的心理状态则可对疾病的治疗和康复起重要作用。社会心理因素的刺激主要是通过神经系统、内分泌系统和免疫系统而影响各器官的功能，其中神经系统起主导作用。大脑皮质接受各种有害的社会心理刺激，然后通过下丘脑－垂体－肾上腺系统，使促肾上腺皮质激素和肾上腺皮质激素（主要是糖皮质激素）大量分泌，产生免疫抑制作用；通过交感－肾上腺髓质系统，使肾上腺髓质激素大量分泌，引起心血管、呼吸、消化等活动的变化。人体若经常处于这种紧张刺激状态，就会使某一器官、某一系统，甚至整个机体出现功能紊乱。可见，紧张刺激引起的心身紊乱是心理和躯体病变的前奏。

第五节　脑的高级功能

人脑除了能产生感觉、调节躯体运动和内脏活动外，还有语言、思维、学习和记忆等高级功能。大脑活动时伴有生物电活动，可用于研究大脑功能活动和脑部疾病临床检查。

一、大脑皮质的电活动

大脑皮质的神经元具有电活动，应用电生理学方法，可记录到两种不同形式的脑电活动，即，大脑皮质自发产生的节律性的电位变化，称为自发脑电活动；感觉传入系统或脑的某一部位受到刺激时，在大脑皮质某一局限区域产生的电位变化，称为皮质诱发电位。临床上使用脑电图机在头皮表面用电极导联记录并描记到的自发脑电活动，称为脑电图（EEG）（图 10-20）。将颅骨打开，直接在皮质表面引导记录的电位变化，称为皮质电图。

（一）正常脑电图的波形

正常脑电图的波形不规则，一般主要依据频率的不同，分为α、β、θ、δ四种基本波形（表 10-6，图 10-20）。

表 10-6　正常脑电图的波形

波形	频率（Hz）	波幅（μV）	显著部位	主要特征
α	8～13	20～100	枕叶	成人安静、清醒、闭眼时出现 睁眼或接受刺激时立即消失（α 波阻断）
β	14～30	5～20	额叶、顶叶	睁眼或接受刺激时出现，是新皮质紧张活动状态的标志
θ	4～7	100～150	颞叶、顶叶	成人困倦时出现
δ	0.5～3	20～200	颞叶、枕叶	成人入睡后、极度疲劳或麻醉状态下出现，也常见于婴儿

一般情况下，脑电波随大脑皮质不同的生理情况而变化。当许多皮质神经元的电活动趋于一致时，就出现低频率高振幅的波形，这种现象称为同步化。如果脑电波由同步化慢波转为去同步化快波，表示兴奋过程的增强；反之，则表示抑制过程的加深。

临床上，癫痫患者或皮质有占位病变（如肿瘤等）的患者，脑电波会发生变化。因此，通过脑电图分析辅助诊断颅内疾病具有重要临床价值。

◎ 考点：脑电图的基本波形及特征

（二）脑电波形成的机制

目前认为，皮质表面的电位变化主要是由大量神经元同步发生的突触后电位经总和形成的。大量神经元同步电活动有赖于丘脑的活动，丘脑上传的非特异投射系统的节律性兴奋到达大脑皮质，可引起皮质细胞电活动同步化。

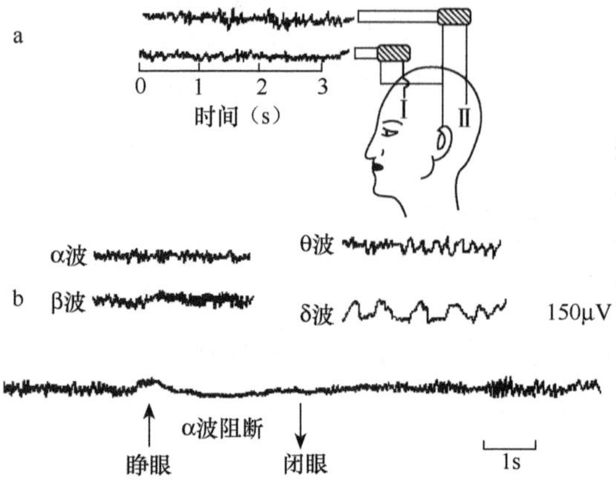

图 10-20　正常脑电图描记和几种波形

a. 脑电波的描记方法：参考电极放置在耳壳（R），由额叶（Ⅰ）电极导出的脑电波振幅低，由枕叶（Ⅱ）导出的脑电波振幅高频率较慢；b. 正常脑电波的基本波形

二、觉醒与睡眠

觉醒与睡眠都是机体必不可少的生理过程。人类觉醒时，可从事各种活动以适应环境变化，睡眠使精力和体力得到恢复。正常人每天睡眠所需的时间依年龄、个体有所不同。一般成年人每天需7～9小时，新生儿18～20小时，儿童的睡眠时间要比成人长，老年人睡眠时间较短。

（一）睡眠的时相

睡眠由两种时相组成，分别称为慢波睡眠和快波睡眠。

1．慢波睡眠　脑电波特征为同步化慢波。在慢波睡眠时相，人体感觉功能减退，骨骼肌活动减弱，伴有心率减慢、血压下降、代谢减慢、体温下降等自主神经功能改变，在慢波睡眠期，生长素的分泌明显增多，有利于促进生长和体力的恢复。

2．快波睡眠　脑电波特征为同步化快波。在快波睡眠时相，感觉功能进一步减退，不易唤醒，骨骼肌反射活动进一步减弱，肌肉几乎完全松弛，有间断的阵发性表现，如部分躯体抽动、心率加快、血压升高、眼球快速运动等，所以又称快速眼球运动睡眠。在此时相，将其唤醒，80%左右的人诉说他正在做梦，所以这一时相为梦境产生。快波睡眠时相脑内蛋白质合成加快，有利于促进记忆和精力的恢复，对婴幼儿神经系统发育具有一定意义。但是，快波睡眠时相出现间断的阵发性表现，可能与某些疾病在夜间发作有关，如心绞痛、哮喘等。

在整个睡眠过程中两个时相交替。成人睡眠，首先进入慢波睡眠，持续80～120分钟后转入快波睡眠，在快波睡眠时相维持20～30分钟，又转入慢波睡眠，如此反复交替4～5次，越接近睡眠后期，快波睡眠持续时间越长。在成人慢波睡眠和快波睡眠均可直接转为觉醒状态，但在觉醒状态下只能进入慢波睡眠，而不能直接进入快波睡眠。

◎ 考点：睡眠的时相及生理意义

（二）睡眠的发生机制

睡眠是一个主动过程，位于脑桥下部和延髓的中缝核、孤束核以及间脑的部分区域与睡眠密切相关。除此之外，还发现多种促眠因子、激素和细胞因子有睡眠调节作用。

三、学习和记忆

学习是人和动物从外界获取新的信息的过程，记忆是将获取的信息进行编码、储存以及提取的过程。二者是密不可分的神经活动过程。

（一）学习的形式

1．非联合型学习　不需要在刺激和反应之间形成某种明确的联系。包括习惯化和敏感化。

如人对有规律的噪声会逐渐减弱反应，即习惯化；相反，在强的伤害性刺激后，对弱的刺激反应性加强，即敏感化。

2. 联合型学习　是两种形式的刺激在时间上很接近地重复发生，最后在脑内逐渐形成联系，如条件反射的建立和消退。

（二）记忆的形式

1. 根据记忆的储存和提取方式分类 可分为陈述性记忆和非陈述性记忆。

（1）陈述性记忆：指与特定事实或事件的记忆，又分为情景式记忆和语义性记忆。

（2）非陈述性记忆：指对一系列规律性操作程序的记忆。

2. 根据记忆的时程分类 可分为短时程记忆和长时程记忆。

（1）短时记忆：保留时间短，仅几秒钟到几分钟，易受干扰，记忆容量小，仅能完成某项极为简单的任务。

（2）长时记忆：保留时间长，可自几小时到数年，甚至可永久保留。

（三）记忆的过程与遗忘

人类的记忆过程可以细分为四个阶段，即感觉性记忆、第一级记忆、第二级记忆和第三级记忆（图 10-21）。

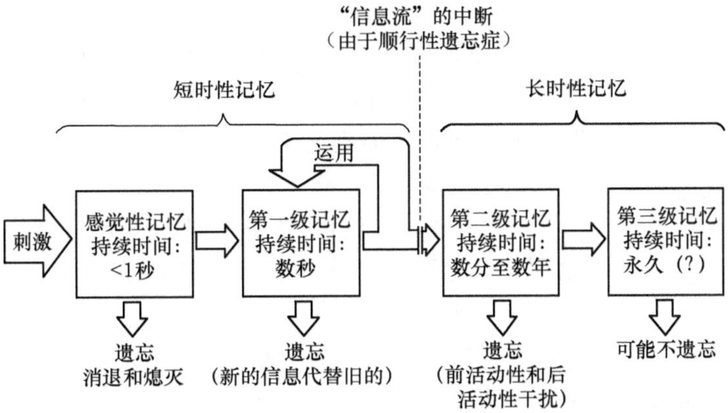

图 10-21　人类记忆过程

1. 感觉性记忆　由感觉系统获得信息后，在脑的感觉区内储存的阶段。历时极短，不超过 1 秒。

2. 第一级记忆　由感觉性记忆信息经加工处理，形成新的连续印象。保留时间为几秒钟到几分钟。

3. 第二级记忆　在第一级记忆基础上，信息反复强化运用而转入。持续时间较长，可持续数分钟至数年不等，但会由于先前或后来的信息干扰导致遗忘。

4. 第三级记忆　多年反复运用的信息则不易遗忘，转入第三级记忆。可持续终生。

遗忘是指部分或完全丧失记忆和再认的能力，遗忘是一种无可避免的生理现象，生理性遗忘具有适应保护作用，利于大脑贮存更多有用信息。产生遗忘的主要原因是刺激不进行强化而出现的反射消退或因后来信息的干扰。

链接

遗 忘 症

临床上把疾病引起的记忆障碍称为遗忘症，分为顺行性遗忘症和逆行性遗忘症。顺行性遗忘症指患者不能保留新的记忆，对已经形成的记忆无影响。多见于慢性酒精中毒患者，其发生机制与信息不能从第一级记忆转入第二级记忆有关。逆行性遗忘症是患者丧失发生记忆障碍之前的记忆，但可形成新的记忆。常见于非特异性脑疾患（脑震荡等）和麻醉患者，其发生机制可能是由于第二级记忆紊乱，而第三级记忆不受影响。

四、大脑皮质的语言中枢和一侧优势

案例 10-7 患者男性，43 岁，警察。在一次执行任务中，被歹徒用棍棒击中头部，当即昏迷，清醒后出现失语，但可以进行阅读、听广播等活动。

问题：1. 该患者出现何种状况？可能损伤的部位是哪里？

2. 该患者能否恢复？为什么？

（一）大脑皮质的语言中枢

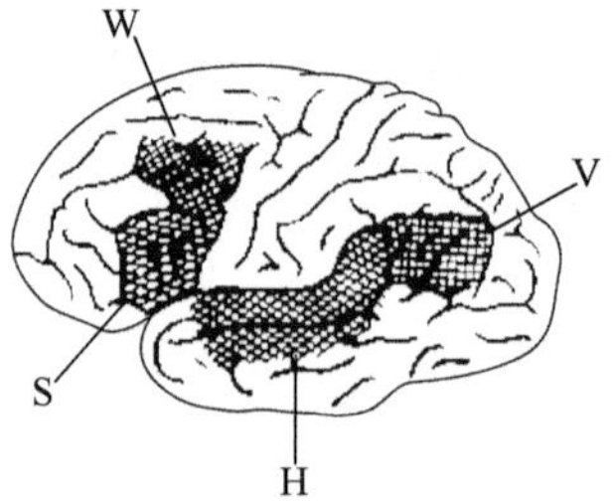

图 10-22　大脑皮质与语言功能有关的主要区域

V 区障碍不能认识词义；
H 区障碍不能听懂话；
S 区障碍不能讲话；
W 区障碍不能写字

大脑皮质与各语言功能活动有关的区域称为语言中枢。临床研究发现，大脑皮质与语言活动相关区域损伤可致语言功能障碍（图 10-22）。

1. 运动性失语症　由中央前回底部前方（Broca 区）损伤引起。患者可以看懂文字，听懂别人的谈话，但自己却不会讲话。

2. 失写症　由额中回后部接近中央前回的手部代表区损伤所致。患者可以听懂别人说话，看懂文字，自己也会说话，但不会书写，手的其他功能正常。

3. 感觉性失语症　由额上回后部受损所致。患者可以说话与书写，也能看懂文字，可以听到别人的发音，但听不懂别人的谈话含义。

4. 失读症　由角回受损引起。患者的视觉和其他的语言功能均正常，但看不懂文字的含义。

由此可见，人类大脑皮质的语言中枢具有一定的分区，各区管理语言功能的重点不同，但各区的活动却是紧密联系的。正常情况下，各区协调活动，以完成复杂的语言功能。

（二）大脑皮质功能的一侧优势现象

语言活动的中枢主要集中在一侧大脑半球，称为语言中枢的优势半球。研究证明，惯用右手（右利手）的人，其优势半球在左侧，因此左侧语言区受损，可发生语言障碍，而右侧相应区域受损，则不出现语言障碍。这种一侧优势现象仅见于人类，它的形成除有一定的遗传因素外，主要是在后天生活实践中形成的。优势半球在 10—12 岁逐渐形成，在 12 岁之前优势半球还未完全建立牢固，如此时优势半球受损，在另一半球还可能重建语言中枢。成年之后，优势半球已完全形成，如受损则很难再建语言中枢。

目标检测

一、名词解释

1. 神经冲动 2. 突触 3. 兴奋性突触后电位

4. 抑制性突触后电位 5. 突触后抑制

二、填空题

1. 神经纤维传导兴奋的特征包括______、______、______、______。

2. 中枢兴奋传布的特征包括______、______、______、______、______、______。

3. 兴奋性突触后电位是突触后膜的______电位变化，抑制性突触后电位则是一种突触后膜的______电位变化。

4. 中枢抑制可分为______和______两种，前者是由于突触前膜释放抑制性递质而使突触后膜产生______，后者是由于突触前膜释放的兴奋性递质减少而使突触后膜产生的______减小。

5. 能引起特异感觉的传入系统称为______。

6. 切断非特异投射系统后，动物处于______状态，非特异投射系统能使大脑皮质维持______状态，这一作用称为脑干网状结构的______作用。

7. 痛觉常由_____刺激所引起，往往伴有_____反应，它具有______作用。

8. 牵张反射有______和______两种类型。

三、选择题

1. 神经干中各条纤维上传导的兴奋基本上互不干扰，这称为（ ）

A. 生理完整性

B. 传导的双向性

C. 相对不疲劳性

D. 传导的绝缘性

E. 传导的不衰减性

2. 有髓纤维的传导速度（ ）

A. 与髓鞘的厚度无关

B. 不受温度的影响

C. 与直径的平方成正比

D. 与直径成正比

E. 与刺激强度成正比

3. 关于神经纤维传导兴奋的叙述，错误的是（ ）

A. 结构的完整性

B. 功能的完整性

C. 单向传导

D. 相对不疲劳性

E. 绝缘性

4. 顺向快速轴浆运输主要运输（ ）

A. 具有膜结构的细胞器

B. 递质合成酶

C. 微丝和微管

D. 神经营养因子

E. 细胞代谢产物

5. 神经冲动抵达末梢时，引起递质释放主要有赖于（ ）

A. Na^+ B. Cl^-

C. Mg^{2+} D. Ca^{2+}

E. K^+

（张 瑜 张艳杰）

第 11 章 内分泌系统

第一节 概 述

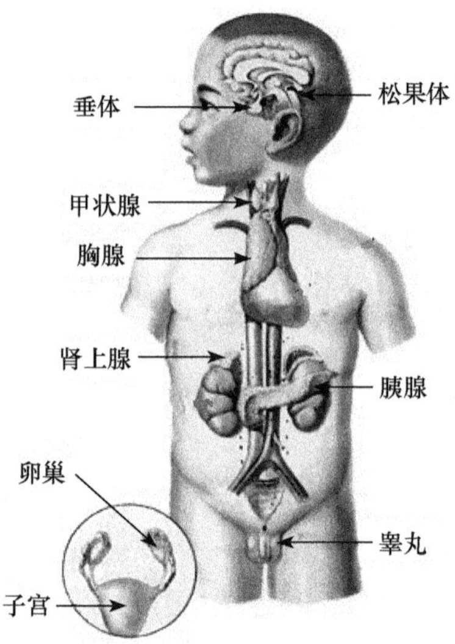

图 11-1 内分泌器官分布

内分泌系统（endocrine system）是由内分泌腺和分散存在于某些组织器官中的内分泌细胞组成。人体内主要的内分泌腺有垂体、甲状腺、甲状旁腺、肾上腺、胰岛、性腺、松果体和胸腺等（图 11-1）。散在于组织器官中的内分泌细胞比较广泛，如消化道黏膜、心、肾、肺、下丘脑和胎盘等部位均存在着各种各样的内分泌细胞。内分泌系统是体内一个重要的调节系统。它与神经系统密切联系、相互配合、共同调节机体的各种功能活动，特别是新陈代谢、生长、发育、生殖等。

一、激素的信息传递方式及分类

激素是由内分泌腺或散在的内分泌细胞分泌的经体液传递而发挥调节作用的高效能生物活性物质。内分泌系统对机体的调节是通过激素的作用来实现的。接受激素信息的器官、组织或细胞分别称为靶器官、靶组织或靶细胞。

目前认为激素在细胞间传递信息的方式有多种（图 11-2）：①远距分泌：大多数激素经血液运输至远距离的靶组织或靶细胞而发挥作用，这种方式称为远距分泌，是大多数激素的作用方式，如肾上腺髓质释放去甲肾上腺素经血液对心脏和血管的作用。②旁分泌：某些激素不经血液运输，而是经组织液扩散而作用于邻近细胞发挥作用，这种方式称为旁分泌。③自分泌：有的激素分泌出来后又返回作用于分泌该激素的细胞自身而发挥作用，这种方式称为自分泌。④神经分泌：下丘脑的一些细胞，既具有神经细胞的特征（产生和传导神经冲动），又具有内分泌细胞的功能（合成和释放激素），因此将这些细胞称为神经内分泌细胞，它们产生的激素称为神经激素。这些神经激素可沿神经细胞轴突借轴浆流动而运送至末梢再释放入血，这种方式称为神经分泌。激素主要通过以上 4 种方式传递，对机体的生命活动进行调节。

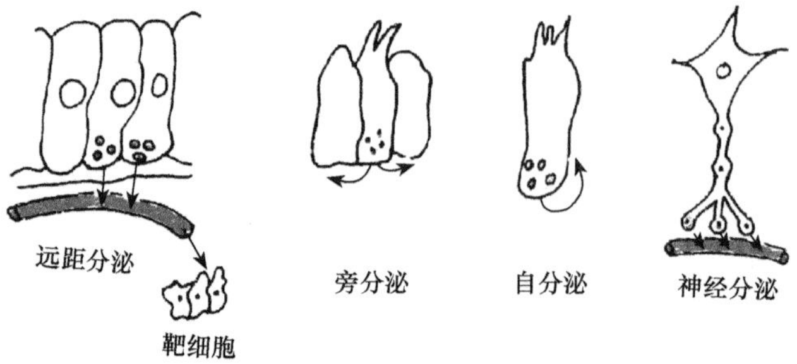

图 11-2 激素在细胞间传递信息的途径

○ 考点：激素的概念

链接

内分泌和外分泌

人体内某些细胞或腺体通过导管排出它的分泌物，这种现象称为外分泌。如汗腺、唾液腺、胃腺等都属于外分泌腺；而内分泌腺或内分泌细胞是将它们分泌的高效能的生物活性物质直接经血液或组织液作用于其他组织细胞，调节它们的功能活动，这种分泌方式称为内分泌。

激素虽然种类很多，作用复杂，来源和性质各异，通常按其化学性质，可将激素分为含氮类激素和类固醇激素两大类。

（一）含氮激素

含氮激素包括蛋白质激素（胰岛素、甲状旁腺激素和腺垂体激素等），肽类激素（下丘脑调节肽、神经垂体激素降钙素和胃肠激素等）和胺类激素（肾上腺素、去甲肾上腺素和甲状腺激素等）。含氮激素容易被消化酶分解而破坏（甲状腺激素例外），故不宜口服给药。

○ 考点：不宜口服给药的激素

（二）类固醇激素

类固醇激素是由肾上腺皮质和性腺分泌的激素，如皮质醇、醛固酮、雌激素、孕激素以及雄激素等，这类激素不易被消化酶破坏，临床可口服用药。

二、激素作用的机制

（一）细胞膜受体介导的激素作用机制

该机制建立在“第二信使学说”基础上。

1．携带调节信息的激素作为第一信使，先与靶细胞膜上的特异性受体结合，形成激素-受体复合物。

2．激素-受体复合物激活细胞膜内腺苷酸环化酶。

3．在镁离子存在的情况下，腺苷酸环化酶催化ATP转化为cAMP。cAMP作为第二信使，逐级活化胞质中蛋白激酶等功能蛋白质，最终引起靶细胞内特有的生理效应。

（二）细胞内受体介导的激素作用机制

该机制建立在“基因表达学说”基础上。有些激素如类固醇激素、甲状腺激素等可以直接进入细胞内，与胞质受体结合形成激素-胞质受体复合物，再进入细胞核内形成激素-核受体复合物，通过调控DNA的转录和表达，促进和抑制mRNA的形成，进而引起相应的生理效应。

三、激素作用的一般特征

激素虽然种类繁多，作用复杂，但它们在发挥调节作用的过程中，都表现出一些共同的作用特征。

（一）特异性

激素只选择性地作用于组织、器官和细胞而产生特定的作用，称为激素作用的特异性。激素作用的特异性与靶细胞膜或胞质内存在的能与该激素发生特异性结合的受体有关。大多数激素都有固定的靶细胞或靶器官，如促甲状腺激素只作用于甲状腺，促肾上腺皮质激素只作用于肾上腺皮质，互不干扰。有些激素没有特定的靶腺，其作用比较广泛，如生长激素、甲状腺激素等，它们几乎对全身的组织细胞的代谢过程都发挥调节作用。

（二）信息传递作用

激素作为一种传递信息的化学物质，它只能调节靶细胞原有的生理生化过程，增强或减弱其反应和功能活动。在发挥调节作用的过程中，激素对其所作用的细胞既不能添加新功能，也不提供额外能量，仅仅起着“信使”的作用，将生物信息传递给靶细胞。激素在信息传递完成后即刻被分解失活。

（三）高效能生物放大作用

生理状态下，激素在血液中的浓度都很低，一般在纳摩尔每升（nmol/L），甚至在皮摩尔每升（pmol/L）。虽然激素的含量甚微，但其作用十分显著。其原因是激素与受体结合后，在细胞内发生一系列酶促反应，一个接一个，逐级放大，形成一个效能极高的生物放大系统。若某种激素分泌稍有过量或不足，会引起相应的功能亢进或减退的疾病。

（四）激素间的相互作用

虽然激素的作用具有特异性，但在发挥作用时，激素与激素之间却往往相互联系、相互影响，主要表现：①协同作用：激素之间对某项生理活动的调节结果是相类似的。如生长激素、肾上腺素、糖皮质激素及胰高血糖素等具有协同的升高血糖效应。②拮抗作用：激素之间的调节结果是相互对抗的。如胰岛素能降低血糖，而胰高血糖素能升高血糖。③允许作用：有的激素本身并不能直接对某些器官、组织或细胞产生直接生理效应，但它的存在却是另一种激素发挥效应的必备基础因素，这种现象称为允许作用。如糖皮质激素本身对血管平滑肌并无直接收缩作用，但只有在它存在时去甲肾上腺素才能很好地发挥缩血管的作用。

四、激素分泌的调节

激素的分泌除具有本身的分泌规律外，还受神经和体液调节。

（一）生物节律性分泌

许多激素具有节律性分泌的特征，短者表现为以分钟或小时计的脉冲式分泌，长者以月、季等为周期的分泌，如腺垂体一些激素表现为脉冲式分泌；生长激素、褪黑素和糖皮质激素等表现为昼夜节律性分泌；女性性激素表现为月周期性分泌；甲状腺激素则存在季节性周期波动。激素分泌的这种节律性受体内生物钟的控制。

（二）体液调节

1．下丘脑－腺垂体－靶腺轴的反馈调节　下丘脑存在肽类神经元，其合成和释放分泌的九种调节肽，通过垂体门脉系统作用于腺垂体，促进或抑制腺垂体分泌相应的激素，从而构成下丘脑－腺垂体－靶腺功能轴。下丘脑－腺垂体－靶腺功能轴的反馈调节是激素分泌维持稳态的基本调节方式。通常将靶腺分泌的激素对下丘脑和腺垂体产生的负反馈作用称为长反馈，将腺垂体分泌的促激素对下丘脑产生的负反馈作用称为短反馈（图 11-3）。

2．体液代谢物的调节　很多激素都参与体内物质代谢过程的调节，而物质代谢引起血液中某些物质的变化又反过来调整相应激素的分泌水平，形成直接的反馈调节。如进餐后血糖水平升高可直接刺激胰岛细胞分泌胰岛素，结果使血糖降低；血糖降低则可反过来使胰岛素分泌减少，从而维持血糖水平的稳态。

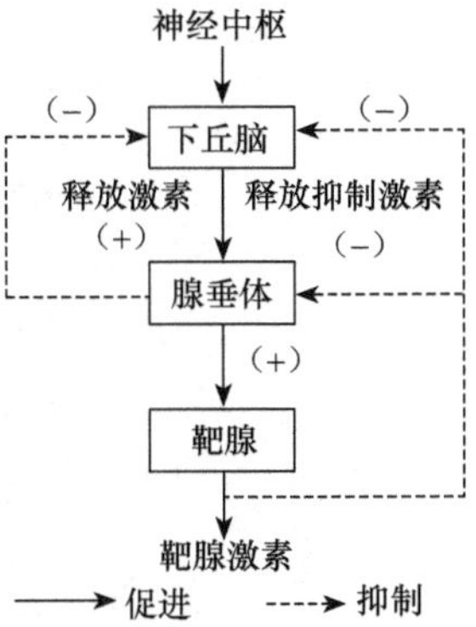

图 11-3　激素分泌的反馈调节

（三）神经调节

下丘脑是神经系统和内分泌系统相互联系的重要枢纽。下丘脑的上行和下行神经联系通路复杂而又广泛，内、外环境的各种形式的刺激都可能经这些神经通路影响下丘脑神经内分泌细胞的分泌活动，使激素分泌与机体的功能需求更加适应。如胰岛有神经纤维的支配，夜间睡眠时，迷走神经活动占优势可促进胰岛 B 细胞分泌胰岛素，有助于机体积蓄能量、休养生息。

第二节　下丘脑和垂体

一、下丘脑与垂体的功能联系

下丘脑与垂体在结构和功能上联系非常密切，共同组成了下丘脑 - 垂体功能系统（图 11-4）。垂体按其结构和功能分为腺垂体和神经垂体。下丘脑 - 垂体功能系统包括下丘脑 - 腺垂体门脉系统和下丘脑 - 神经垂体系统。

（一）下丘脑 – 腺垂体门脉系统

下丘脑与腺垂体之间没有直接的神经联系，但有一套特殊的血管系统，即垂体 - 门脉系统。位于下丘脑内侧基底部“促垂体区”的小细胞肽能神经元能合成和分泌多种调节腺垂体功能的肽类激素，统称为下丘脑调节肽，下丘脑调节肽通过垂体门脉被运送到腺垂体，调节腺垂体激素的合成与释放，构成下丘脑 - 腺垂体门脉系统。迄今为止共发现九种下丘脑调节肽，其种类、化学性质及主要作用见表 11-1。

表 11-1　下丘脑调节肽的种类、化学性质及主要作用

种类	化学本质	主要作用
促甲状腺激素释放激素（TRH）	3 肽	促进促甲状腺激素的分泌
促性腺激素释放激素（GnRH）	10 肽	促进黄体生成素、促卵泡激素的分泌
生长素释放激素（GHRH）	44 肽	促进生长素的分泌
生长抑素（GHIH）	14 肽	抑制生长素的分泌
促肾上腺皮质激素释放激素（CRH）	41 肽	促进促肾上腺皮质激素的分泌
催乳素释放因子（PRF）	31 肽	促进催乳素的分泌
催乳素释放抑制因子（PIF）	多巴胺	抑制催乳素的分泌
促黑激素释放因子（MRF）	肽	促进促黑激素的分泌
促黑激素释放抑制因子（MIF）	肽	抑制促黑激素的分泌

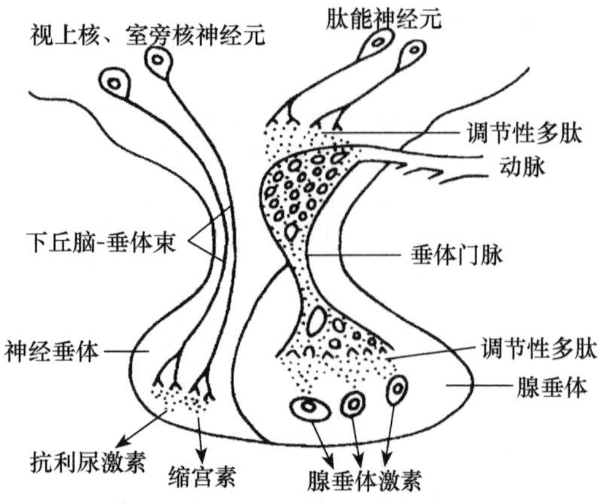

图 11-4　下丘脑与垂体功能联系

（二）下丘脑 – 神经垂体系统

下丘脑与神经垂体之间有直接的神经联系。位于下丘脑视上核和室旁核的神经元主要合成血管升压素（Vasopressin，VP）和催产素（Oxytocin，OXT），经下丘脑 - 垂体束的轴浆运输到神经垂体储存并释放入血，构成下丘脑 – 神经垂体系统。下丘脑的一些神经元既保留了典型的神经细胞的功能，又能分泌激素，具有内分泌细胞的功能。它们可将从大脑皮质或中枢神经系统其他部位传来的神经信息转变为激素信息，以下丘脑为枢纽，把神经调节与体液调节联系起来。

二、腺垂体激素

腺垂体是体内最重要的内分泌腺，主要分泌七种激素，其中生长激素（growth hormone，GH）、催乳素（prolactin，PRL）和促黑激素（melanophore stimulating hormone，MSH）直接作用于靶细胞和靶组织；另外的促甲状腺激素（thyroid stimulating hormone，TSH）、促肾上腺皮质激素（adrenocorticotropic hormone，ACTH）、卵泡刺激素（Follicle-stimulating hormone，FSH）和黄体生成素（luteinizing hormone,LH），均可特异作用于各自的外周靶腺，统称为“促激素”。

（一）生长激素

生长激素（GH）是腺垂体中含量较多的一种蛋白质激素。其主要生理作用如下。

1. 促进机体生长　生长激素能促进机体各组织器官的生长，尤其是对骨骼、肌肉及内脏器官的作用最为显著，是调节机体生长的关键激素。实验证明，人幼年时期如果生长激素分泌不足或缺乏，则出现生长停滞，身材矮小（但智力发育正常），称为侏儒症；如果幼年时期生长激素分泌过多则引起巨人症；成年后如果生长激素分泌过多，由于骨骺已钙化闭合，长骨不会再生长，但肢端的短骨、颅骨及软组织生长出现异常，表现为手足粗大、鼻大唇厚、下颌突出及内脏器官增大等现象，称为肢端肥大症。

◎ 考点：侏儒症及肢端肥大症

2. 调节物质代谢　①蛋白质代谢：生长激素可促进氨基酸进入细胞，并加速 DNA、RNA 的合成，从而促进蛋白质合成，抑制蛋白质分解。②糖代谢：生长激素还可抑制外周组织摄取和利用葡萄糖，减少葡萄糖的消耗，使血糖升高。因此，GH 分泌过多时，可因血糖升高而引起糖尿，称为“垂体性糖尿病”。③脂肪代谢：生长激素可促进脂肪分解，增强脂肪酸的氧化，使组织的脂肪含量减少。

（二）催乳素

催乳素（PRL）是一种蛋白质激素。催乳素的生理作用广泛。

1. 对乳腺的作用　PRL 可促进乳腺发育，引起并维持乳腺泌乳，故称为催乳素。

2．对性腺的作用　PRL可促进排卵，促进黄体生成并分泌孕激素和雌激素。

（三）促黑激素

促黑激素（MSH）又称黑色素细胞刺激素。可促进皮肤、虹膜及毛发等处色素层的黑色素细胞中的酪氨酸转变成黑色素，使皮肤、虹膜和毛发等颜色加深。

（四）促激素

腺垂体分泌促甲状腺激素（TSH）、促肾上腺皮质激素（ACTH）、卵泡刺激素（FSH）和黄体生成素（LH），是通过促进靶腺分泌激素而发挥作用，统称为“促激素”。

1．促甲状腺激素（TSH）　是调节甲状腺功能活动的主要激素。其主要作用：①促进甲状腺合成和分泌甲状腺激素；②刺激甲状腺腺泡内核酸与蛋白质的合成，使甲状腺腺泡细胞增生，腺体增大。

2．促肾上腺皮质激素（ACTH）　是一种多肽激素，它的主要作用是促进肾上腺皮质合成和分泌糖皮质激素，并参与促进肾上腺皮质束状带和网状带的生长和发育。

3．卵泡刺激素（FSH）　其主要作用是促进女性卵巢中的卵泡生长发育和成熟，并促使卵泡壁细胞分泌雌激素。

4．黄体生成素（LH）　其主要作用是促进卵巢中发育成熟的卵泡排卵，并促使排卵后的卵泡壁发育成黄体，进而促使黄体细胞分泌大量的雌激素和孕激素。

◎ 考点：腺垂体分泌的四种促激素的名称

三、神经垂体激素

神经垂体本身不能合成激素，只是储存和释放激素的部位。神经垂体储存和释放的激素有血管升压素（VP）和催产素（OXT）。血管升压素和催产素都是九肽。在适宜刺激的作用下，神经垂体将这两种激素释放入血液循环。

（一）血管升压素

血管升压素也称抗利尿激素（ADH），生理剂量的血管升压素可促进远曲小管和集合管对水的重吸收，发挥抗利尿作用，几乎没有升压作用。大剂量的血管升压素有收缩血管、升高血压的作用。在机体脱水和失血等情况下，血管升压素的释放量明显增加，对提升和维持动脉血压起重要作用。临床上主要将大剂量血管升压素作为内脏出血时的紧急止血药来使用。

（二）催产素

催产素（OXT）又称缩宫素，催产素的主要靶器官是子宫和乳腺，其主要生理作用是在分娩时刺激子宫收缩和在哺乳期促进乳汁排出。

1．促进子宫收缩　催产素促进子宫平滑肌收缩的作用与子宫的功能状态有关。催产素对非孕子宫的作用较弱，而对妊娠子宫的作用则比较强。在分娩过程中，胎儿刺激子宫颈可反射性地引起催产素分泌增加，促使子宫收缩加强，有助于分娩。低剂量催产素可引起子宫肌发生节律性收缩，大剂量催产素则可导致子宫出现强直性收缩。临床上常用于引产和产后宫缩无力出血的治疗。

2. 排乳作用 催产素是促进乳汁排放的关键因素。催产素能使哺乳期乳腺导管周围的肌上皮细胞收缩，使具有泌乳功能的乳腺排乳。同时，催产素也有营养乳腺的作用，使哺乳期的乳腺保持丰满。

第三节 甲 状 腺

甲状腺是人体内最大的内分泌腺，甲状腺的主要结构是腺泡。甲状腺激素（thyroid hormones，TH）是由腺泡上皮细胞合成，并以胶状质形式储存于滤泡腔中。甲状腺是唯一将激素大量储存在细胞外的内分泌腺。甲状腺腺泡旁细胞能合成和分泌降钙素（calcitonin，CT），甲状旁腺分泌甲状旁腺激素（parathyroid hormone，PTH）。

案例 11-1 患者女性，35 岁，近段时期出现心慌、心动过速、怕热、多汗、食欲亢进、消瘦、体重下降、疲乏无力及情绪易激动、性情急躁、失眠、思想不集中、手舌颤抖、月经紊乱。

问题： 1. 此患者最可能出现的疾病是什么？

2. 用你所学知识解释此疾病发生的机制。

一、甲状腺激素的合成与代谢

甲状腺激素（TH）主要有两种：一种是四碘甲腺原氨酸（T_4）又称甲状腺素；另一种是三碘甲腺原氨酸（T_3）。T_4 的含量较 T_3 多，约占总量的 90%，T_4 和 T_3 都有活性，但 T_3 的生物活性比 T_4 强 3～5 倍。临床上可通过测定血液中 T_3、T_4 了解甲状腺的功能。

甲状腺激素合成的主要原料是碘和酪氨酸，碘主要来源于食物，各种原因引起碘的缺乏，都可导致甲状腺激素合成与分泌减少，从而影响甲状腺的功能。

甲状腺激素的合成过程包括三个步骤：甲状腺腺泡聚碘、I^- 的活化、酪氨酸碘化与甲状腺激素的合成。滤泡上皮细胞能从血液中摄取 I^-，I^- 经过过氧化物酶的作用而活化，活化后的 I^- 进入滤泡腔与甲状腺球蛋白结合，形成碘化的甲状腺球蛋白，碘化甲状腺球蛋白被水解酶分解形成大量四碘甲腺原氨酸（T_4）和少量三碘甲腺原氨酸（T_3），T_3 和 T_4 于细胞基底部释放入血。

◎ 考点：合成甲状腺激素的主要原料

二、甲状腺激素的生理作用

甲状腺激素的作用十分广泛，其主要的作用是促进物质代谢与能量代谢和促进机体的生长发育。

（一）对代谢的影响

1. 能量代谢 甲状腺激素具有显著的产热效应，可提高机体绝大多数组织的耗氧量和产热量（尤以心、肝、骨骼肌和肾脏最为显著），使基础代谢率升高。故在临床上测定基础代谢率（BMR）有助于了解甲状腺的功能状态。甲状腺功能亢进（甲亢）患者，产热量增加，基础代谢率升高，表现为怕热多汗。甲状腺功能低下（甲低）的患者，因产热量减少，基础代谢率降低，体温偏低，表现为喜热怕冷。这两种状态均不能很好地适应环境温度的变化。

2. 物质代谢 甲状腺激素对三大营养物质的合成与分解均有影响。

（1）蛋白质代谢：生理剂量的甲状腺激素可促进蛋白质的合成，有利于机体的生长发育。

但是大剂量的甲状腺激素却使蛋白质分解代谢显著增强，尤其是骨骼肌的蛋白质分解明显。甲状腺激素分泌过多（如甲亢患者），则蛋白质分解增强，蛋白质分解明显大于合成，表现为肌肉消瘦和无力。若甲状腺激素分泌过少（如甲低患者），则蛋白质合成减少，肌肉乏力，组织间隙中黏蛋白增多，并结合大量正离子和水分子，形成一种特殊的指压不凹陷的水肿，称为黏液性水肿。

（2）糖代谢：甲状腺激素可促进小肠黏膜对糖的吸收，增强糖原分解，并能增强肾上腺素、胰高血糖素、生长激素的升血糖作用，使血糖升高；同时又增强外周组织对糖的利用，使血糖降低，但升高血糖的作用较强。甲亢患者餐后血糖升高，甚至出现糖尿，但随后又能快速降低。

（3）脂肪代谢：甲状腺激素能促进脂肪合成，也可促进胆固醇的合成，但分解的速度超过合成速度，故甲亢患者血中胆固醇常低于正常。甲低患者血中胆固醇的含量常高于正常，容易引起动脉粥样硬化。

（二）对生长发育的影响

甲状腺激素是维持机体正常生长发育不可缺少的激素，特别是对骨和脑的发育尤为重要。胚胎时期缺碘而导致甲状腺激素合成不足或出生后甲状腺功能低下的婴幼儿，可导致脑和长骨的发育明显障碍，表现为智力低下，且身材矮小，称为呆小症（即克汀病）。所以在缺碘的地区，应在妊娠期注意补充碘预防呆小症。

◎ 考点：呆小症

链 接

呆 小 症

呆小症患儿脑各个部位的神经细胞变小，神经髓鞘生长延迟，中枢神经系统某些酶的合成发生障碍，蛋白质、磷脂和递质的含量减少，以致智力低下；同时骨化中心发育不全，骨骺愈合延迟，长骨生长停滞，导致身材矮小。但在胚胎期胎儿骨的生长并不必需甲状腺激素，因此胎儿出生时的身高可以基本正常，而在出生后数周出现生长停滞。对呆小症的治疗必须抓紧时机，应在出生后3个月内补充甲状腺激素，过迟则难以奏效。

（三）其他作用

1．对神经系统的影响　甲状腺激素可提高中枢神经系统的兴奋性。因此，甲亢患者，表现为烦躁不安、多言多动、喜怒无常、失眠多梦、注意力不易集中及肌肉颤动等；相反，甲低患者则容易出现记忆力减退、感觉迟钝、行动迟缓、表情淡漠及终日嗜睡等症状。

2．对心血管活动的影响　甲状腺激素可使心率加快，心肌收缩力增强，心排血量增加，故甲亢患者常出现心动过速、心肌肥大，甚至因心肌过度劳累而导致心力衰竭。

3．对消化和生殖功能的影响　甲状腺激素能促进食欲，还可影响生殖功能。

三、甲状腺激素分泌的调节

甲状腺功能主要受下丘脑－腺垂体－甲状腺轴的调节，此外，还可根据碘的供应进行一定程度的自身调节和神经调节。

（一）下丘脑－腺垂体－甲状腺轴的调节

下丘脑分泌的促甲状腺激素释放激素（TRH）通过垂体-门脉系统作用于腺垂体，促进促甲状腺激素（TSH）合成和释放。TSH作用于甲状腺，促进甲状腺腺泡增生和甲状腺激素的合

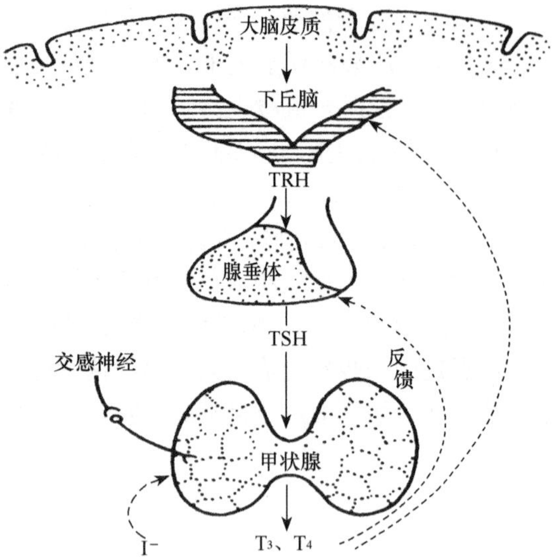

图 11-5 甲状腺激素分泌调节

TRH. 促甲状腺激素释放激素；TSH. 促甲状腺激素；
——→. 促进；-·-·-·→. 抑制

成与释放。当血中甲状腺激素浓度增高时，可反馈性抑制 TRH 和 TSH 的分泌，从而使甲状腺激素的释放减少，从而维持血中甲状腺激素含量的相对稳定（图 11-5）。

链 接

地方性甲状腺肿

地方性甲状腺肿（简称地甲病，俗称“粗脖子病”）是由碘缺乏引起的一种疾病。由于水和食物中碘含量不足，体内 T_3、T_4 合成减少，而引起代偿性甲状腺肿大。其发病机制是由于血中 T_3、T_4 长期降低，对腺垂体的反馈性抑制作用减弱，引起 TSH 分泌增加，从而导致甲状腺组织的代偿性增生和肥大。

（二）甲状腺的自身调节

甲状腺还可根据饮食中碘的供应量变化调节自身对碘的摄取及合成甲状腺激素的能力，称为甲状腺的自身调节。这是一种有一定限度的缓慢的调节机制。当饮食中碘过多时，甲状腺对碘的摄取减少，甲状腺激素的合成减少。相反当饮食中缺碘时，甲状腺摄取碘作用增强，甲状腺激素的合成也加强。临床上常利用过量碘产生的抗甲状腺效应来处理甲状腺危象和用于甲状腺手术的术前准备。

（三）自主神经的作用

甲状腺受交感神经和副交感神经支配。交感神经兴奋时，促进甲状腺激素的合成与释放；副交感神经兴奋则可抑制甲状腺激素的合成与释放。

第四节 肾 上 腺

肾上腺位于两侧肾脏的内上方，包括皮质和髓质两个部分。肾上腺的皮质和髓质在结构和功能上都不相同，实际上是两个独立的内分泌腺。肾上腺皮质分泌类固醇激素，其作用广泛，对维持机体的基本生命活动十分重要。肾上腺髓质分泌儿茶酚胺类激素，在机体应急反应中起重要的作用。

一、肾上腺皮质激素

肾上腺皮质由三层不同的细胞组成，由外向内可分为球状带、束状带和网状带。球状带分泌盐皮质激素，主要是醛固酮；束状带分泌糖皮质激素，主要是皮质醇；网状带分泌少量的性激素，以雄激素为主，也有少量雌激素。由于这些激素都属于类固醇的衍生物，故统称为类固醇激素。胆固醇是合成肾上腺皮质激素的基本原料，主要来自血液。

关于醛固酮的生理作用和分泌调节在第 8 章已经介绍，有关性激素的内容将在第 12 章介绍，这里着重讨论糖皮质激素。

链接

维持生命的肾上腺

人们在实验过程中发现摘除动物的肾上腺后，动物很快就衰竭死亡；如能及时给予肾上腺皮质的提取物，则可以维持动物的生命。可见肾上腺皮质对于生命活动的维持是极为重要的。

（一）糖皮质激素的生理作用

糖皮质激素因能显著升高血糖而得名，实际上糖皮质激素的作用广泛而复杂，对多种器官、组织都有影响。主要有以下几个方面。正常人血浆中的糖皮质激素主要为皮质醇，其次为皮质酮。

1. 对物质代谢的影响

（1）糖代谢：糖皮质激素可促进糖异生，增加肝糖原的储存，减少外周组织对糖的摄取和利用（心脏和脑除外），因而使血糖升高。如果糖皮质激素分泌过多，会出现高血糖，甚至出现糖尿（类固醇性糖尿病）。

（2）蛋白质代谢：糖皮质激素可促进肝外组织特别是肌肉组织的蛋白分解，抑制蛋白质的合成。因此糖皮质激素分泌过多时或长期使用糖皮质激素，蛋白质分解增强，合成减少，可出现生长停滞、肌肉消瘦、伤口愈合延迟、骨质疏松、皮肤变薄、淋巴组织萎缩等现象。

（3）脂肪代谢：糖皮质激素可促进脂肪分解，增强脂肪酸在肝内氧化，有利于糖异生。肾上腺皮质功能亢进时，由于全身不同部位脂肪组织对糖皮质激素的敏感性不同，体内脂肪发生重新分布，使四肢脂肪组织分解增强，而面、肩、背、腹部的脂肪合成增加，出现面圆（满月脸）、背厚（水牛背）、躯干部发胖（水桶腰）而四肢消瘦，形成所谓“向心性肥胖”的特殊体形，临床上称为库欣综合征。

◎考点：向心性肥胖

2. 对水盐代谢的影响　糖皮质激素可降低肾小球入球小动脉的阻力，增加肾血浆流量，使肾小球滤过率增加，有利于水的排出。肾上腺皮质功能减退的患者，肾脏排水能力降低，严重时可出现“水中毒”。此时，补充糖皮质激素可使病情缓解，而补充盐皮质激素则无效。此外，糖皮质激素还有较弱的保钠排钾作用。

3. 在应激反应中的作用　当机体受到来自内、外环境和社会、心理等各种有害刺激时（如感染、缺氧、饥饿、创伤、手术、疼痛、寒冷及精神紧张等），血液中 ACTH 的浓度增加，糖皮质激素的分泌也增多，并产生一系列反应，称为应激反应。应激反应是一种以 ACTH 和糖皮质激素分泌增加为主，多种激素共同参与的使机体抵抗力增强的非特异性反应。肾上腺皮质功能不全时或切除肾上腺皮质时，机体的应激反应减弱，机体对有害刺激的耐受力降低，严重时可危及生命。

4. 其他作用

（1）对血液系统的影响：糖皮质激素可刺激骨髓的造血功能，使血液中红细胞和血小板的数量增加；同时可动员附着在血管边缘的中性粒细胞进入血液，故血液中的中性粒细胞计数增加。糖皮质激素还能减少淋巴细胞和嗜酸性粒细胞的数量，临床上用于治疗淋巴肉瘤和淋巴细胞性白血病。

（2）对循环系统的影响：糖皮质激素并不能直接引起血管收缩，但必须有少量糖皮质激素存在，去甲肾上腺素的缩血管作用才能表现出来。糖皮质激素的这种作用称为允许作用。另外，糖皮质激素可降低毛细血管壁的通透性，有利于维持血容量。

（3）消化系统：糖皮质激素能增加胃酸和胃蛋白酶的分泌，抑制胃黏液分泌，降低胃黏膜的自身保护和修复功能。故长期大量服用糖皮质激素，可诱发和加剧溃疡病的发生，故消化性溃疡的患者不宜服用糖皮质激素。

（4）神经系统：糖皮质激素可提高中枢神经系统的兴奋性。肾上腺皮质功能亢进的患者，常出现烦躁不安、注意力不集中、失眠等症状。

另外，大量糖皮质激素还有抗炎、抗中毒、抗过敏、抗休克等作用。

（二）糖皮质激素分泌的调节

1. 下丘脑－腺垂体－肾上腺皮质轴调节　糖皮质激素的分泌主要受下丘脑－腺垂体－肾上腺皮质轴调节。下丘脑肽能神经元合成和分泌的促肾上腺皮质激素释放激素（CRH）通过垂体门脉系统作用于腺垂体，促进促肾上腺皮质激素（ACTH）的合成与分泌，ACTH可促进肾上腺皮质合成和分泌糖皮质激素（图 11-6）。

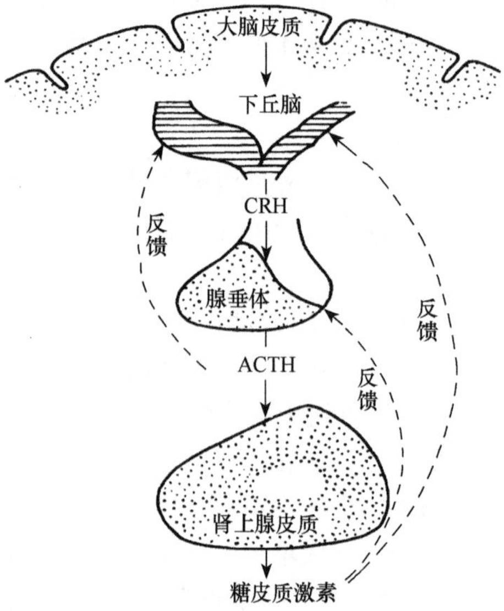

图 11-6　糖皮质激素分泌调节
CRH. 促肾上腺皮质激素释放激素；
ACTH. 促肾上腺皮质激素；
——→. 促进；- - - - →. 抑制

2. 糖皮质激素的反馈调节　血液中的糖皮质激素浓度升高可通过长反馈作用于下丘脑和腺垂体，抑制下丘脑CRH和腺垂体ACTH的分泌，从而维持体内糖皮质激素水平的平衡。腺垂体分泌的ACTH在血中达到一定浓度水平时，通过短反馈作用于下丘脑，抑制CRH的释放。但在应激时这种负反馈调节被抑制或甚至消失，血中ACTH和糖皮质激素的分泌大大增加，其浓度升高。

由于存在这种复杂的反馈调节，长期大量应用糖皮质激素的患者，外源性糖皮质激素可通过长反馈抑制ACTH的合成与分泌，甚至造成肾上腺皮质萎缩，分泌功能停止。长期服用糖皮质激素的患者如果突然停药，由于ACTH水平很低和肾上腺皮质萎缩，血中糖皮质激素水平低下，可引起肾上腺皮质危象，甚至危及生命。因此，必须采取逐渐减量的停药方法或间断给予ACTH，以防止肾上腺皮质萎缩。

◎ 考点：长期大量使用糖皮质激素的患者应如何停药？

二、肾上腺髓质激素

肾上腺髓质分泌肾上腺素（epinephrine，E）和去甲肾上腺素（Noradrenaline，NE），两者均属于儿茶酚胺类激素，合成原料是酪氨酸。肾上腺髓质释放入血的肾上腺素与去甲肾上腺素的比例大约为 4：1，即以肾上腺素为主。在血液循环中的去甲肾上腺素主要来自交感神经末梢的释放，其次是肾上腺髓质。

（一）肾上腺髓质激素的生理作用

肾上腺髓质分泌的肾上腺素和去甲肾上腺素生理作用广泛也十分复杂（表 11-2）。

表 11-2　肾上腺素与去甲肾上腺素的主要生理作用

	肾上腺素	去甲肾上腺素
心率	心率加快，心肌收缩力增强，心排血量增加	心率减慢
血管	皮肤、胃肠、肾血管收缩；冠状血管、骨骼肌血管舒张	全身血管广泛收缩，总外周阻力明显升高
血压	升高（主要因心排血量增加）	明显升高（主要因外周阻力增大）
支气管平滑肌	舒张	舒张，作用较弱
代谢	增强	稍增强
瞳孔	开大	开大

肾上腺髓质受交感神经节前纤维支配，两者关系密切，组成交感 - 肾上腺髓质系统。人在安静时，肾上腺髓质激素分泌很少。当机体遭遇特殊紧急情况时，如畏惧、焦虑、剧痛、失血、缺氧、创伤及剧烈运动等，这一系统立即被调动起来，使肾上腺髓质激素大量分泌，可提高中枢神经系统的兴奋性，使人处于警觉状态，反应灵敏；心率加快，心肌收缩力加强，心输出量增加，血压升高；呼吸频率和每分通气量增加；全身血液重新分布，保证重要器官的血液供应；血糖升高，脂肪分解加速，葡萄糖与脂肪酸氧化过程增强，以适应在应急情况下机体对能量的需要。这种在紧急情况下通过交感—肾上腺髓质系统活动增强所发生的适应性变化，称之为应急反应。其意义在于调动机体的潜能，提高机体的战斗力，让机体更能有效地适应紧急状态。

链　接

应急反应与应激反应

“应急”与“应激”是两个不同但又相关的概念。引起“应急”反应的刺激，往往也可以引起“应激”反应，两者既有区别，又相辅相成：即“应急”反应是机体在紧急状态下，交感－肾上腺髓质系统活动增强，使血中肾上腺髓质激素含量明显增加，从而充分调动人体的潜能，提高“战斗力”，使机体更能有效地适应紧急状态。“应激”反应是机体受到各种有害因素刺激时，下丘脑－腺垂体－肾上腺皮质轴的活动增强，血中 ACTH 和糖皮质激素浓度明显增高，可提高机体对有害刺激的耐受力和生存能力，帮助机体渡过难关。两者共同作用，使机体的适应能力更加完善。

（二）肾上腺髓质激素分泌的调节

1. 交感神经的作用　交感神经兴奋时，其节前纤维末梢释放乙酰胆碱（ACh），引起肾上腺素和去甲肾上腺素的释放增加。

2. ACTH 的作用　有直接和间接两种作用方式。ACTH 可直接刺激肾上腺髓质的合成与分泌，也可间接通过糖皮质激素促进肾上腺髓质分泌激素。

第五节　胰　　岛

胰岛是散在于胰腺腺泡外分泌细胞之间的一些如同岛屿一样的内分泌细胞群的总称。人胰腺中有 100 万～200 万个胰岛。胰岛细胞可分为四种类型：A 细胞、B 细胞、D 细胞和 PP 细胞，他们分别产生胰高血糖素、胰岛素、生长抑素和胰多肽（PP）。本节主要讨论胰岛素和胰高血糖素。

一、胰 岛 素

胰岛素是含有51个氨基酸残基的小分子蛋白质。正常人在空腹状态下，血清胰岛素浓度为35～145pmol/L。胰岛素在血中的半衰期仅5～6分钟，主要在肝脏内灭活。

链 接

胰岛素的发现与作用

1965年，我国科学家首次人工合成了具有高度生物活性的结晶牛胰岛素，开创了人类历史上人工合成蛋白质的先例，为探索人类生命的奥秘做出了重大贡献。1982年，第一个基因工程药物重组人胰岛素问世。根据胰岛素的生理作用，临床上常将其与葡萄糖等组成能量合剂，用于治疗某些因组织损伤或糖利用障碍的疾病，如肝硬化、肝炎、心肌损害等。

案例11-2 患者男性，55岁。病人较肥胖，BMI=29，近来出现不明原因的体重下降，经常口渴，多尿。饭前出现低血糖现象。检查发现血糖8.1mmol/L，餐后血糖12.3mmol/L。

问题：1. 根据所学知识说出该患者最可能得的是什么病？

2. 正常人空腹及餐后2小时血糖正常值分别是多少？

3. 这种病人的最典型症状是什么？

4. 说出影响此疾病的激素的主要生理作用，注射该激素的注射部位有哪些？

（一）胰岛素的生理作用

胰岛素是促进机体合成代谢，维持血糖浓度稳定的主要激素，也是体内唯一能够降低血糖的激素。

1．对糖代谢的调节　胰岛素最显著的作用是降低血糖。胰岛素通过三方面的作用影响糖代谢。①胰岛素能促进全身组织，特别是肝脏、肌肉和脂肪组织摄取和利用葡萄糖；②促进肝糖原和肌糖原的合成；③抑制糖异生和糖原分解。当胰岛素分泌障碍或缺乏时，血糖浓度升高，血糖水平如超过肾糖阈，尿中就可出现葡萄糖，从而导致糖尿病。

链 接

糖 尿 病

糖尿病是体内胰岛素缺乏引起机体广泛的代谢障碍性疾病。患者由于葡萄糖利用障碍，使血糖浓度升高。血糖水平如超过肾糖阈，尿中就可出现葡萄糖，从而导致糖尿病。当大量葡萄糖从尿中排出时，通过渗透性利尿使尿量增多，患者出现多尿、多饮、多食、体重减少等典型的“三多一少”症状。糖尿病后期，由于脂肪分解增强，会产生大量脂肪酸，后者在肝内氧化成大量酮体，可引起酮血症和酸中毒。胰岛素分泌过量或注射胰岛素后进食糖类过少，可发生低血糖，严重时可致昏迷或休克。

2．对脂肪代谢的调节　胰岛素可促进脂肪的合成与储存，同时抑制脂肪分解，使血中游离脂肪酸减少。胰岛素分泌不足时，脂肪分解增强，血脂升高，可引起动脉硬化。同时产生的大量脂肪酸在肝内氧化成大量酮体，可引起酮血症和酮症酸中毒，甚至危及生命。

3．对蛋白质代谢的调节　胰岛素可促进蛋白质合成，并抑制蛋白质分解，故对机体的生长发育有促进作用。但胰岛素单独作用时，其促进生长的作用并不强，在与生长激素共同作用时，能发挥明显的协同效应。

4．对电解质代谢的作用　胰岛素可促进K^+、Mg^{2+}及磷酸根离子进入细胞，使血钾浓度降低。

◎ 考点：简述胰岛素的生理作用

（二）胰岛素分泌的调节

1．血糖浓度　血糖浓度是反馈调节胰岛素分泌最重要的因素。胰岛 B 细胞对血糖浓度的变化十分敏感，血糖浓度升高时，可直接刺激胰岛 B 细胞，使胰岛素分泌增加；相反，血糖浓度降低时则抑制胰岛素的分泌，从而维持血糖水平的相对稳定。临床上常用口服氨基酸后血中胰岛素水平的改变作为判断胰岛 B 细胞功能的检测手段。

2．激素作用　胰高血糖素可直接作用于相邻的 B 细胞，刺激胰岛素分泌，也可通过升高血糖浓度而间接促进胰岛素分泌。胃肠激素（促胃液素、促胰液素、缩胆囊素和抑胃肽）均有促进胰岛素分泌的作用。生长激素、皮质醇及甲状腺激素可通过升高血糖浓度而间接促进胰岛素分泌。如长期大剂量应用这些激素，有可能使胰岛 B 细胞衰竭而导致糖尿病。

3．神经调节　胰岛受迷走神经和交感神经双重支配。迷走神经兴奋，既可直接促进胰岛素分泌，也可通过刺激胃肠激素释放而间接地引起胰岛素分泌。交感神经兴奋时，抑制胰岛素分泌。

二、胰高血糖素

胰高血糖素是胰岛 A 细胞分泌的，由 29 个氨基酸残基组成的多肽，是体内促进分解代谢的激素。半衰期为 5～10 分钟，主要在肝内灭活。

（一）胰高血糖素的生理作用

胰高血糖素的作用与胰岛素相反，是全面促进分解代谢的激素。作用的靶器官是肝脏。胰高血糖素具有很强的促进肝糖原（但对肌糖原的分解作用不明显）分解和糖异生增强的作用，因而使血糖升高的效应非常明显。胰高血糖素还可以促使氨基酸转化为葡萄糖，抑制蛋白质的合成，促进脂肪分解。

（二）胰高血糖素分泌的调节

1．血糖浓度　血糖浓度是调节胰高血糖素分泌的主要因素。当血糖浓度降低时，可促进胰高血糖素的分泌；反之，则分泌减少。饥饿可促进胰高血糖素的分泌，这对于维持血糖水平，保证脑的代谢和能量供应具有重要的意义。氨基酸可促进胰高血糖素分泌而使血糖升高，因此可避免发生氨基酸引起的低血糖。

2．激素的作用　胰岛素可直接作用于胰岛 A 细胞，抑制胰高血糖素的分泌；胰岛素又可通过降低血糖间接地刺激胰高血糖素分泌。

3．神经调节　交感神经兴奋可促进胰高血糖素的分泌；而迷走神经则抑制胰高血糖素的分泌。

第六节　其他内分泌腺体和激素

一、甲状旁腺激素、降钙素和维生素 D_3

（一）甲状旁腺激素

甲状旁腺激素（PTH）是由甲状旁腺主细胞合成和分泌的激素。甲状旁腺激素的主要作用是升高血钙和降低血磷，是调节血钙和血磷水平最重要的激素。骨骼和肾脏是甲状旁腺激素的主要靶器官。

链 接

重要的甲状旁腺

实验中将动物的甲状旁腺切除后，其血钙水平逐渐下降，出现低钙抽搐，并可导致死亡；而血磷则逐渐升高。临床上进行甲状腺手术时，如误将甲状旁腺摘除，可造成患者严重的低血钙，发生手足抽搐；如不及时治疗，可因喉部肌肉痉挛而窒息死亡。可见，PTH 对生命活动是十分重要的。

1．甲状旁腺激素的主要生理作用

（1）对肾脏的作用：甲状旁腺激素能促进远曲小管对钙的重吸收，使尿钙减少，血钙升高。同时可抑制肾近端小管对磷的重吸收，使尿磷增多，使血磷降低。

（2）对骨的作用：甲状旁腺激素能破坏骨组织内贮存钙与血浆游离钙的动态平衡，加强溶骨过程，动员骨钙入血，使血钙浓度升高。

（3）对小肠的作用：甲状旁腺激素可激活肾内的 1，25- 羟化酶，使无活性的维生素 D_3 转变为有活性的维生素 D_3，后者可促进小肠对钙的吸收，使血钙升高。

2．甲状旁腺激素分泌的调节

（1）血钙水平：血钙浓度降低时，甲状旁腺激素分泌增加；血钙浓度升高时，甲状旁腺激素分泌减少。因此长期缺钙会引起甲状旁腺增生；相反，长时间的高血钙则可使甲状旁腺发生萎缩。因此血钙水平是调节甲状旁腺分泌的最主要的因素。

（2）其他因素：血磷浓度升高可使血钙降低，从而刺激甲状旁腺激素的分泌。血镁浓度降至较低时，可使甲状旁腺激素分泌减少。儿茶酚胺促进甲状旁腺激素的分泌。

（二）降钙素

降钙素（CT）是由甲状腺腺泡旁细胞（C 细胞）分泌的肽类激素。

1．降钙素的生理作用　降钙素的主要作用是降低血钙和血磷，其受体主要分布在骨和肾。

（1）对骨的作用：降钙素能抑制破骨细胞的活动，使溶骨过程减弱，使成骨过程增强，使骨组织中钙、磷沉积增加，血钙、血磷水平降低。

（2）对肾的作用：降钙素能抑制肾小管对钙、磷、钠及氯等离子的重吸收，使尿磷、尿钙增加。

2．降钙素分泌的调节　降钙素的分泌主要受血钙水平调节。当血钙浓度升高时，降钙素分泌增多，反之则分泌减少。降钙素与甲状旁腺激素对血钙的作用相反，两者共同调节血钙浓度，维持血钙的稳态。

（三）维生素 D_3

维生素 D_3 是胆固醇的衍生物，1，25- 二羟维生素 D_3 是其主要活性形式，属于固醇类激素。其主要作用是升高血钙和血磷。

1．对小肠的作用　促进小肠黏膜对钙和磷的吸收，能够升高血钙，增加血磷。

2．对骨的作用　调节骨钙的沉积和释放。1，25- 二羟维生素 D_3 一方面刺激成骨细胞的活动，促进骨钙沉积和骨的形成，降低血钙。另一方面提高破骨细胞的活动，增强骨的溶解，使骨钙、骨磷释放入血，升高血钙和血磷，但总的效应是血钙浓度升高，以此调节骨钙的沉积和释放。

3．对肾脏的作用　促进肾小管对钙、磷的重吸收，尿钙、磷排出量减少。

二、松果体及其激素

松果体（pineal body）位于间脑脑前丘和丘脑之间，松果体细胞是松果体内的主要细胞，松果体细胞交替性地分泌褪黑激素（melatonin，MLT）和 5- 羟色胺（5-HT），有明显的昼夜节律，白昼分泌 5- 羟色胺，黑夜分泌褪黑激素。MLT 因能使青蛙皮肤变浅而得名，MLT 对中枢神经系统影响广泛，有镇静、催眠、镇痛、抗惊厥、抗抑郁等作用。MLT 能抑制下丘脑 - 腺垂体 - 靶腺功能轴的活动，特别是对性腺轴的作用更为明显，具有抗生殖、防止性早熟的作用。

环境光照是调节 MLT 浓度的重要外部因素，MLT 的分泌具有极典型的“昼低夜高”的周期波动。女性血中 MLT 在月经周期的排卵前夕最低，随后在黄体期逐渐升高，月经来潮前最高，表明女性月经周期的节律与松果体活动的节律有关。

三、胸　腺　素

胸腺既是一个淋巴免疫器官，又兼有内分泌功能，能分泌多种肽类物质，如胸腺素（thymosin）、胸腺生长素等。胸腺素的主要作用是使淋巴干细胞成熟并转化为具有免疫功能的 T 淋巴细胞。胸腺素的分泌于儿童期活跃，青春期分泌增多，以后随性腺的活动开始退化，至老年水平最低。

四、前 列 腺 素

前列腺素（prostaglandin，PG）是存在于动物和人体中的一类不饱和脂肪酸组成的、具有多种生理作用的活性物质。最早发现它存在于人的精液中，当时以为这一物质是由前列腺释放的，因而定名为前列腺素。现已证明精液中的前列腺素主要来自精囊，全身许多组织细胞都能产生前列腺素。

PG 的作用广泛而复杂，但由于不同的组织细胞存在不同的 PG 受体，故其发挥的作用不同。如前列腺素 E_2 明显抑制胃酸分泌，舒张支气管平滑肌，促进肾脏排钠利尿；血管内膜产生的 PGH_2 能抑制血小板集聚并使血管舒张。

目标检测

一、名词解释

1．激素　2．靶细胞　3．旁分泌

4．自分泌　5．神经分泌

二、填空题

1．按化学性质不同可将激素分为______和______两大类。

2．激素作用的一般特性包括______、______、______和______。

3．下丘脑和垂体之间构成了______系统和______系统。

4．血管升压素和缩宫素由下丘脑的______和______的神经细胞合成，经______运送至______贮存。

5．腺垂体分泌七种激素，其中______、______和______、______为促激素，分别调节______、______和______三个靶腺体。

三、选择题

1．下列物质中，不属于激素的是（　　）

A．前列腺素　B．肝素

C．胰岛素　D．生长激素

E．维生素 D_3

2．内分泌腺细胞分泌的激素只通过局部扩散而作

用于邻近细胞称为（　　）

A．外分泌　　B．旁分泌

C．神经分泌　　D．远距分泌

E．自分泌

3．关于激素信息传递作用的叙述，错误的是（　　）

A．不能添加成分

B．不能提供能量

C．不仅仅起“信使”的作用

D．能减弱靶细胞原有的生理生化过程

E．能加强靶细胞原有的生理生化过程

4．血中激素含量极低，但生理作用很明显，这是因为（　　）

A．激素的特异性很高

B．激素的半衰期很长

C．激素分泌的持续时间长

D．激素随血流分布的范围广

E．细胞内存在高效能的生物放大系统

5．下丘脑与腺垂体之间主要通过下列哪条途径联系（　　）

A．神经纤维

B．神经纤维和门脉系统

C．垂体门脉系统

D．垂体束

E．轴浆运输

（段正秀）

第 12 章 生 殖

案例 12-1 女大学生，21 岁。与男朋友分手后很伤心。在同学的帮助下，渐渐从悲痛中解脱出来，吃得香、睡得好，并且身材变得日渐丰满。放暑假后她回到家中，妈妈发现女儿胖了，但胖得有些不正常。经过询问才知道女儿已几个月没有来月经了，第二天妈妈就陪女儿去医院做了检查，结果尿妊娠试验呈阳性，B 超报告宫内妊娠 18 周。

问题：1. 月经是如何形成的？月经周期中卵巢与子宫内膜分别发生了怎样的周期性变化？

2. 为什么怀孕后没有了月经？和卵巢分泌的激素有关吗？

3. 青春期的女性如何保持生殖健康？

生物体生长发育到一定阶段后，能够产生与自己相似的子代个体，这种功能称为生殖。任何生物个体的寿命都是有限的，必然要衰老、死亡。一切生物都是通过产生新个体来延续种系的，所以生殖是动物绵延和繁殖种系的重要生命活动。在高等动物，生殖是通过两性生殖器官的活动来实现的。生殖过程包括生殖细胞（精子和卵子）的形成过程、交配、受精过程以及胚胎发育等重要环节。

第一节 男性生殖

一、睾丸的功能

男性生殖系统的主性器官是睾丸，附属性器官是附睾、输精管、附属腺及外生殖器等。

（一）睾丸的生精功能

睾丸由曲细精管与间质细胞组成。曲细精管上皮由生精细胞和支持细胞构成。原始的生精细胞为精原细胞，紧贴于曲细精管的基膜上，从青春期开始，精原细胞分阶段发育形成精子，精子生成的过程：精原细胞→初级精母细胞→次级精母细胞→精子细胞→精子。在曲细精管管壁中，各种不同发育阶段的生精细胞排列有序，由基膜至管腔分别为精原细胞、初级精母细胞、次级精母细胞、精子细胞、精子，成熟的精子脱离支持细胞进入管腔。人精原细胞发育成为精子约需 2 个多月。

支持细胞为各级生精细胞提供营养，并起着保持与支持作用。为生精细胞的分化发育提供合适的微环境。

精子生成需要适宜的温度，阴囊内温度较腹腔内温度低 2℃左右，适于精子的生成。若由于某种原因睾丸不降入阴囊而停留在腹腔内或腹股沟内，称为隐睾症，则曲细精管不能正常发育，也无精子产生。如果对发育成熟的动物睾丸进行加温处理，或施行实验性隐睾术，则可观察到生精细胞退化萎缩。

新生的精子释放入曲细精管管腔内，本身并没有运动能力，而是靠小管外周肌样细胞的收缩和管腔液的移动运送至附睾内。在附睾内精子进一步发育成熟，并获得运动能力。附睾内可贮存少量的精子，大量的精子则贮存于输精管的壶腹部。而性活动中，通过输精管的蠕动把精子运送至尿道。精子与附睾、精囊腺、前列腺和尿道球腺的分泌物混合形成精液，在性高潮时射出体外。正常男子每次射出精液 3～6ml，每毫升精液约含 2000 万到 4 亿个精子，少于 2000 万个精子，不易使卵子受精。

链 接

影响精子生成的因素

在胚胎发育期，如果某种原因导致睾丸未降入阴囊内而滞留在腹腔或腹股沟管内，称为隐睾症。2 岁以后隐睾因处于腹腔内相对高温下会出现病变，6—10 岁开始轻度萎缩，11—15 岁时明显萎缩。16 岁以后则严重萎缩。双侧隐睾常可因精子异常或无精子而造成不育，这是男性不育症的原因之一。青春期男子穿紧身牛仔裤，也可导致阴囊局部温度升高而影响精子的发育。乙醇可使精子发育畸形，因此生育期的男子应禁酒。另外，应尽量避免 X 射线照射过度。

（二）睾丸的内分泌功能

睾丸间质细胞分泌雄性激素，主要为睾酮（testosterone，T）。血液中 97%～99% 的睾酮与血浆蛋白结合，只有 1%～3% 睾酮是游离的。睾酮主要在肝被灭活，以 17- 酮类固醇结合型由尿排出，少量经粪便排出。睾酮的生理作用：

1．维持生精作用。

2．刺激生殖器官的生长发育，促进男性副性征出现并维持其正常状态，如喉结突出、嗓音变粗、长胡须以及毛发分布的特点。

3．维持正常的性欲。

4．促进蛋白质的合成，特别是肌肉和生殖器官的蛋白质合成，同时还能促进骨骼生长与钙磷沉积和红细胞生成等。

◎ 考点：雄激素的生理作用

二、睾丸功能的调节

睾丸的生精过程和内分泌功能均受下丘脑 - 腺垂体的调节。

（一）下丘脑 - 腺垂体对睾丸活动的调节

下丘脑分泌的促性腺激素释放激素（GnRH）经垂体门脉到达腺垂体，促进腺垂体促性腺细胞合成和分泌卵泡刺激素（FSH）和黄体生成素（LH）。LH 主要作用于间质细胞，而 FSH 主要作用于生精细胞与支持细胞。动物实验证明，幼年动物摘除垂体后，导致睾丸及附性器官不能发育成熟，呈幼稚状态。如果把成年雄性动物垂体摘除后，睾丸发生萎缩，生精细胞和间质细胞发生退变，数量减少，生精过程停止，睾酮分泌减少，附性器官也发生萎缩。如果给切除垂体的动物及早补充垂体促性腺激素，则上述现象可以避免或逆转。毁损下丘脑 GnRH 神经元所在部位，或下丘脑病变涉及这些区域，将使睾丸萎缩，功能丧失。

（二）睾丸激素对下丘脑 - 腺垂体的反馈调节

睾丸分泌的雄激素和抑制素在血液中的浓度变化，也可对下丘脑 - 腺垂体的 GnRH、FSH 和 LH 分泌进行负反馈调节（图 12-1）。当血中睾酮达到一定浓度后，可作用于下丘脑和垂体，抑制 GnRH 分泌，进而抑制 LH 的分泌，产生负反馈调节作用，可使血中睾酮浓度稳定在一定水平。

综上所述，一方面下丘脑－腺垂体调节睾丸的功能；另一方面睾丸分泌的激素又能反馈调节下丘脑和垂体的分泌活动。下丘脑、垂体、睾丸在功能上密切联系，互相影响。

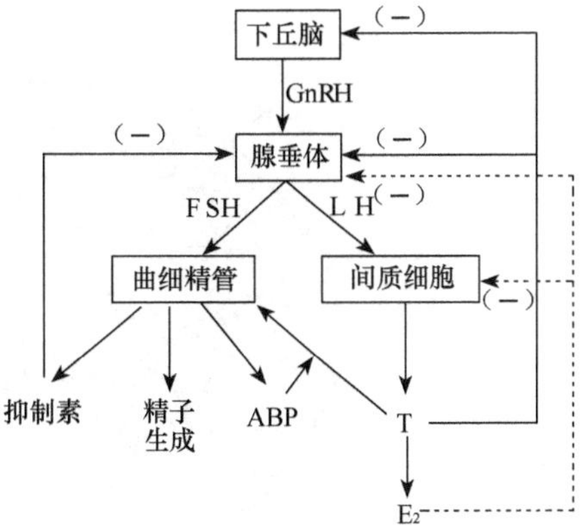

图 12-1　睾丸激素对下丘脑－腺垂体的反馈调节
GnRH. 促性腺素释放激素；FSH. 促滤泡素；LH. 促黄体素；E_2. 雌二醇；ABP. 雄激素结合蛋白

第二节　女性生殖

女性的主要生殖器官是卵巢，此外还有输卵管、子宫、阴道及外阴等附属性器官。

一、卵巢的功能

卵泡是卵巢的基本结构和功能单位，由卵细胞和包围卵细胞的卵泡细胞组成。卵巢具有生卵和内分泌两种基本功能。

（一）卵巢的生卵功能

1. 卵泡的发育　卵子是由卵巢内原始卵泡发育而成。新生儿卵巢内大约有 60 万个未发育的原始卵泡。女性从青春期开始，在腺垂体促性腺激素的作用下，原始卵泡开始生长发育，发育的次序为：原始卵泡→生长卵泡→成熟卵泡。生育期的女性，除妊娠外，卵巢内每个月有 15～20 个原始卵泡同时开始生长发育，一般只有一个卵泡最后发育为成熟卵泡，其余的卵泡逐渐退化为闭锁卵泡。

2. 排卵与黄体的生成　卵泡成熟后，卵泡壁破裂，次级卵母细胞与透明带、放射冠及卵泡液等一起排到腹腔的过程，称为排卵。排卵后，残余的卵泡壁塌陷，残留的卵泡细胞变大，形成一个富含血管的内分泌细胞团，称为黄体。黄体具有合成和分泌孕激素、雌激素的功能。若排出的卵子未受精，黄体维持 2 周即萎缩退化，转变成白体。若排出的卵子受精，则黄体继续发育长大并维持一定时间，称为妊娠黄体。它是适应妊娠的需要。卵巢平均约 28 天排卵一次，一般左右卵巢交替排卵，每次只排出一个卵子，排出两个或多个的较少见。女性一生中，两侧卵巢共能排出 300～400 个卵子（图 12-2）。

（二）卵巢的内分泌功能

卵巢分泌的激素主要有雌激素和孕激素。雌激素主要为雌二醇，孕激素主要为黄体酮。

1. 雌激素的生理作用　雌激素的主要生理作用是促进女性生殖器官的发育和刺激副性特征的出现，并维持其正常状态。此外，雌激素对代谢也有明显的影响。

（1）促进女性生殖器官的生长发育及维持其正常功能：①促进卵泡细胞生长发育，诱导排卵前黄体生成素高峰的出现，促进排卵；②促进输卵管的运动与分泌，有利于精子和卵子的运行；③使子宫内膜发生增殖期变化，血管和腺体增生，但腺体不分泌；④刺激阴道上皮细胞增生、角化并合成大量糖原，使阴道分泌物呈酸性，增强阴道抗菌能力。

（2）促进副性征的出现：雌激素可刺激乳腺导管和结缔组织增生，促进乳腺发育，并使全身脂肪及毛发分布具有女性特征表现，如骨盆宽大、臀部脂肪肥厚、音调较高等。

（3）对代谢的影响：①促进蛋白质的合成，特别是促进生殖器官的细胞增殖与分化，促进

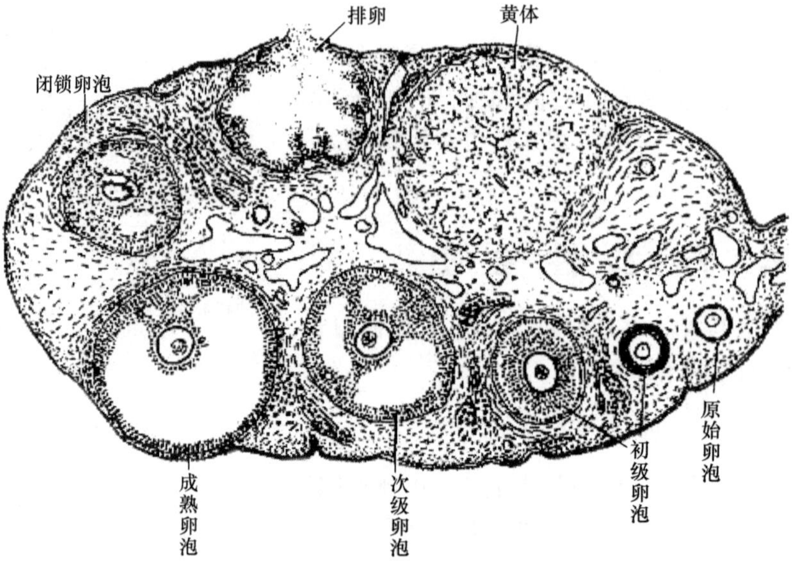

图 12-2 卵巢生卵过程

生长发育；②影响钙磷代谢，增强成骨细胞活动，加速骨的生长和钙盐沉积，促进骨骺的愈合，因而女孩在青春早期的生长一般较男孩快；③促进肾小管对水和钠的重吸收，增加细胞外液的量，导致水钠潴留，如某些妇女月经前水肿，可能与此有关。

2. 孕激素的生理作用 孕激素通常在雌激素作用的基础上发挥作用，主要作用在于保证受精卵的着床和维持妊娠。

（1）对生殖器官的作用：①使子宫内膜产生分泌期的变化，进一步促进子宫内膜增生，引起腺体分泌，为受精卵的着床提供良好的条件；②使子宫平滑肌的兴奋性降低，从而抑制子宫收缩，保证胚胎有一个安静的生长环境；③使宫颈黏液减少而变稠不利于精子通过。

（2）对乳腺的作用：在雌激素作用的基础上继续促进乳腺发育，为妊娠后的哺乳做好准备。

（3）产热作用：孕激素促进机体产热，使基础体温在排卵后升高 0.5℃左右。由于在排卵前体温较低，排卵后升高，故临床上常将这一基础体温改变作为判定排卵日期的标志之一。

考点：雌激素和孕激素的生理作用

二、卵巢功能的调节

（一）下丘脑 - 腺垂体对卵巢活动的调节

下丘脑合成分泌的促性腺激素释放激素（GnRH）经过垂体门脉系统运输到腺垂体作用于促性腺激素细胞，引起黄体生成素（LH）和卵泡刺激素（FSH）释放，进而来调节卵巢的活动。LH 与 FSH 协同促使发育中的卵泡分泌雌激素，促进成熟卵泡排卵，并且促进排卵后卵泡残存物转变为黄体，使黄体分泌孕激素与雌激素；FSH 的作用主要是促使卵泡生长、发育和成熟，并在 LH 的协同作用下促进卵泡分泌雌激素。

（二）卵巢激素对下丘脑 - 腺垂体的反馈作用

雌激素对下丘脑与腺垂体激素分泌既有负反馈作用又有正反馈作用，其作用性质和血浆中雌激素的浓度有关。小剂量的雌激素对下丘脑产生负反馈作用，抑制下丘脑 GnRH 的释放，继而抑制腺垂体 LH 和 FSH 的释放，高水平雌激素有正、负反馈双重作用。排卵前，卵泡发育成熟，大量分泌雌激素，刺激下丘脑 GnRH 和腺垂体 LH、FSH 的大量释放，形成排卵前 LH、FSH 高峰。排卵后，血中雌激素和孕激素水平明显升高，抑制 LH 和 FSH 的合成与分泌。

三、月经周期及其形成机制

（一）月经周期

女性从青春期开始起，性激素的分泌和生殖器官的形态功能每月均发生周期性变化，其中最明显的表现是每月一次的子宫内膜剥脱和出血的周期性变化，称为月经周期。月经周期历时 20～40 天，平均 28 天。一般 12—14 岁开始第一次月经，称为初潮。50 岁左右月经周期停止，此后称为绝经期。绝经后，由于雌激素水平下降，促性腺激素在血中的水平上升，这时有的妇女可出现或多或少的更年期综合征的表现，如潮红、潮热、心悸，有时血压升高，并往往焦虑、抑郁、易激动、失眠，有时喜怒无常，类似精神失常。

链 接

闭 经

闭经是指女子年满 18 岁月经仍没有来潮，或以往有过正常月经，现月经停止超过 3 个月以上者。前者称为原发性闭经，后者称为继发性闭经。青春期、妊娠期、哺乳期及更年期的停经及绝经都属于生理现象，如卵子受孕，黄体继续分泌孕激素和雌激素，子宫内膜可不再脱落，不出现月经。正常生育期女性，闭经往往是怀孕的信号。

根据子宫内膜的变化，可将月经周期分为三期。

1. 月经期　从月经开始到出血停止，即月经周期第 1～4 天，称为月经期。此期，由于黄体退化、萎缩，血液中雌激素和孕激素水平下降，子宫内膜失去这两种激素的支持，使子宫内膜功能层的螺旋小动脉痉挛，导致内膜脱落与出血，即月经来潮。血量一般为 100ml 左右，因其富含纤溶酶而不易凝固。月经期因子宫内膜剥脱，表面形成创伤面，如果不注意卫生，细菌容易侵入，并逆行而上，进入子宫腔内，引起子宫内的感染。故要注意经期卫生。

2. 增殖期（卵泡期、排卵前期）　从月经停止起到排卵止，即月经周期的第 5～14 天，称为增殖期。在此期内，卵泡不断发育并分泌雌激素。在雌激素的作用下，子宫内膜逐渐变厚，血管及腺体上皮增生，但腺体不分泌。到此期末，卵巢内有一个卵泡发育成熟并排卵。

3. 分泌期（黄体期、排卵后期）　从排卵后到下一次月经前，即月经周期的第 15～28 天，称为分泌期。排卵后的卵泡形成黄体，开始分泌孕激素和雌激素。在雌激素和孕激素的作用下，特别是在孕激素的作用下，使子宫内膜在增生期的基础上进一步增生变厚、血管扩张、腺体迂曲并具有分泌功能，为受精卵着床和发育做准备。在这一期内，如果受孕，黄体则发育成妊娠黄体，继续分泌孕激素和雌激素。若未受孕，黄体萎缩，进入月经期。

（二）月经周期形成的机制

月经周期的形成主要是下丘脑－腺垂体－卵巢轴活动的结果。

1. 月经期　若卵子未受精→黄体萎缩→血中雌激素、孕激素水平急剧下降→子宫内膜脱落、出血，形成月经。

2. 增殖期　此期前，血中孕激素和雌激素浓度较低→对下丘脑、腺垂体的抑制作用解除→促性腺激素释放激素、卵泡刺激素和黄体生成素浓度开始上升→卵泡开始发育→分泌雌激素→

子宫内膜发生增殖期变化，排卵前一天雌激素分泌达到高峰→正反馈作用使促性腺激素释放激素、卵泡刺激素分泌增加，黄体生成素明显增多→卵巢排卵。

3．分泌期　此期在黄体生成素的作用下→黄体形成→分泌大量的孕激素和雌激素→两者共同作用→子宫内膜发生分泌期变化。此期血中高浓度的孕激素和雌激素→负反馈作用使黄体生成素及卵泡刺激素分泌减少。

由此可见，卵巢周期性变化和月经周期的产生，是在大脑皮质控制下由下丘脑-腺垂体-卵巢轴的调控完成的。卵巢的周期性变化是月经周期形成的基础（图 12-3）。

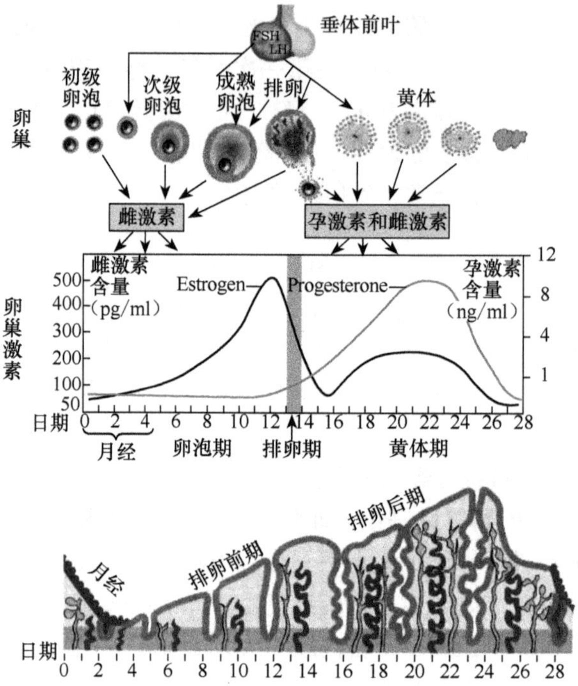

图 12-3　月经周期形成的机制

第三节　妊娠与避孕

一、妊　　娠

妊娠是指在母体内胚胎的形成及胎儿的生长发育过程。包括受精与着床，妊娠的维持，胎儿的生长发育及分娩。

（一）受精

受精是精子与卵子结合的过程（图 12-4）。

受精一般发生在卵子排出后 24 小时内，受精部位大多数在输卵管的壶腹部。

1．精子的运行　精子在女性生殖道内运行的过程比较复杂，需要穿过子宫颈管和子宫腔，并沿输卵管运行一段距离，才能到达受精部位。精子运行的动力一方面依靠其自身尾部鞭毛的摆动，另一方面借助于女性生殖道平滑肌的运动和输卵管纤毛的摆动。一次射精虽能排出数以亿计的精子，但最后能到达受精部位的只有 15～50 个精子，精子从阴道运行到受精部位需要

30～90 分钟。精子在女性生殖道内的受精能力大约只能保持 48 小时。

2. 精子获能　大多数哺乳动物和人类，精子必须在雌性生殖道内停留一段时间，才能获得使卵子受精的能力，称为精子获能。精子经过在附睾中的发育，已经具备了受精能力，但在附睾与精浆中存在去获能因子，它使精子的受精能力受到抑制。当精子进入雌性生殖道内后，能解除去获能因子对精子的抑制，从而使其恢复受精能力。获能的主要场所是子宫，其次是输卵管。

3. 受精过程　卵子排出后被输卵管伞摄取，继而被运送到输卵管的壶腹部，精子和卵子在此适时相遇完成受精。能到达受精部位的精子虽然有数十个，但一般只有一个精子能与卵子结合。精子和卵子在女性生殖道中保持受精能力的时间很短，精子为 1～2 天，卵子仅为 6～24 小时。

（二）着床

胚泡植入子宫内膜的过程，称为着床，也称植入。精子和卵子在输卵管壶腹部形成受精卵后，移至子宫腔，此时，受精卵形成胚泡。进入子宫腔的胚泡大约在排卵后第 8 天逐渐进入子宫内膜，在排卵后 10～13 天，胚泡完全植入子宫内膜中（图 12-4）。受精卵成功着床的关键在于胚泡与子宫内膜的同步发育。应用大剂量雌激素进行避孕，就是通过破坏两者的同步发育而发挥作用。

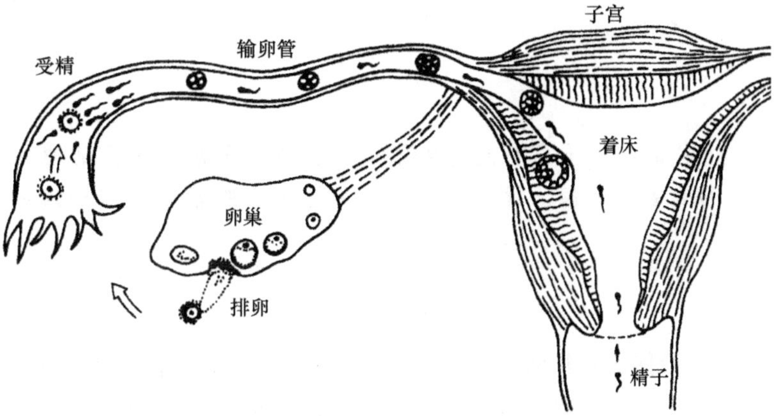

图 12-4　排卵、受精与着床

（三）妊娠的维持与激素的调节

胎盘是妊娠期间一个重要的内分泌器官，可分泌多种激素，对妊娠的维持起重要作用。

1. 人绒毛膜促性腺激素（HCG）　是由滋养层细胞分泌的一种糖蛋白激素，在早孕期，HCG 可刺激卵巢的月经黄体变成妊娠黄体，并分泌大量雌激素和孕激素，维持妊娠顺利进行。

受精后第 6 天在母体血液中开始出现 HCG，并随尿液排出，以后血液和尿液中浓度逐渐升高，至妊娠 8～10 周达到顶峰，以后逐渐降低，在妊娠 20 周左右降至较低水平，并一直维持到妊娠末期（图 12-5）。由于 HCG 在妊娠早期出现，因此检测妇女血中或尿液中的 HCG，可作为诊断早孕的指标。

2. 人绒毛膜生长素（hCS）　也是一种糖蛋白，作用与生长激素相似，有促进胎儿生长的作用。

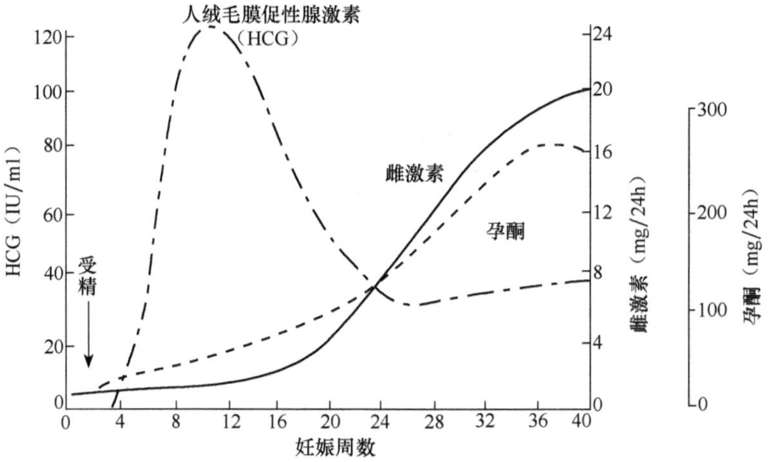

图 12-5　妊娠期人绒毛膜促性腺激素、雌激素与孕酮分泌的变化

IU 为国际单位；雌激素的量指相当于雌二醇活性的量

3．雌激素和孕激素　妊娠 90 天后，胎盘可替代妊娠黄体的功能，分泌大量的雌激素和孕激素，继续维持妊娠，直到分娩。血中雌激素、孕激素在整个妊娠期间都保持高水平，对下丘脑、腺垂体反馈抑制较强，致使卵泡不发育，卵巢不排卵。所以妊娠期间既不来月经，也不再受孕。

（四）分娩

成熟的胎儿及其附属物从子宫娩出体外的过程，称为分娩。子宫节律性收缩是胎儿及其附属物从子宫娩出的主要力量。缩宫素、雌激素及前列腺素是调节子宫平滑肌收缩的重要因素。

二、避　　孕

避孕是应用科学手段使妇女暂时不受孕。主要控制生殖过程中的以下环节来达到避孕的目的：①抑制精子与卵子产生；②阻止精子与卵子结合；③使女性子宫内的环境不利于胚泡的着床和生长；④使女性生殖道内的环境不适合精子的运动和生存等。例如，目前应用的女性避孕药，主要成分是人工合成的雌激素和孕激素，通过抑制卵巢排卵，使宫颈黏液变稠、干扰子宫内膜发育、改变输卵管蠕动、抑制精子获能，抑制或杀死精子等几个环节达到避孕的目的。使用安全套是男性常用的避孕方法。

目标检测

一、名词解释

1．受精　　2．排卵　　3．月经

4．月经周期　5．副性征

二、填空题

1．人类胎盘分泌的激素主要有______、______、______和______。

2．卵巢的功能是______和______。

3．月经周期可分为______、______和______三期。

4．血液中______高峰可作为排卵的标志。

5. 月经周期中基础体温最高的时期是______，引起体温升高的激素是______。

三、选择题

1. 月经血不发生凝固的原因是（　　）
   A. 孕激素可阻止血凝
   B. 雌激素可阻止血凝
   C. 子宫内有大量肝素
   D. 子宫内有丰富的纤溶酶原激活物
   E. 子宫内膜分泌大量的抗凝血酶抑制血凝
2. 卵巢分泌的雌激素主要是（　　）
   A. 雌二醇　　B. 雌三醇
   C. 孕酮　　D. 雌酮
   E. 己烯雌酚
3. 孕酮的化学性质是（　　）
   A. 蛋白质　　B. 肽类
   C. 胺类　　D. 类固醇
   E. 固醇类
4. 下列有关孕激素作用的叙述，正确的是（　　）
   A. 促进子宫内膜发生增生期变化
   B. 促进子宫内膜发生分泌期变化
   C. 促进子宫发育
   D. 促进并维持女性特征
   E. 促进子宫收缩
5. 育龄期女子基础体温的双相变化与下列哪种激素有关（　　）
   A. 雌激素　　B. 孕激素
   C. 甲状腺激素　　D. LH
   E. FSH

（刘仲夏）

参考文献

白波，高明灿，苏丽芬等. 2010. 生理学. 第6版. 北京：人民卫生出版社

白波，王维智，蒋昭庆. 2004. 生理学. 第1版. 北京：人民卫生出版社

符史干，罗桂霞. 2012. 生理学. 第1版. 第四军医大学出版社

甘声华. 2002. 第3版. 北京：人民卫生出版社

彭波. 2014. 生理学. 北京：人民卫生出版社

彭波，李茂松. 2008. 生理学. 第2版. 北京：人民卫生出版社

唐四元. 2012. 生理学. 第3版. 北京：人民卫生出版社

姚泰. 2001. 生理学. 第5版. 北京：人民卫生出版社

姚泰. 2008. 生理学. 第7版. 北京：人民卫生出版社

岳利民. 2002. 生理学. 第1版. 北京：科学出版社

张正红，杨汎雯. 2015. 生理学. 第3版. 北京：人民卫生出版社

朱大年. 2008. 生理学. 第7版. 北京：人民卫生出版社

朱大年. 2013. 生理学. 第8版. 北京：人民卫生出版社

朱文玉. 2003. 医学生理学. 第1版. 北京：北京大学医学出版社

朱大年，王庭槐. 2015. 生理学. 第8版. 北京：人民卫生出版社

朱文玉，李琳，王黎明. 2014. 人体生理学. 第4版. 北京：北京大学医学出版社

朱艳平. 2015. 生理学. 北京：人民卫生出版社

生理学基础教学大纲

（54～72 课时）

一、课程性质和课程任务

生理学是研究生物体各种生命现象和机体各个组成部分功能活动规律的科学，是中等卫生职业教育护理、助产等专业一门重要的医学基础课程。其总任务是让学生掌握有关正常人体生命活动的基本知识和基本技能，熟悉影响各种生命活动的主要因素，为进一步学习后继基础医学课和临床专业课及终生学习奠定基础。

二、课程教学目标

（一）知识教学目标

1．掌握生理学基本概念，以及人体各器官、系统的主要功能、功能调节及机制。
2．熟悉各系统间功能联系和各器官生理常数。
3．了解机体与环境的统一关系。
4．学会某些简单实验技术的操作和观察某些复杂的实验，从理论上分析实验结果。

（二）能力培养目标

1．能运用生理学知识解释正常的生命现象。
2．具有一定的自学能力、逻辑思维及推理能力。
3．能分析不同条件变化的情况下，机体功能可能出现的变化及相应机制。

（三）思想教育目标

1．具有严谨求实的学习精神、不畏艰苦的学习意志、敢于创新的精神。
2．树立热爱生命、救死扶伤、爱岗敬业的职业道德。
3．具有人际沟通能力和团队合作精神。

三、教学内容和要求

教学内容	教学要求			教学活动参考
	了解	熟悉	掌握	
一、绪论				理论讲授 多媒体演示 讨论 模拟
（一）人体生理学的研究对象和任务				
1．生理学的研究对象	√			
2．生理学与医学的关系	√			理论讲授 多媒体演示 讨论 模拟
3．生理学研究的不同水平	√			
（二）生命的基本特征				
1．新陈代谢	√			

续表

教学内容	教学要求			教学活动参考
	了解	熟悉	掌握	
2. 兴奋性		√		理论讲授
3. 生殖	√			多媒体
（三）人体与环境				演示
1. 外环境			√	讨论
2. 内环境和稳态			√	模拟
3. 人体对环境的适应	√			
（四）人体生理功能的调节				
1. 人体生理功能的调节方式			√	
2. 人体功能调节的反馈作用		√		
二、细胞的基本功能				理论讲授
（一）细胞膜的物质转运功能				多媒体 演示
1. 单纯扩散			√	讨论
2. 易化扩散			√	比较
3. 主动转运			√	
4. 出胞和入胞		√		
（二）细胞的信号转导				
1. 离子通道型受体介导的信号转导	√			
2. G蛋白偶联受体介导的信号传递	√			
3. 酶偶联型受体介导的信号转	√			
（三）细胞的电活动				
1. 静息电位			√	
2. 动作电位			√	
3. 局部电位		√		
（四）肌细胞的收缩功能				
1. 神经-肌接头处兴奋传递过程			√	
2. 兴奋-收缩耦联		√		
3. 骨骼肌的收缩机制		√		

教学内容	教学要求			教学活动参考
	了解	熟悉	掌握	
三、血液				理论
（一）血液的组成和理化特性				讲授 多媒体
1. 血液的组成		√		演示
2. 血量			√	讨论
3. 血液的理化特性	√			案例分析
（二）血浆				
1. 血浆的成分及其作用		√		
2. 血浆渗透压			√	
（三）血细胞				
1. 红细胞			√	
2. 白细胞		√		
3. 血小板			√	
（四）血液凝固与纤维蛋白溶解				
1. 血液凝固			√	
2. 纤维蛋白溶解	√			
3. 抗凝和促凝		√		
（五）血型与输血原则				
1. 血型			√	
2. 输血原则			√	
四、血液循环				理论讲授
（一）心脏的生物电活动				多媒体 演示
1. 心肌细胞的跨膜电位及其形成机制			√	讨论 案例分析
2. 心肌生理特性		√		列表比较
3. 体表心电图			√	模拟
（二）心脏的泵血				
1. 心脏的泵血功能			√	
2. 心音			√	
3. 心脏泵血功能的评价		√		
4. 心脏泵血功能的贮备		√		
5. 影响心输出量的因素		√		

续表

教学内容	教学要求			教学活动参考
	了解	熟悉	掌握	
（三）血管生理				理论讲授 多媒体演示 讨论 比较
1. 各类血管的结构和功能特征			√	
2. 血流量、血流阻力和血压		√		
3. 动脉血压			√	
4. 静脉血压和静脉回心血量			√	
5. 微循环		√		
6. 组织液与淋巴液	√			
1. 神经调节	√			
2. 体液调节		√		
3. 动脉血压的短期调节和长期调节				
4. 社会心理因素对心血管活动的影响	√			
（五）器官循环				
1. 冠脉循环	√			
2. 肺循环	√			
3. 脑循环	√			
五、呼吸				理论讲授 多媒体演示 讨论 案例分析 模拟
（一）肺通气				
1. 原理		√		
2. 肺容量与肺通气量		√		
（二）气体交换				
1. 气体交换的原理			√	
2. 气体交换的过程		√		
3. 影响肺换气的因素	√			
（三）气体在血液中的运输				
1. O_2 的运输			√	
2. CO_2 的运输			√	
（四）呼吸运动的调节				
1. 呼吸中枢		√		
2. 呼吸运动的反射性调节	√			

教学内容	教学要求			教学活动参考
	了解	熟悉	掌握	
六、消化和吸收				理论讲授 多媒体演示 讨论 案例分析
（一）消化道各段的消化功能				
1. 口腔内消化	√			
2. 胃内消化			√	
3. 小肠内消化			√	
4. 大肠的功能	√			
（二）吸收				
1. 吸收的部位			√	
2. 主要营养物质的吸收		√		
（三）消化器官活动的调节				
1. 神经调节		√		
2. 体液调节	√			
七、能量代谢和体温				理论讲授 多媒体演示 讨论 案例分析
（一）能量代谢				
1. 机体能量的来源和利用	√			
2. 影响能量代谢的因素		√		
3. 基础代谢		√		
（二）体温				
1. 正常体温及其生理波动			√	
2. 人体的产热与散热			√	
3. 体温调节	√			
八、尿的生成与排放				理论讲授 多媒体演示 讨论 案例分析
（一）尿的生成过程				
1. 肾小球的滤过			√	
2. 肾小管和集合管的重吸收			√	
3. 肾小管和集合管的分泌		√		
（二）尿生成的调节				
1. 肾小球功能的调节			√	

续表

教学内容	教学要求			教学活动参考
	了解	熟悉	掌握	
2．肾小管和集合管功能的调节	√			理论讲授 多媒体 演示 讨论 案例分析
（三）尿液及其排放				
1．尿液		√		
2．尿的排放	√			
九、感觉器官的功能				
（一）概述				
1．感受器和感觉器官	√			
2．感受器的一般生理特性	√			
（二）视觉器官				
1．眼的折光功能			√	
2．眼的感光换能功能		√		
3．与视觉有关的几种生理现象		√		
（三）位、听觉器官				
1．耳的听觉功能		√		
2．内耳的位置觉和运动觉功能	√			
十、神经系统的功能				理论讲授 多媒体 演示 讨论
（一）神经元活动的一般规律				
1．神经元和神经纤维	√			
2．神经元间的信息传递		√		
3．反射活动的一般规律	√			
（二）神经系统的感觉功能				
1．脊髓的感觉传导功能	√			
2．丘脑及其感觉投射系统		√		
3．大脑皮质的感觉分析功能		√		
4．痛觉		√		
（三）神经系统对躯体运动的调节				理论讲授 多媒体 演示 讨论
1．兴奋由神经向肌肉的传递			√	
2．脊髓对躯体运动的调节			√	
3．脑干对躯体运动的调节		√		
4．小脑对躯体运动的调节		√		
5．基底神经节对躯体运动的调节	√			
6．大脑皮层对躯体运动的调节		√		
（四）神经系统对内脏活动的调节				
1．自主神经系统的结构特征	√			
2．自主神经系统的功能		√		
3．自主神经的递质和受体		√		
4．内脏活动的中枢调节	√			
（五）脑的高级功能				
1．学习与记忆		√		
2．大脑皮层的语言活动功能	√			
3．脑电图	√			
4．觉醒与睡眠		√		
十一、内分泌				
（一）概述				
1．激素的分类		√		
2．激素作用的一般特征		√		理论讲授 多媒体演示讨论 案例分析
（二）下丘脑与垂体				
1．下丘脑与垂体的功能联系		√		
2．腺垂体			√	

续表

教学内容	教学要求			教学活动参考	教学内容	教学要求			教学活动参考
	了解	熟悉	掌握			了解	熟悉	掌握	
3. 神经垂体		√		理论讲授 多媒体演示讨论 案例分析	2. 肾上腺髓质		√		
（三）甲状腺和甲状旁腺					十二、生殖				
1. 甲状腺激素			√		（一）男性生殖				理论讲授 多媒体演示
2. 甲状旁腺素	√				1. 睾丸的功能			√	
3. 降钙素	√				2. 睾丸功能的调节	√			
（四）胰岛					（二）女性生殖				
1. 胰岛素			√		1. 卵巢的功能			√	
2. 胰高血糖素	√				2. 月经周期及形成机制		√		
（五）肾上腺					3. 妊娠与分娩	√			
1. 肾上腺皮质			√						

四、学时分配建议（54~72 学时）

序号	教学内容	学时数		小计	学时数		小计
		理论	实验		理论	实验	
1	一、绪论	2		3	2		4
2	二、细胞的基本功能	3	4	3	5		5
3	三、血液	4		7	6	4	9
4	四、血液循环	8		11	10	4	14
5	五、呼吸	4	4	6	4	4	7
6	六、消化与吸收	3		3	4		4
7	七、能量代谢和体温	2		2	2		3
8	八、肾的排泄功能	5	4	7	6	4	10
9	九、感觉器官的功能	2		2	2		2
10	十、神经系统的功能	5		6	8		9
11	十一、内分泌系统	3		3	5		5
12	十二、生殖	1		1	2		2
	合　计	42	12	54	56	16	72

五、教学大纲说明

（一）适用对象与参考学时

本教学大纲可供护理、助产、药学、医学检验、涉外护理等专业使用，总学时为 54~72 个，其中理论教学 42～56 学时，实践教学 12～16 学时。

（二）教学要求

1. 本课程对理论教学部分要求有掌握、理解、了解三个层次。掌握是指对生理学中所学的基本知识、基本理论具有深刻的认识，并能灵活地运用所学知识分析、解释生活现象和临床问题。理解是指能够解释、领会概念的基本含义并会应用所学技能。了解是指能够简单理解、记忆所学知识。

2. 本课程突出以培养能力为本位的教学理念，在实践技能方面分为熟练掌握和学会两个层次。熟练掌握是指能够独立娴熟地进行正确的实践技能操作。学会是指能够在教师指导下进行实践技能操作。

（三）教学建议

1. 课堂理论教学应注重联系实际，积极采用现代化的教学手段和传统教学工具相结合，加强直观教学。教学中要着重强调《生理学》的基本理论、基本知识、基本技能的训练，多组织学生开展必要的讨论，以启迪学生的科学思维，加深对正常人体生命活动规律的理解和掌握。

2. 实验教学应十分重视学生基本技能的培养，着重体现学生专业技能、职业素质和实事求是的科学态度的培养，充分调动学生学习的能动性；强化学生的动手能力、理论联系实际能力、观察分析能力、沟通能力和团队合作能力。

3. 学生的知识水平和能力水平，应通过平时测验提问，实验考核和考试等多种形式综合考评。应不断更新观念，探索新的考核标准和方法。注重学生应用新知识的能力，学习能力，动手能力的考核。对在学习和应用上有创新的学生应特别给予鼓励。

参考答案

第1章

一、名词解释

1．兴奋性：指机体或组织接受刺激后发生反应的能力或特性。

2．阈值：把能引起组织发生反应的最小刺激强度。

3．内环境：细胞外液是细胞直接生存的体内环境。

4．稳态：内环境的理化特性保持相对稳定的状态。

5．新陈代谢：机体与环境之间的物质交换和能量转换，以实现自我更新过程。

6．反射：指在中枢神经系统的参与下，人体对刺激所产生的规律性反应。

二、填空题

1．新陈代谢　兴奋性　生殖

2．神经调节　体液调节　自身调节　神经调节

3．阈值　反

4．兴奋　抑制

5．负反馈　正反馈

三、判断题

1．×　2．×　3．√　4．×　5．√

四、选择题

1．C　2．A　3．D　4．C　5．E

五、简答题

1．负反馈是指受控部分使控制部分作用减弱的反馈，其意义是维持机体生理功能保持相对稳定，是维持稳态的重要途径。

正反馈是指受控部分使控制部分作用增强的反馈，其意义是促使某种生理功能一旦发动起来就迅速加强加快直至全部完成，是不可逆的过程。

2．非条件反射是与生俱来的先天遗传的反射，如吸吮反射等。这类反射的共同点是数量有限，有固定的反射弧，是人体的基本反射。条件反射是在非条件反射的基础上，经过多次训练才建立的反射，如人们在看到或谈论酸梅时引起的唾液分泌反射就是条件反射。条件反射的特点是数量无限，反射弧不稳定，长期不用就消失，使机体更具有预见性、主动性。

第2章

一、名词解释

1．单纯扩散：脂溶性小分子物质由细胞膜高浓度一侧向低浓度一侧的转运称为单纯扩散。

2．离子通道：细胞膜上的某些蛋白质其分子当中有某种孔道，开放时允许某些离子顺电-化学梯度通过其孔道，这种蛋白质称为离子通道蛋白。

3．钠-钾泵：是存在于细胞膜上、具有 Na^+-K^+ 依赖式 ATP 酶活性的一种特殊蛋白质，通过消耗能量，每转运一次可将 3 个 Na^+ 转运出细胞外，同时将 2 个 K^+ 转运入细胞内。

4．入胞：是指大分子物质或物质团块借助于与细胞膜形成吞噬泡或吞饮泡的方式进入细胞的过程。

5．出胞：是指胞质内的大分子物质以分泌囊泡的形式排出细胞的过程。

二、选择题

1．B　2．C　3．E　4．D　5．E　6．D　7．C　8．A

第 3 章

选择题

1．B　2．A　3．C　4．B　5．D　6．B　7．C　8．D　9.E
10．E　11．C　12．D　13．A　14．E

第 4 章

一、填空题

1．0.8　缩矩　舒张期缩短

2．低于　关闭　低于　关闭

3．单　压力

4．心室收缩期　音调低、持续时间长　心室舒张期　音调较高、持续时间短

5. 0 期去极速度　幅度　快

二、选择题

1．E　2．E　3．B　4．C　5．A

三、名词解释

1．心动周期：心脏一次收缩和舒张所经历的时间称为心动周期。

2．等长自身调节：即心肌收缩能力对搏出量的影响。是指在前后负荷保持不变的条件下，通过心肌细胞本身力学活动（收缩强度和速度）发生变化，使心输出量发生改变，故称等长自身调节。

3．收缩压：心室收缩时，动脉血压上升所达到的最高值。

4．微循环：是指微动脉和微静脉之间的血液循环。其基本功能是进行血液和组织液之间的物质交换。

5．血-脑屏障：指血液和脑组织之间的屏障，可限制某些物质在两者间进行交换，故对保持脑组织周围稳定的化学环境和防止血液中有害物质侵入脑内有重要意义。毛细血管的内皮、基膜和星状胶质细胞的血管周足等结构可能是血脑屏障的形态学基础。

第 5 章

一、填空题

1．　气体在血液中运输　内呼吸

2. 肺通气　肺换气
3. 肺内压与大气压之差　呼吸运动
4. 肋间肌　膈肌
5. 吸气　呼气
6. 肋间外肌　膈肌
7. 低于　低于
8. 肺泡Ⅱ型上皮细胞　二棕榈酰卵磷脂
9. 降低　肺不张
10. 肺泡表面张力　肺的弹性回缩力
11. 潮气量　呼吸频率
12. 弹性阻力　非弹性阻力
13. 补呼气量　残气量
14. 无效腔气量　呼吸频率
15. 0.84　降低
16. 50g/L　发绀
17. 氧合血红蛋白　碳酸氢盐
18. 颈动脉体　主动脉体
19. 增加　降低
20. 延髓　脑桥

二、单项选择题

A 型题

1. D　2. C　3. E　4. E　5. C　6. C　7. B　8. B　9. A
10. C　11. D　12. B　13. C　14. D　15. E　16. C　17. E　18. C
19. D　20. A　21. A　22. D　23. E　24. E　25. C　26. E　27. E
28. A　29. D　30. B　31. D　32. E　33. B　34. E　35. D　36. C
37. C　38. C　39. E　40. E　41. C　42. C　43. B　44. C　45. E
46. A　47. D　48. C　49. D　50. A　51. D　52. A　53. D　54. A
55. E　56. B　57. C　58. C

B 型题

1. B　2. C　3. E　4. A　5. E　6. B　7. A　8. D　9. A
10. E　11. B　12. D　13. E　14. B　15. C　16. E　17. C　18. A
19. D　20. A

三、多项选择题

1. DE　2. BCD　3. ABCDE　4. ABD　5. ADE　6. ABCDE
7. ABCDE　8. BCE　9. AC　10. BCE　11. AC　12. AB
13. BD　14. ABCDE　15. ABCDE　16. ABC　17. ACE　18. BC
19. ACE　20. ACD

四、名词解释

1. 肺通气：肺与外界环境之间的气体交换过程。

2．肺内压：肺泡内的压力。

3．潮气量：每次呼吸时吸入或呼出的气体量。

4．肺活量：尽力吸气后，从肺内所能呼出的最大气体量。

5．时间肺活量：一次最大吸气后再尽力尽快呼气时，在一定时间内所能呼出的气体量，通常以它所占用力肺活量的百分数表示。

6．肺通气量：每分钟吸入或呼出的气体总量。

7．肺泡通气量：每分钟吸入肺泡的新鲜空气量。

8．通气 / 血流比值：每分钟肺泡通气量和每分钟肺血流量之间的比值。

9．血液氧容量：100ml 血液中，Hb 所能结合的最大 O_2 量。

10．血液氧含量：100ml 血液中，Hb 实际结合的 O_2 量。

11．血液氧饱和度：Hb 氧含量与氧容量的百分比。

12．氧解离曲线：表示血液 PO_2 与 Hb 氧饱和度关系的曲线。

五、简答题

1．呼吸过程由三个环节组成：①外呼吸或肺呼吸，包括肺通气和肺换气；②气体在血液中的运输；③内呼吸或组织呼吸。意义：通过呼吸，机体从外界环境摄取新陈代谢所需要的 O_2，排出代谢过程中产生的 CO_2。因此，呼吸是维持机体生命活动所必需的基本生理过程之一,一旦呼吸停止，生命便将终结。

2．胸膜腔负压的形成与作用于胸膜腔的两种力有关：一种是肺内压；另一种是肺的回缩产生的压力。胸膜腔内的压力是这两种方向相反的力的代数和，即胸膜腔内压＝肺内压－肺回缩压，在吸气末与呼气末，肺内压等于大气压，可见胸膜腔负压实际上是由肺的回缩造成的。意义：①有利于肺扩张；②有利于静脉血和淋巴液的回流。

3．吸气时，肺容积增大，使肺回缩力增大，胸膜腔内压变得更负；同时肺容积增大使肺内压下降，低于大气压，外界空气在压力差的推动下进入肺泡，随着肺内气体逐渐增加，肺内压也逐渐升高，至吸气末，肺内压升高到与大气压相等，气流停止。呼气时，肺容积缩小，使肺回缩力减小，胸膜腔负压值减小；同时肺容积减小使肺内压升高并超过大气压，气体由肺内流出，肺内气体逐渐减少，肺内压逐渐下降，至呼气末，肺内压又降到与大气压相等。

4．肺表面活性物质由肺泡Ⅱ型细胞合成并释放，主要成分为二软脂酰卵磷脂（DPPC）和表面活性物质结合蛋白。肺表面活性物质的作用是降低肺泡液 - 气界面的表面张力，因此具有重要的生理作用：①有助于维持肺泡的稳定性；②减少肺间质和肺泡内的组织液生成，防止肺水肿的发生；③降低吸气阻力，减少吸气做功。

5．肺通气量＝潮气量 × 呼吸频率＝500×14＝7000ml/min；肺泡通气量＝（潮气量－无效腔气量）×呼吸频率＝（500－150）×14＝4900ml/min

6．①气体分压差、扩散系数、温度：各因素与气体扩散速率成正比。②呼吸膜的厚度：呼吸膜越厚，扩散速率越小。③呼吸膜的面积：扩散面积与气体扩散速率成正比。④通气 / 血流比值：适宜的通气 / 血流才能实现适宜的肺换气，无论该比值增大或减小，都会妨碍有效的气体交换。

7．不会。这是由 Hb 与 O_2 结合的特征决定的。当 PO_2 处于 60～100mmHg 时，氧解离曲线较平坦，PO_2 的变化对 Hb 氧饱和度影响不大。只要 PO_2 不低于 60mmHg，Hb 的氧饱和度仍能维持在 90% 以上，血液仍可携带足够量的 O_2，不致发生明显的低氧血症。

8. ① pH 和 PCO_2：pH 降低和 PCO_2 升高时，Hb 对 O_2 的亲和力降低，曲线右移；反之，曲线左移。②温度：温度升高时，氧解离曲线右移，促进 O_2 的释放；温度降低时，曲线左移，不利于 O_2 的释放。③ 2，3-DPG：2，3-DPG 浓度升高时，Hb 对 O_2 的亲和力降低，曲线右移；反之，曲线左移。④其他因素：Hb 与 O_2 的结合还受其自身性质的影响，如 Hb 分子中的 Fe^{2+} 氧化成 Fe^{3+} 便失去运 O_2 能力等。

9. 减弱或暂停。CO_2 是调节呼吸运动最重要的生理性化学因素，一定水平的 PCO_2 对维持呼吸中枢的基本活动是必要的。过度通气后，CO_2 大量排出使肺泡气 PCO_2 下降，血液 PCO_2 也下降，这种低 PCO_2 的血液到达脑部，呼吸中枢因缺少足够的 CO_2 刺激而抑制，于是呼吸变慢变浅甚至停止。

10. 切断家兔双侧迷走神经后，家兔吸气过程延长，吸气加深，呼吸变深变慢。这是因为肺扩张反射的反射弧被破坏所致。肺扩张反射的感受器位于气管到细支气管的平滑肌内，兴奋时冲动沿迷走神经粗纤维传入延髓，在延髓内通过一定的神经联系使吸气转为呼气。这个反射的生理意义在于加速吸气过程向呼气过程的转换，使呼吸频率增加。

第 6 章

一、名词解释

1. 消化：是指食物在消化道内被分解为小分子物质的过程。

2. 吸收：是指食物经消化后形成的小分子物质以及维生素、无机盐和水透过消化道黏膜进入血液或淋巴的过程。

3. 胃排空：食糜由胃排入十二指肠的过程称为胃排空。

4. 分节运动：是一种以肠壁环形肌为主的节律性收缩和舒张运动，是小肠特有的运动形式。

5. 黏液－碳酸氢盐屏障：胃黏膜分泌的黏液和 HCO^-_3 具有减少机械损伤和防止胃酸、胃蛋白酶对黏膜侵蚀的作用。

二、填空题

1. 机械性消化　化学性消化
2. 容受性舒张　紧张性收缩　蠕动
3. 胰液
4. 胆盐
5. 导管上皮　腺泡
6. 十二指肠　空肠　回肠
7. 单糖　氨基酸
8. 壁　蛋白质
9. 分节运动　蠕动
10. B　维生素 K

三、选择题

A1 型题

1. A　2. C　3. C　4. D　5. C　6. A　7. C　8. D　9. C

10. A　11. C　12. C　13. B　14. A　15. C　16. B　17. E　18. E
19. B　20. A

A2 型题

21. D　22. D

A3 型题

23. C　24. D　25. D　26. A

第 7 章

一、名词解释

1. 氧热价：通常将某种营养物质氧化时消耗 1L 氧所产生的热量称为该物质的氧热价。

2. 呼吸商：一定时间内机体的 CO_2 产量与耗氧量的比值称为呼吸商。

3. 能量代谢：生物体内物质代谢过程中伴随着的能量释放、转移和利用等，统称为能量代谢。

4. 辐射散热：人体以热射线（红外线）的形式将体热传给外界的散热形式。

5. 体温：是指身体深部的平均温度。

二、选择题

1. D　2. E　3. B　4. B　5. D　6. A　7. D　8. D　9. A
10. C　11. B　12. A　13. E　14. B　15. A　16. E　17. B　18. D
19. E　20. A

第 8 章

一、名词解释

1. 肾小球滤过率：单位时间内（每分钟）两肾生成的超滤液量，称肾小球滤过率。

2. 滤过平衡：肾小球毛细血管中有效滤过压为零时滤过停止。

3. 肾糖阈：正常为 180mg/100ml。当血液中葡萄糖浓度增加到使尿中开始出现葡萄糖时，这时血中的葡萄糖度称为肾糖阈。

4. 渗透性利尿：由于小管液中溶质浓度升高，导致小管液渗透压升高，对抗水的重吸收，使尿量增加的现象称为渗透性利尿。

5. 水利尿：大量饮清水后尿量增多的情况。其机制是由于降低血浆晶体渗透压，使抗利尿激素释放减少，尿量增多。

二、选择题

1. D　2. E　3. C　4. B　5. E　6. D　7. D　8. B　9. C
10. E　11. A　12. C　13. D　14. C　15. D　16. E　17. C　18. D
19. A　20. C　21. C

第 9 章

一、名词解释

1. 感受器：分布在体表或组织内部的一些专门感受机体内、外环境改变的结构或装置。

2. 感受器的换能作用：感受器能把作用于它们的各种形式的刺激能量（如机械能、热能、光能及化学能）转变为相应传入神经的动作电位，称为感受器的换能作用。

3．视敏度（视力）：是指眼分辨两点之间最小距离的能力。

4．近视：多数由于眼球前后径过长（轴性近视）或折光系统的折光能力过强（屈光性近视），致使远处平行光线聚焦在视网膜的前方，以致视网膜上物像模糊，视远物不清，其近点比正常人近。

5．视野：单眼固定地注视正前方某一点，此时该眼能看到的空间范围，称为视野。

二、填空题

1．适宜刺激　换能作用　编码作用　适应现象

2．角膜　房水　晶状体　玻璃体　晶状体

3．晶状体调节　瞳孔调节　眼球会聚

4．近视　远视　散光

5．视锥细胞　视杆细胞　中央部　周边部

6．视紫红质　视蛋白　视黄醛

7．色盲

8．白色　绿色

9．气传导　骨传导　气传导

10．鼓室　咽

三、选择题

1．A　2．A　3．A　4．D　5．E　6．D　7．A　8．D　9．A

10．B　11．B　12．E　13．D　14．C　15．B　16．D　17．B　18．B

第 10 章

一、名词解释

1．神经冲动：沿神经纤维传导的兴奋或动作电位，称为神经冲动。

2．突触：一个神经元的轴突末梢与其他神经元的胞体或突起相接触，所形成的特殊结构称为突触。

3．兴奋性突触后电位：突触后膜的膜电位在递质作用下发生去极化，使该突触后神经元的兴奋性升高，这种电位变化称为兴奋性突触后电位。

4．抑制性突触后电位：突触后膜的膜电位在递质作用下发生超极化，使该突触后神经元的兴奋性下降，这种电位变化称为抑制性突触后电位。

5．突触后抑制：是由抑制性中间神经元轴突末梢释放抑制性递质，能使所有与其发生突触联系的其他神经元都产生抑制性突触后电位，从而使突触后神经元发生抑制。

二、填空题

1．双向传导　绝缘性　生理完整性　相对不疲劳性

2．单向传递　中枢延搁　总和　兴奋节律的改变　后发放　对内环境变化敏感和易疲劳性

3．去极化　超极化

4．突触后抑制　突触前抑制　IPSP　EPSP

5．特异性感觉投射系统

6．昏睡　兴奋　上行激动

7. 伤害性　情绪　保护性
8. 肌紧张　腱反射
三、选择题
1. D　2. D　3. C　4. A　5. D

第 11 章

一、名词解释
1. 激素：由内分泌细胞分泌的具有传递细胞之间信息功能的高效能生物活性物质。
2. 靶细胞：接受激素信息并能和激素产生特异性反应的细胞。
3. 旁分泌：激素经组织液扩散作用于邻近细胞的作用方式。
4. 自分泌：内分泌细胞分泌的激素经局部扩散作用于该细胞本身的作用方式。
5. 神经分泌：神经细胞合成的激素，沿轴突经轴浆运输到末梢释放入血液的作用方式。
二、填空题
1. 含氮激素　类固醇激素
2. 特异性　高效性　信息传递作用　激素间的相互作用
3. 下丘脑－腺垂体门脉　下丘脑－神经垂体
4. 视上核　室旁核　下丘脑－垂体束　神经垂体
5. 促甲状腺激素　黄体生成素　卵泡刺激素　促肾上腺皮质激素　甲状腺性腺　肾上腺
三、选择题
1. B　2. B　3. C　4. E　5. C

第 12 章

一、名词解释
1. 受精：精子和卵子结合形成受精卵的过程。
2. 排卵：卵泡成熟后破裂，次级卵母细胞连同放射冠、透明带和卵泡液脱离卵巢进入腹腔的过程。
3. 月经：在卵巢激素分泌的影响下，子宫内膜发生周期性剥落，出现的阴道流血现象。
4. 月经周期：女性月经的出现开始于青春期，而且表现出明显的周期性，即约 1 个月出现一次月经，称为月经周期。
5. 副性征：青春期男、女两性在性激素作用下出现的形体性别特性，又称副性征。如男性的喉结、胡须、声调低沉、肌肉发达等特征，而女性的皮下脂肪丰富、臀部宽大、声调高细等特征。
二、填空题
1. 人绒毛膜促性腺激素　人绒毛膜生长素　雌激素　孕激素
2. 生成卵子　内分泌
3. 月经期　增殖期　分泌期
4. 黄体生成素（LH）
5. 分泌期　孕激素
三、选择题
1. D　2. A　3. D　4. B　5. B